文史哲學集成

陳正雄 著

蘇轍學術思想述評

文史哲出版社印行

國家圖書館出版品預行編目資料

蘇轍學術思想述評 / 陳正雄著. -- 初版. -- 臺北市：文史哲, 民89
面： 公分. -- (文史哲學集成 ; 440)
參考書目
ISBN 957-549-335-4(平裝)

1.（宋）蘇轍 - 學術思想 - 哲學 2.（宋）蘇轍 - 學術思想 - 文學

125.16 89018952

文史哲學集成 440

蘇轍學術思想述評

著　者：陳正雄
出版者：文史哲出版社
登記證字號：行政院新聞局版臺業字五三三七號
發行人：彭正雄
發行所：文史哲出版社
印刷者：文史哲出版社
臺北市羅斯福路一段七十二巷四號
郵政劃撥帳號：一六一八〇一七五
電話886-2-23511028・傳眞886-2-23965656

實價新臺幣四八〇元

中華民國八十九年十二月初版

ISBN 957-549-335-4

自序

唐宋八大家的文章，自宋明以來迄於今日，一直是辛勤學子奉爲圭臬，津津樂道耳熟能詳的文學津梁。尤其是「一門父子三詞客，千古文章八大家」的眉山三蘇——蘇洵、蘇軾、蘇轍父子佔有三席，聲名遠播，享譽久遠，成爲中國文學史上的佳話。文安的奇崛，文忠的雄偉，文定的疏宕；當代稱之，後世頌之，子得之父，弟受之兄，一日而名震京師，聲動朝野。其中大蘇東坡先生，提到其人，無論是中外學者，都認同其才氣縱橫的睿智，瀟灑風流的人格，沒有不眉開眼笑，眼神發亮。然而嚴謹內歛的蘇轍，沈靜淡泊，不愛外現的性情，使其飽受孤寂，備受冷落。有關蘇轍專書論文，海峽兩岸及韓日等地區，少之又少。試觀歷代名家對蘇轍諸多肯定、稱譽，不我欺也；而茅鹿門編有《唐宋八大文鈔》，蘇轍名列其中，既以父兄爲師，蘇軾亦謂其體氣高妙有過於己者，以爲必有可觀卓越之處。因其晚出，故名列於後，實乃唐宋八大家之壓卷者。於是不揣鄙陋，竭盡心力，欲觀其瀾，以究其本。

蘇轍是位政治思想家，以儒家的禮樂爲本，刑政爲末。天子雖有「賞罰予奪之柄」，但必須「親近君子，斥遠小人」，才能做到君臣之間，「相信如父子，相愛如兄弟」。爲提高三省行政效率，必須健全三司組織。至於「擢人濟用，不得緣故」，進薦人員，必「員額相當，未聞無閑添人」，以達到人事精減的目標。

蘇轍是位軍事思想家，北宋中央集權的軍事制度，其來有自。蘇轍觀察天下有大弊二：以天下之治安，而薄天下之武臣；以天下之冗官，而廢天下之武舉。是以國勢不振，於是呼籲改革兵制，主張實行兵民合一的寓兵於農制度，以免「兵無常帥，師無常帥」的上下疏離，不知姓名，因此，每戰必敗，潰不成軍。其次是養兵，天子若能「擇將帥而厚之以財」，且「多養間諜之士以爲耳目」，必能上下同心，戰無不勝，攻無不克。而用兵貴在守義、守誠、守信，斯爲儒將修養的具體表現。

蘇轍是位財經思想家，肯定「財者國之命，而萬事之本」，以節流儉用爲手段，去冗吏、冗兵、冗費等三冗爲目的，藉此達到富國強兵的豐財計劃。雖然北宋財政官僚體系以三司爲最高權力機關，統籌全國財政的收支分配，但蘇轍卻主張「藏富於民」的卓越思想，而稅基的擴大，稅源的增加，對於榷酒、榷鹽、榷茶的公賣制度，以及與鄰國的國際貿易，貨幣流通及供給額度，都具有現代財務管理的目標導向，是位總體經濟的財經專家。

蘇轍是位文藝思想家，由以「以父兄爲師」，文藝思想，所行所學，皆本乎家傳，講述文藝的創作技巧，在於「意立而理明」；如創作目的，在於「才適邦家用，聲非章句學」，因此，文學的樂趣在於「心之所嗜，不能自已」的忘我情境。至於蘇轍提出「文不學而能，氣可以養而致」，更是在中國文學理論上最突破、最創新的新思考，打破曹丕的「雖在父兄，不能以移子弟」的迷思。

關於「我非畫中師，偶亦識畫旨」的修養，認識「朝與竹乎爲遊，暮與竹乎爲朋」的成竹在胸，而後傾瀉於筆端爲作畫的基礎，而論寫實的精妙之餘，更有「畫馬不獨畫馬皮，畫出三馬腹中事」的寫意出塵。其於文藝創作思想的別出心裁，經天緯地的襟懷，塑造蘇轍語言平淡，一波三折、論事精確，識見獨到等文章風格，進而與王右丞輞川意境相似，是值得學者關注的焦點。

本書著手寫作之初，由於專書論文諸多闕如，因緣際會，賴四川大學曾棗莊先生、李文忠主任的協助，得於川大古籍研究室（宋史）研閱，滿載而歸。而黃師錦鋐在寫作綱要，思想體系的殷切指導，不勝感激。俾使本書順利完成，在此付梓之前，一併誠摯致謝。惟某生性魯鈍，才疏學淺，思慮不周，挂一漏萬，敬請師長賢良，不吝指正。

陳正雄 謹序八十九年十月

蘇轍學術思想述評　目次

第一章 蘇轍生平

第一節 時代背景

在人類長久活動的時光隧道裡，在時代更遞綿延不斷的朝代中，能夠名留千古，功業彪炳，永垂不朽的事功，爲後人敬仰，供後人膜拜者，究其原因：一是時勢造英雄，因周遭環境的劇烈變動，社會的需要，提供有利的條件，塑造了英雄人物，這是被動的出擊。二是在環境劇烈變動時，社會的需要，英雄人物掌控有利的時機，掀天翻地的主宰周遭的環境，成爲中流砥柱的人物，這是主動的出擊，也就是英雄造時勢。無論是時代造英雄或是英雄造時勢，成爲英雄者，必定是才爲世用，扭轉乾坤的關鍵人物，所以探究名家，必從時代背景著手，是必然也是必要的。

英國大文豪查爾斯．狄更斯（Charles Dickens）在其曠世巨著《雙城記》（A Tale of To Cities），就有一段引人深思的名言：「這是一個最好的時代，也是一個最壞的時代；是一個充滿智慧的時代，也是一個普遍愚蠢的時代；它象徵著光明，也象徵著黑暗；它像是個充滿希望的春天，更像是個絕望的冬天……。」（註一）

本書以深究性情沈靜簡潔，爲文汪洋澹泊的蘇轍學術思想爲主軸，蘇轍的一生活動與其時代背景息息相關，影響深刻，分述如後：

蘇轍生於宋仁宗寶元二年（一〇三九），死於宋徽宗政和二年（一一一二），享年七十四歲。歷經仁宗、英宗、神宗、哲宗、徽宗五朝，從北宋全盛時期，求新求變的王安石熙寧變法，步入北宋衰敗金人入侵的黑暗時期。再經四年（一一二六），金人攻陷汴京，徽、欽二帝及宮妃、皇孫一併囚虜，欽宗弟康王趙構，在臨安（杭州）成立臨時政府，開啓南宋的扉頁。北宋歷經太祖等九個皇帝，一百六十七年的政權告終。

一、北宋政權的建立

㈠**陳橋兵變**：北宋政權的創告者趙匡胤（九二七—九七六），琢郡（河北琢縣）人。周檢司徒岳州防禦使趙宏殷之子，堅毅雄偉，器度不凡。善騎射，破北漢，征淮南，屢建奇功。曾受命整編禁軍，備受軍中袍澤愛戴。世宗柴榮臨終，特命爲殿前都點檢（註二），令典禁軍，因而掌握京師實權。周世宗（九二一—九五九）於顯德六年（九五九）六月駕崩，由年僅七歲的柴宗訓即位，是爲周恭帝。幼主繼位，人心浮動。翌年（九六〇）驚傳邊防契丹、北漢入侵告急，命趙匡胤率軍迎敵，行至陳橋驛（開封東北）兵變，軍人鼓噪，諸將擁立趙匡胤爲帝，改國號宋，仍都汴京，是爲宋太祖。王安石〈陳橋詩〉：「走馬黃昏渡河水，夜爭歸路春風裡。指點韋城太白高，投鞭日午陳橋市。楊柳初回陌上塵，胭脂洗出杏花勻。紛紛塞路堪追昔，失卻新年一半春。」

宋太祖所以能輕易取得天下，一方面是掌握禁軍大權；另一方面則是受晚唐以來軍人擁立風氣的影響。(註三)

(二)**杯酒釋兵權**：宋太祖即位之後，爲鞏固帝位，免除五日京兆的夢魘，於是推行「強幹弱枝」，厲行中央集權，奠定「尊王」的政策。將軍事和政治的權力，集中在皇帝一人手中，首先收掌禁軍兵權，利用酒宴機會，諷示禁軍將領石守信等人以散官就第，頤養天年，史稱「杯酒釋兵權」。宋太祖在接受趙普的建議以後，立即召集石守信等高級將領會飲，在酒興正濃之際，趙匡胤提出未嘗安枕而臥，其原因在於「一旦以黃袍加汝之身，汝雖欲不爲，其可得乎？」又說：「人生如白駒過隙，所爲好富貴者，不過欲多積金錢，厚自娛樂，使子孫無貧乏耳。爾曹何不釋去兵權，出守大藩，擇便好田宅市之，爲子孫永遠不可動之業，多置歌兒舞女，日飲酒相歡以終其天年。我且與爾曹約爲婚姻，君臣之間，兩無猜疑，上下相安，不亦善乎！」《長編卷二》其次削弱藩鎮，並禁節度使置牙將，毀其基本武力。把地方的財權、政權、軍權，從臣下方鎮手中，集中到中央和天子手中，解決君弱臣強，以強幹弱枝，免除兵變割據，天子可以高枕無憂了。又實施改革兵制，選全國精壯充任禁兵，駐守京師，並輪番戍守地方，俾集精銳於內，兵不爲將有，史稱「移鎮」，「將不專兵，兵不專將」，徹底消弭兵禍。其餘鄉兵老弱，僅供地方雜役。

二、北宋的文治主義

(一)宋太祖早年，不學無術

五代是武人的天下，武人主宰朝政，武人權位很高，享盡榮華富貴。而宋朝則是文人的天下，文人主宰朝政，文人權位很高，卻未享盡榮華富貴。宋朝文人其所以執朝政的牛耳，原因在於宋太祖趙匡胤的政策導向。趙氏雖爲名門望族。（註四）但生性貪玩而不好儒術，且不得庇蔭。而五代政局紊亂，峻法以剝下，厚歛以奉上，民產遂竭。家計窘困，只得身穿粗布袍，離家尋找生路，以創契機。幾經輾轉流離，鬱鬱不得志，遂投效於後漢樞密使郭威，因勇氣過人，屢立奇功，由士兵直上軍官。郭威死，效忠於周世宗，禦遼內侵有功，終於嶄露頭角，肇基大宋王朝。

(二)宋太祖聚書，廣聞見增智慮

宋太祖改元乾德時，才知道「宰相須用讀書人。」（註五）對於讀書人非常尊重，倡導讀書風氣，早年曾隨周世宗平淮南，有人進譖，以爲趙氏將財貨佔爲己有，周世宗派人檢驗，但得圖書數千卷，別無長物。周世宗諭告：「卿方爲朕作將帥，辟封疆，常務堅甲利兵，何用書爲？」趙匡胤頓首答話：「臣無奇謀贊聖德，濫膺寄任，常恐不逮，所以聚書，欲廣聞見，增智慮也。」《長篇．卷七》宋太祖的提倡讀書，宋朝皇帝多文人，好學問道藝，文治之盛，乃始自太祖。《宋史文苑傳序》：「自古創業垂統之君，即其一時之好尙，而代之規模，可以豫知矣。藝祖（宋太祖）革命，首用文吏而奪武臣之權，宋之尙文，端本乎此。……自時厥後，子孫相承，上之爲君者，無不典學；下之爲人臣者，自宰相以至令錄，無不權科海內，文士彬彬輩出焉。」

㈢趙普半部論語治天下

趙普（九二一—九九一）出州薊人。字則平，沈默寡言，剛毅果斷，佐高祖定天下，不好讀書，太祖曾苦勸督促，並批評：「卿若不讀書，今學臣角立，雋軌高架，卿得無愧乎？」趙普因此手不釋卷，宋太宗時曾奏言：「臣有論語一部，以半部佐太祖定天下，以半部佐陛下致太平。」日後遂有「半部論語治天下」的名言。（註六）

宋皇朝有不成文的立法，非讀書人不得爲宰相，故北宋名臣如范仲庵、歐陽修、司馬光、王安石、蘇軾、蘇轍等人，貴爲卿相或大臣，其實也是詩家、歷史家、詞人、文學家等。掌管軍事樞密院及各級重要將帥，亦以文人充任，形成文人主導國家政局，文人掌握國家治亂。蔡襄《端明集卷二・國論要旨》：「今世之人，大率以文詞進；大臣文士也，進侍之臣，文士也，錢穀之司，文士也，邊防大臣，文士也；天下轉運使，文士也；知州郡，文士也。」雖然，文治無可非議，偏於文治而輕視武備則非；文人主兵亦不足爲病，由於姦臣竊柄，秕政百出，則內外皆病了。文人既掣肘於權姦，武臣又不得尊重，統帥也多顢頇無能之輩，而契丹、遼、金人、西夏屢寇邊境，燒殺擄掠，北宋皇朝只有求和避敵，卑躬屈膝，割地賠款，歷代版圖最小，國勢岌岌可危的殘喘苟延。這是宋太祖趙匡胤創立文治主義所始料未及的了。張方平《樂全集卷八・芻蕘論》：「凡諸爲士之民，惟以爲干祿之路。……是以天下學士，靡然向風，非惟道化所陶，抑由寵利所誘也。」利之所在，寡廉鮮恥，不知仁義道德爲何物？蘇轍〈上皇帝書〉，感到非常憂心，他說：「今世之取人，誦文書，習程課，未有不可爲吏者也。其求之不難而得之甚樂，是以群起而趨之。凡今農工商賈之家，不舍其田而爲士者也。爲士者日多，然而天下益以不治。」蘇轍認爲當時科舉考試制度，「誦文書，習程課」而爲士爲吏，是造成朝廷冗吏弊端的根由。

三、北宋的古文運動

唐宋古文八大家，三蘇父子並列，無出其右者。北宋古文運動，迄三蘇起而告終結，老蘇是政論家，大蘇才氣縱橫，叱吒風雲，蘇轍是三蘇中的「小蘇」，也是北宋古文運動的壓卷者。其在世時，古文運動發展臻到顛峰；其歿時，古文運動隨其殞落。且北宋一六七年的政權，四年以後亡國，政府被迫播遷臨安（杭州），偏安江左。

在我國歷代文學發展史上，唐宋古文運動最爲輝煌亮麗，內容最豐富，思想最蓬勃，文辭光彩奪目。唐代的韓、柳掀其端，高唱以秦漢散文替代魏晉儷偶的駢文，雖是波瀾壯闊，卻得不到上位有力的支持，韓、柳又不得權位，不久，就消聲中挫。但文學思想汨汨細流，漸漸滋長。逮宋太祖趙匡胤統一天下以後，厲行文治主義，對於士人莫大的激勵，在君臣齊力推波助瀾之下，就如風動於上，波蕩於下，古文名家，蜂擁輩出，馳騁文壇，互不相讓。況且北宋國勢不張，歐蘇等士人惟求經世致用，以期革新政治，抵抗外侮，捍衛國土；於是摒棄晚唐五代的倚聲綺句，讓士人學習「先天下之憂而憂，後天下之樂而樂」的胸懷，做爲天下第一等人。

北宋古文運動，依其時代先後次序及其主要學說訴求重點，各有不同，略述如後：

㈠尊韓昌黎的統派古文——柳開與王禹稱

柳開（九四九—一〇〇〇）字仲塗，大名（河北大多縣東北）人。酷嗜韓文，因慕韓柳文，遂自名爲「肩愈」（韓愈），字紹元（柳宗元）。後再改名開，字仲塗。於宋太祖開寶六年（九七三），登進士第，步入仕途。太宗咸平三年（一〇〇〇）徙滄州（河北滄縣），病卒於道，年五十四。著有《河東集》。

韓柳古文運動，到宋初寖衰已久，其意義已少有人知。柳開在《河東集卷一・應責》說得十分清楚：「古文者，非在辭澀言苦，使人難讀誦之，在於古其理，高其義，隨言長短，應變作制，同古人之行事，是謂古文。」古文在求平易近人，與韓愈的「陳言務去」相同，而「古其理，高其義」，就是孔孟道統的追求。

王禹稱（九五四—一〇〇一）字元之，鉅野（山東鉅野縣南）人。家本寒素，梁季亂離，舉族分散；當時未名，以乞丐自給，但讀書不輟。入宋後，於宋太宗太平興國八年（九八三）中進士，授成武縣主簿，屢遷至知制誥。其性剛直，不能容物。病歿於宋眞宗咸平四年（一〇〇一）五月，年僅四十歲。著有《小畜集》。

王禹稱對於唐宋以降的文風，與柳開的見解類同，咸以爲頹靡麗句，宜革弊復古，以唐貞元，長慶時代，是文章盛世，其不下足觀也。其革弊復古的主張，是指以宗經爲文學根源。

王禹稱的「遠師六經，近師吏部」，對於韓愈的崇拜與學習，不只是止於自己，並要求弟子亦如是焉。「近世爲古文之士者，惟吏部而已。」《小畜集卷一八．答黃宗旦第二書》：評黃氏作文「辭理雅正」，讀之忘疲；文章在於說理，說理在於致用。若是蹈襲前人字句，則淪爲糟粕而已。所以要以韓愈爲師，「不師今，不師古，不師難，不師易，不師多，不師少，惟師是爾。」《小畜集卷一八．答張扶書》

㈡效李商隱的西崑酬唱時文——楊億

當柳開高唱「以吏部爲師」之際，而以楊億爲首的效晚唐李商隱的台閣體，已逐漸形成了氣候。楊億，（九七三—一〇二〇）字大年，建州蒲城（陝西大荔縣）人。七歲善屬文，十一歲時，太宗雍熙元年（九八四），試詞賦，官秘書省正字。十九歲中進士，遷光祿寺丞。眞宗即位後，更是扶搖直上，無人能比。優寵有加，修國史，知貢舉，入翰林學士，編有《西崑酬唱集》。

《西崑酬唱集》的由來，是以楊億爲首，劉筠、錢惟演等附之，彼此更迭唱和而成，億序以爲取玉山策府之名。其文學特色，是柳開復古文的反動，一以晚唐李商隱爲宗，極盡艷麗雕鏤之能事，富貴典雅的文學，正是台閣體的典型。都是強調作品的外在形式，而作品本質內容，置之不顧。原因是「更迭唱和」一種應酬的動機，誇奇鬥艷的文字遊戲，既缺乏藝術的創作，也沒有民衆情感的表現。一味在文字上用功夫，自然沒有價值。《四庫總目提要》：「《西崑酬唱集》，宗法唐李商隱，詞取妍華，效之者漸失本眞，惟工組織，於是有優伶操撦之譏。」

西崑體的文學乃應乎時運而生，其時是宋太宗政治承平時代，又有楊億等政治地位，故能在文壇上風行三四十年之久。《歐陽修全集卷三・居士外集二・記舊本韓文後》：「楊劉之作，號爲時文，能者取科第，擅名藝，以誇榮當世。」上之所好，下者趨之，以「取科第，擅名聲」一時之選，名利兼得，「時文」的風行，自然聳動天下，亦可見當時的西崑勢力之盛況。（註七）

㈢艱澀古文太學體——石介

石介（一〇〇五—一〇四五）字守道，袞州奉符（山東泰安）人。曾授周易於徂徠山下，人稱徂徠先生。宋仁宗天聖八年（一〇三〇）登進士第。與孫復大唱復古之風，力振古道。次年因作〈慶曆聖德頌〉，外放未赴而卒。著有《徂徠先生文集》等書。

孫復（九九二—一〇五七）字明道，晉州平陽（山西臨汾）人。曾於泰山講學，人稱泰山先生。慶曆二年（一〇四二）以富弼、范仲淹力薦，召爲校書郎。六十歲卒。著有《尊王發微》、《孫復明小集》等。

其時正當楊億等極力主張的駢儷文風，風行天下。古文運動處於低潮不振，奄奄一息的時候，因此，石介爲復振古文，對於楊億西崑體給予嚴厲的指責和批判。

石介以爲唯有楊億道滅，使人耳目不聞不見楊億之道，而後周公、孔子……韓愈等儒家道說，才能使人耳自聞見，是有強烈恢弘儒家道統的慾念和使命感。對於西崑體的文章淫侈麗句，風花雪月已經「刓鎪聖人之經，破碎聖人之旨，離析聖人之意，蠹傷聖人之道」，是離經叛道，罪莫太於此。

文章合於治道，禮樂刑政；追求道文合一，且道勝於文也。比宋初柳開的「肩愈」古文運動，更勝一籌。「文者，道之用也；道者，文之本也。故文之作也，必得之於心而成之於言。」由於石介的怪誕，其行文亦是乖戾，形成獨特的「太學體」。

其時石介已是走火入魔，走入道統的死胡同，《東坡集卷四十六謝歐陽內翰》云：「用意過當，求深者或至於迂，務奇者怪僻而不可讀，餘風未殄，新弊復作。大者鏤之金石以傳久遠，小者轉相摹寫號稱古文，紛紛肆行，莫之威禁。」又清鮑覺生於嘉慶間跋校抄本《石徂徠集》：

> 書估以《徂徠集》抄本索售，亟讀之，乃粗俚不足觀，始歎言之爲文，行而不遠，《徂徠集》之所以無人授梓也。（〈潘景鄭著硯模書跋過錄〉）。

石介太學體的怪僻苦澀至於不成文難卒讀的情況，當然不授梓，物極必反，接著歐陽修繼起，使古文再創契機。

㈣文道合一——歐陽修

北宋古文運動，從宋初的柳開「肩韓」，楊億的西崑盛行，石介的僻澀苦言太學體，古文運動卻步不前，走上道統的窮途末路。其後歐陽修繼起，攘臂高呼，使古文運動重燃生機，歐陽修以文壇領袖，獎掖後進，唐宋古文運動，終告大功底成，而後搖曳生姿，綿延不絕，迄今仍是主流，不曾衰息。因此，歐陽修是北宋古文運動的文壇領袖。

歐陽修，（一〇〇七——一〇七二），字永叔，晚號六一居士，宋盧陵（江西吉安）人。幼孤貧，嗜韓文（愈），力學苦讀，宋仁宗天聖八年（一〇三一）舉進士。景祐三年（一〇三六），爲范仲淹仗義執言，切責高司諫（高若訥）因而貶峽州夷陵縣令自如也。慶曆三年（一〇四四），參與慶曆新政失敗後，貶知滁州。生活在山水飲酒之間，因號醉翁。後奉召回朝，於嘉祐二年（一〇五七）知貢舉，（註八）力斥「太學體」，以策論取士，（註九）曾鞏、王安石、三蘇等皆出其門下，儼然成爲文壇領袖。旋高居樞密副使，參知政事等要職，於宋神宗熙寧四年（一〇七一）六月以太子少師致仕，歸隱潁州西湖以終，享年六十六。諡文忠，著有《歐陽文忠公集一五三卷》、《新五代史》、《新唐書》等，《宋史》有傳。

歐陽修認爲「常拘於世俗所謂四六文」，非文也。其對於「文」的內涵形式有著明確的認知，駢儷文不屬於文，換言之，古文才是文。《居士集》與〈張秀才書第二書〉云：

君子之於學也，務爲道，道必求知古。知古明道而後履之於身，施之於事，而又見於文章而發之，以信後世。其道，周公、孔子、孟軻之徒常履而行之者也；其文章，則六經所載，至今而取信者是也。

歐陽修指出文章與道的關係，君子之學，主要學道，學道貴於實踐，貴於用事，藉著文章表現出來，傳於後世。其所謂道，乃指周孔的易於實踐的儒道，其所謂文章，六經後傳不滅的都是文章。「文以明道」的主張，揭櫫昭然。又於《文忠集卷六七代人上王樞密求先集序書》：

君子所以學也，言以載事，而文以飾言，事信言文，乃能表現於後世。……言之所載者大且文，則

> 其傳也彰；言之所載者不文而又小，則其傳也不彰。

君子之學，在學以致用，而有用文章可在後代表現，若文章內容是關鍵重要事理，又有文采，就能長傳；若文章內容瑣細枝節而缺少文采，將是湮滅不傳。歐陽修因撰寫《五代史》、《新唐書》等史書，在此透露史學家用筆的審慎態度，以史學家的寫史認知，轉而到文章寫作的理念，是相互一致。《歐陽文忠全集六九．杜祁公墓誌》：

> 修文字簡略，止記大節，期於久遠……然能有意於傳久，則須記大而略小，此可與通識之士語，足下必深曉此。

歐陽修強調「錄實有稽據；皆大節」，都是重視文章需有豐富的內容，有實用性，可靠性；憑空捏造，無可稽考者，不在寫作文章之列。雖是接近道統的主張，但與理學家的道統論，只重視道統忽略文采截然不同，歐陽修重視文以明道，乃文因道而著，而道因文而傳。出於歐陽修門下的曾鞏，《曾南豐文集卷三．南齊書目錄序》：

> 將以是非得失，興壞理論之故而爲法戒，則必得其所託而後能傳於久。……然而所託不得其人，則或失去意，或亂其實，或析理之不通，或設辭之不善，故雖殊功建德，非常之跡，將闇而不章，鬱而不發。

唐宋古文運動，在歐陽修文與道相互並重，相互提攜的提倡之下，形成一股風潮，其後如江河日下，莫可阻遏。清王士禎《池北偶談卷一五．皇甫湜評論文》：

韓吏部文章至宋始大顯……若天不生歐公，則公之文幾湮滅而不彰矣。

而〈清袁枚隨園詩話卷六〉，亦有如是看法：

歐公學韓文，而所作文全不似韓，此八家中所以獨樹一幟也。

歐陽修的文壇地位，因學韓而不似韓，有後出轉精的聰明才智，形成六一風神。為文平易自然，從容閑雅，紆餘委備，含蓄不盡，言約意遠，集司馬遷、陸贄、李白、韓愈於一身。（註一〇）

葉夢得《避暑錄話卷下》：

嘉祐初，安道（姓張）守成都，文忠為翰林，蘇明允父子自眉州走成都，將求知安道。安道曰：「吾何足以為重，其歐陽永叔乎？」不以其隙為嫌也，乃為作書辦裝，使人送之京師，謁文忠。文忠得明允父子所著書，亦不以安道薦之非其類，大喜曰：「後來文章當在此。」即極力推譽。

三蘇與歐陽文忠公的關係密切，三蘇因歐公提拔而顯彰，歐公因三蘇繼起，使古文運動命脈長存不絕。至於三蘇文學思想，於此從略，留後（第六章）詳述。

四、北宋的變法與黨爭

北宋變法的背景，起於士大夫對於國務積弱的不滿，宋自建國以來，對外用兵，屢次失敗，不得不以納幣送禮等屈辱條件，維持苟安殘喘的局面。對內則困於財政的短絀，入不敷出。這種積弱不振的現象，乃由於軍政措施失當所造成，其來有自：

㈠**軍備不修**：宋依兵立國，兵則來自招募，又未施以嚴格的訓練，以致士氣渙散，缺乏戰鬥能力。但邊防吃重，又亟需武力，只好再增兵額，結果是：竭天下之財，養無用之兵，兵士愈多而國勢愈弱。

㈡**財用不足**：宋代優寵士人，長期以來，三冗充斥（冗官、冗兵、冗費），必須支付大量的金錢，造成財政困窘，國庫屢空，民困財竭。

基於以上的原因，再加上宋朝對待文人的優渥，使得有識之士，懷抱報國淑世，以天下為己任的思想，自然而生。而宋朝的迭遭異族入侵凌虐，更激發民族意識，因此，富國強兵，遂為宋朝君臣上下一致的目標，於是變法圖強，應運而生。先有宋仁宗時代范仲淹的慶曆新政，二十三年後，又有王安石的變法，雖然范、王二人的新政、變法未能徹底實施，導致宋朝積弱不振，不足以藥到病除。深究其原因，其實與新舊黨爭係孿生兄弟，就今日常言意識形態的作祟，造成革新變法鮮能共襄盛舉，倒是彼此詆毀，相互掣肘，未能摒棄私心成見，呈現士大夫的褊急性格。而個人立場非其所是，是其所非，好發議論。因而革新、變法，造成彼此相互攻訐，相互傾軋的怨結；且台諫勢力過分濫用職權，恣意攻擊，造成諫官與執政者的對立，削弱行政整體的力量，使得行政系統癱瘓，政令不行的無能政府。

尤其是王安石當政，保守舊黨的司馬光、歐陽修等年老大臣以及蜀黨的蘇洵蘇軾蘇轍等人，極力反對新法，不肯合作，王安石只好擇用章惇、呂惠卿等激進分子，新舊黨爭更是對立鮮明。舊黨人士多遭貶謫，或被迫引退，政局愈陷不安；新法推行用人不當，擾民不便，民間怨聲四起，王安石只好引咎去職。呂惠卿等繼續執政，彼等借用新法，以行私怨，政治愈加敗壞。而後新舊黨爭彼起此落，愈演愈烈，終於招致金人內侵，北宋淪亡，始告終止。

五、宋與遼夏的和戰

(一)宋遼和戰

遼本稱契丹，原居遼河上游（熱河北部），唐末後梁之間，耶律阿保機利用回紇王國崩潰，乘機崛起。於西元九一六年統一各部後稱帝，定都臨潢（熱河林西），是為遼太祖。後傳遼太宗（德光）曾助石敬塘建後晉，取得燕雲十六州，又滅後晉，想做中國皇帝，因漢人反抗不果，但中國北方門戶因而洞開，影響中國此後安危至鉅。再傳至景宗，正值趙宋統一中國，南北兩個大國，不能相容，衝突因而產生。

宋太祖開國，著重保境安民，不想生事，宋遼間二十年沒有嚴重衝突。至太宗消滅北漢，統一中國，想乘機收復燕雲失地，乃對遼發動戰爭，較重要的有高梁河之役，岐溝河之役，不幸宋軍大敗，死傷甚重，宋人不敢北伐。宋眞宗景德元年（西元一〇〇四年）遼兵大舉南侵，直抵澶淵（河北濮陽西南），距首都汴京僅三百里，朝廷震動，紛議遷都求和。惟宰相寇準力主親征，敗遼前軍，訂立澶淵之盟：宋歲輸銀十萬兩、絹二十萬匹，約為兄（宋）弟（遼）之國，兩國以白河為界。這是中國不堅持大中華意識，與周邊部族國家建立對等關係的首見。此後一百多年，宋遼之間，沒有軍事衝突，彼此貿易恆常發展，莫大助益。蘇轍〈戎州〉詩：「漢虜更城市，羅紈靳不還。投氈揀精密，換來瘦孱顏。兀兀頭垂髻，團團耳帶鐶。夷聲不可會，爭利若間關。」詩中說明四川一帶夷人的裝扮，從髮型、耳環等裝飾的奇特，彼此以物易物，由於語言的不通，爭取利潤是十分困難的。但是促進民族的融和，從此開始。

㈡宋夏和戰

夏是黨項羌所建的國家，因位於宋的西北，故亦稱西夏。宋太宗攻北漢，曾得其幫助，賜姓趙。惟國君的族弟繼遷不服，依遼為亂，自是，宋夏多事。

西夏叛宋依遼，寇掠邊境不息，宋採綏撫政策，收效不大。至宋仁宗時，趙元昊即位，（西元一〇三八年）稱大夏皇帝，邊釁益棼，自是遣軍入寇，宋軍屢敗，賴韓琦、范仲淹力籌戰守，防禦始固。惟元昊傷亡亦大，境內又發生饑荒，國力衰減，貪於宋的歲幣，而與宋言和（西元一〇四四年）。

第二節　師承益友

韓愈〈師說〉開宗明義的說：「師者，所以傳道、授業、解惑也。」老師對學生的指導教誨，影響深遠，可久可大，所以有「一日為師，終身為父」的格言。就廣義的老師定義：並非局限在親授，私淑也是。蘇轍的老師在「傳道、授業、解惑」的理論架構之下。除父兄為師以外，列舉關係密切者，概述如后：

一、師承

㈠啓蒙老師——張易簡

蘇轍八歲開始在眉州家鄉私塾就學，〈衆妙堂記〉中云：「眉山道士張易簡教小學，常百人，予幼時亦與焉。居天慶觀北極院，予蓋從之三年。謫居海南，一日夢至其處，見張道士如平易，迅治庭宇，若有所待者，曰：老先生且至，其徒有誦老子者曰：玄之又玄，衆妙之門。」

張易簡在蘇軾心目中印象深刻，謫貶南海，記憶猶新。而張氏係道家也是道士。而蘇轍也在這裡讀書，《龍川略志第一》：「予幼居鄉閭，從子瞻讀書天慶觀。」從蘇轍沉默寡言的敦厚個性，從小是跟定蘇軾了。

㈡啓業老師——劉巨（微之）

劉巨是四川成都的老儒，住在城西，蘇轍與家安國兄弟、程建用，楊堯咨等同學讀書。後來蘇轍回憶道：「城西社下老劉君，春服舞雩今幾人？白髮兄弟驚我在，喜君游宦亦天倫。」〈送家安國赴成都教授〉，蘇轍從小讀書刻苦學習，注重品德修養，「出遊於途，行中規矩，入居室無惰容」，即使遊戲的進行，亦不類常人。一天大雨，他們在學舍中以六言詩聯句，程建用先說：庭松偃仰如醉，楊堯咨接著說：夏雨凄涼似秋，蘇軾聯道：有客高吟擁鼻，蘇轍最後聯句：無人共吃饅頭。蘇轍稚氣十足，引得大家哄堂歡笑。

㈢知人之明，張方平（一〇〇七—一〇九一）

字安道，南京人，字安道，號樂全居士，神宗時累官參知故事，知陳州令，慷慨有氣節。王安石用事，嶷然不少屈，以是望高一時。謚號文定。著有《樂全集》。

蘇轍在〈追和張公安道贈別〉詩敘說：「予年十八，與兄瞻，東游京師。是時，張公安道守成都，一見，以國士相許。」蘇轍曾隨著父兄到成都拜謁張方平，經過測試之後，張方平對於蘇轍兄弟有了不同評價：「二子皆天才，長者明敏可愛。然小者謹重，成就或過之。」蘇軾的才氣外露，蘇轍的謹重內斂，形成兄弟間個性截然不同，在仕途上的職位陞遷貶謫而論，張方平的識人之見，一針見血。如是，張方平就是蘇轍兄弟在「從政生涯的啓業老師。有詩爲證，〈送張公安道南都留台〉：「少年喜文字，東行始觀國。成都多遊士，投謁密如櫛。紛然衆人中，顧我好顏色。猖狂感一遇，邂逅登仕期。」

由於張方平的鼓勵並推荐三蘇認識歐陽修，蘇洵才帶著蘇轍弟兄赴京應試。爾後，張方平知陳州（河南淮陽），辟蘇轍爲陳州教授，〈潁濱遺老傳〉：「會張文定知淮陽，以學官見辟，從之三年。」蘇轍〈陳州爲張安道論時事書〉，熙寧十年（一〇七七），張方平辟蘇轍爲應天府判官，實現「從公當有時」的願望。元豐二年（一〇七九）蘇轍因蘇軾的烏台詩案，坐貶筠州（江西高安），臨行前向張方平辭行，口占一絕贈別：「可憐萍梗飄浮客，自歎瓠瓜老病身。從此空齋掛塵榻，不知重掃待何人？」命酌酒，凄然不樂。其後張方平贈馬，蘇轍有〈謝張安道惠馬〉：「作詩僅比窮張籍，得馬還從老晉公。」當張方平致仕（元豐二年，一〇七九），蘇轍代作乞表和謝表。元祐六年（一〇九一）張方平不起，《欒城後集》卷二十有〈祭張宮保文〉：「從公陳宋，庇于有仁。既博以文，又約以禮。示我夷易，行不知止。南遷而還，迎我而笑。世將用子，要志于道。」蘇轍如顏子之敬尼父了。而張方平待蘇轍，情同父子。

(四)大力拔擢——歐陽修（一〇〇七—一〇七三）

觀之子。字永叔，自號醉翁。晚號六一居士。宋盧陵（江西吉安）人。四歲喪父，母鄭氏撫養長大，家貧，以荻畫地學書。舉進士甲科。慶曆初，召知諫院，論事切直。後改右正言，知制誥，時杜衍、韓琦、范仲淹、富弼相繼罷去，修上書極諫，出知滁州（安徽省滁縣），徙揚州、潁州，還爲翰林學士。在翰林八年，知無不言。嘉祐間，拜參知政事，與韓琦同心輔政。雖屢爲群小所搆，修意氣自若。熙寧初，與王安石不合，以太子少師致仕。修博極群書，得昌黎遺稿，苦心探索，遂以文章冠天下。詩文兼韓愈、李杜之長，爲大宋一代文宗。晚號六一居士，謂集三代金石遺文一千卷，藏書一萬卷，琴一張，棋一局，酒一壺，一老翁（歐陽修）。卒諡文忠。著有《新唐書》、《新五代史》、《毛詩本義》、《集古錄》、《歸田錄》、《洛陽牡丹記》、《文忠集》、《居士集》、《六一詩話》、《六一詞》等書。

嘉祐二年（一〇五七）蘇轍十九歲，隨父兄進京，參加科舉考試，兄弟同科進士及第。宋初科舉考試仍沿襲五代柔麗習風，接著又有楊億的西崑體，仿李商隱浮靡綺麗的詩文。逮歐陽修身居主考，疾時文的求深務奇，凡文涉雕刻者皆黜，拔擢蘇轍兄弟，名動京師。歐陽發《先公事跡》。《歐陽文忠公集》附錄：「嘉祐二年先公知貢舉，時學者爲文，以新奇相尙，文體大壞。公深革其弊，一時以怪僻知名在高第者，黜落幾盡。二蘇出於西川，人無知者。一旦拔在高等，榜出，士人紛然，驚恐怨謗，其後稍稍信服。」

蘇轍兄弟步上仕途，從事政治活動，歐陽修的栽培提拔，厥爲關鍵。蘇轍〈送歐陽辨〉：「我年十九識君翁，鬢髮盡白顴頰紅。奇姿雲卷出翠阜，高論河決生清風。我時少年豈知道？因緣父兄願承教。文章疏落未足云，舉止猖狂空自笑。」

蘇轍面見歐陽修第一印象，修已是五十歲的鬢髮盡白紅光滿面，談笑風生的長者，一見傾心，願承教誨。內省自歛，不足爲傲。

熙寧四年（一〇七一）歐陽修因反對王安石新政青苗法，爲安石所詆，求歸心切，以太子少師致仕，居潁州。蘇轍兄弟陪修在西湖宴飮，〈陪歐陽少師永叔燕潁州西湖〉：「公年未老髮先衰，對酒清歡似昔時。功成業就了無事。今名付與他人知。平生著書今絕筆，閉門燕居未嘗出。忽來湖上尋舊遊，坐令湖水生顏色。酒行樂作遊人多，爭觀竊語誰能呵。十年思潁今在潁，不飮耐此遊人何？」其時歐公無官一身輕，顯得十分自得，而蘇轍兄弟的陪伴出遊，更加遊興風發。沒料到歐公於次年因淋渴症病往生，這是蘇轍兄弟最後一次歡聚。蘇轍曾回憶記事，祭〈歐陽少師文〉：「轍官在陳，於潁爲鄰。拜公門下，笑言歡欣。杯酒相屬，圖史紛紜。辯論不衰，志氣益振。有如斯人，而止斯耶？書來告哀，情懷酸辛。報不及至，凶訃遄臻。」歐公的噩耗，帶給蘇轍的無限感傷與懷念。在〈重到汝陰（潁州）寄子瞻〉：「憶赴錢塘九月秋，同來潁尾一扁舟。退居尚有三師在，好事須爲十日留。傾瀉向人懷抱盡，忠誠爲國始終憂。」一位憂國愛民，忠貞不貳的大臣，與世長辭，蘇轍的感慨萬千，在〈歐陽少師挽詞〉流露眞摯的情感：

念昔先君子，嘗蒙國士知。舊思終未服，感歎不勝悲。

(五)力排眾議——司馬光（一〇一九—一〇八六）

字君實，宋陝州夏縣（山西省夏縣）涑水鄉人。光自幼穎慧，勤苦攻讀，仁宗寶元初登進士第，累官端明殿學士。神宗時，以議新法，忤王安石，退居洛陽，朝野咸引領望光爲相。哲宗立，起爲門下侍郎，轉尚書左僕射，遂去新法，聲威遠播。遼夏使至，必問光起居，並敕邊吏毋輕生事，開邊隙。公親理庶務，日夕勞苦，居相位八月而卒，諡文正。撰有《資治通鑑》、《傳家集》等書。

嘉祐六年（一〇六一）七月，詔起居舍人，同知諫院司馬光、同知諫院楊畋、知制誥沈遘爲秘閣考官。蘇轍秘閣共試六論：〈王者不治夷狄論〉、〈劉愷丁鴻孰賢論〉、〈禮義信足以成德論〉、〈形勢不如德論〉、〈既醉備五福論〉。以上應試各篇，均見於《欒城應詔集卷十一》。

秘閣試後，接著進行御試，由仁宗皇帝親臨崇政殿策試所舉賢良方正，直言極諫之士，蘇轍作〈御試制科舉〉一文，責備仁宗諸多不是：無憂懼之識，沈溺聲色之樂，賦稅繁重，濫用民財等，皆失政而惑於虛名。其時，司馬光參與崇政殿復試，肯定蘇轍的直言，以爲應入三等，第以范鎮反對，於是改爲四等。而後再復考，初考官胡宿認爲蘇轍之策，答非所問，比喻缺當，力請黜之。朝廷另派差官重定，蘇轍不入等。司馬光爲之執言上奏：「但見其（蘇轍）指正朝廷得失，無所顧慮，於四人之中最爲切直。今若以此不蒙甄收，則臣恐天下之人皆以爲朝廷虛設直言極諫之科。而轍以直言被黜，從此四方以言爲諱，其於聖主寬明之德，虧損不細。」仁宗御覽之後，詔示蘇轍入四等。

蘇轍於元祐元年（一〇八六）二月回到京師，任右司諫，在免役法與司馬光意見不同，司馬光反對限期廢除，蘇轍以爲行之既久（二十年），官私習慣，宜保留實施。而在科舉考試識見又不同，司馬光主張恢復詩賦取士，蘇轍認爲詩賦小技，比次聲律，用功不淺，應以經義爲試。至於司馬光意見一致的是對西夏用兵，以及反對青苗法的罪及人民，因而詔罷青苗法。

司馬光於元祐元年九月憂勞過度去世，蘇轍一向對司馬光十分敬重，在司馬溫公挽詞四道，充分表現無遺。其一贊美司馬光歷仕仁宗、英宗、神宗「封章留帝所，德澤在人心」。其二寫司馬光因反對王安石厲行變法而退居洛陽，著作不朽史冊《資治通鑑》，「決策侍賢際，宛言變法初。紛紛看往事，一一驗遺書。」其三頌揚溫公在元祐更化中的功績：「區區非爲己，怨怨欲亡生。力盡心終在，身亡勢亦成。」其四感激知遇之恩「少年真狷淺，射策本粗疏。欲廣忠言地，先收民棄餘。流離見更化，邂逅捧除書。趙孟終知厥，他人恐罵予。」詩中前四句感謝司馬光在應制科考試時，力排衆議，使其入等。後四句是感謝司馬光現在又提拔自己，回朝任職，詩中充滿感激之情。

(六)二蘇在此——韓琦（一〇〇八—一〇七五）

字稚圭，自號瓢叟。宋安陽人（河南安陽）。天聖中舉進士，方唱名，太史奏五色雲見，初授將作監丞。趙元昊反，進樞密直學士，歷官陝西經略安撫招討使，與范仲淹在兵間久，名重一時，人心歸之，朝廷倚以爲重，天下稱韓范。邊人謠曰：「軍中有一韓，西賊聞之心膽寒；軍中有一范，西賊聞之驚破膽。」及元昊稱臣，召爲樞密副使，嘉祐中拜同中書門下平章事。英宗嗣位，拜右僕射，封魏國公。神宗立，拜司徒，兼侍中，判相州，相人愛之如父母，換節永興軍，卒謚忠獻。

琦天資樸忠，誠量英偉，嘉祐治平間，再決大策，以安社稷。時朝廷多故，琦處危疑之際，知無不爲。在魏都久，遼使每過移牒必書名曰：「韓魏公在此故也」，其見重於外國如此。著有《安陽集》。

蘇轍十九歲時，於嘉祐二年（一〇五七）隨父兄進京，進士及第，其時上書韓琦求見，強調文氣在寫作上的重要性，並以爲後天的閱歷及尙友賢人，可以改善自己的寫作。〈上樞密韓太尉書〉：「轍之來也，於山見終南、嵩、華之高，於水見黃河之大且深，於人見歐陽公，而猶以爲未見太尉也，故願得觀賢人之光耀，聞一言以自壯，然後可以盡天下之大觀而無憾者也」。

蘇轍於書中表示誠懇求見，願遊公門，依李廌〈師友談記〉：「頃同黃門公初赴制舉之召，到都下。是時同召試者甚多。一日相國韓公（琦）從容言曰：「二蘇在此，而試人亦敢與之較試，何也？」此語既傳，於是不試而去者，十蓋八九矣。

又引東坡：「國朝試科目，在八月中旬。頃與黃門將試，黃門忽病，自料不能及矣。相國韓魏公知之，輒奏上曰：『今歲召制科之士，唯蘇軾、蘇轍最有希望。今蘇轍偶病未可試，如此，兄弟有一人不得就試，甚非衆望。欲展限以俟。』上許之。黃門病時，魏公數使人間安否。既聞全安，方引試，比常例展二十日。自後試科併在九月，蓋始於此。」

韓琦對於蘇轍另眼相待，爲蘇轍生病將制科考試延期，而派人問安，待蘇轍病癒，乃一舉中第。對蘇轍的關愛與提拔，無人能出其右。

蘇轍奉令赴北遼賀使，歸來撰〈祭韓忠獻魏公文〉：「轍等游公之門，跡有戚疏，長育成材。」蘇轍乃以門生自居，對韓文公感激涕零，懷念不已。

以上列舉啓蒙老師張易簡、劉臣，在宦途仕進拔擢提攜不遺餘力者，有張方平、歐陽修、司馬光、韓琦等人，餘者如文彥博、曾公亮、楊畋、趙林等，皆捨去不載，取其關鍵而文不蕪了。

二、益友

蘇轍從小就和蘇軾形影不離，以兄軾爲師友。〈祭亡嫂王氏文〉：「轍幼學於兄，師友實兼，志氣雖同，以不逮慚。」蘇轍謙沖自牧，自不以爲不如乃兄軾。而〈祭亡兄端明文〉：「手腳之愛，平生一人。幼而無師，受業先君。兄敏我愚，賴以有聞。寒暑相從，逮壯而分。」而蘇軾對於弟弟子由，也有著肯定贊美，相知相惜，蘇軾離開徐州，曾作〈初別子由〉：

我少知子由，天資和且清。好學老益堅，表裡漸融明。
豈獨爲吾弟，要是賢友生。不見六七年，微言誰與賡？

常恐坦率性，放縱不自程。會合亦何事，無言對空枰。

使人之意消，不善無由萌。

在出仕之前，兄弟不曾須臾分離，讀書在一起，遊戲在一起，兄弟情感融洽親密。等到科舉進士步上仕途，離多聚少，遂以詩文酬唱以慰相思之苦，逮兄軾卒於常州，兄弟並未謀面，令人不勝唏噓！除兄軾外，蘇轍益友，略舉五人，概述如后：

(一)范鎭

字景仁，華陽（四川雙流）人。《宋史三百三十七》記載：「仁宗朝知諫院，以直言敢諫聞名，後爲翰林學士。神宗時王安石當權，竟見不合，遂致仕。」蘇軾有在野而名益重的讚美。范鎭則說：「使天下受其害而吾享其名，吾何心哉？」其用心以未能阻止王安石的變法爲恨。哲宗即位，起端明殿學士，固辭不就，累封蜀國公，卒諡文忠，有文集及《東閒記事》等凡百餘卷。

范鎭與蘇轍兄弟既是同鄉，又是世交，友情彌篤，從詩文中略見梗概。當蘇軾烏台詩案發生後，突然鋃鐺入獄，帶給蘇轍的惶恐驚懼，這是政治迫害的官場現形記。蘇轍〈寄范丈景仁〉：「人生聚散未可料，世路陰惡終勞神。交遊畏避恐坐累，言詞欲吐聊復合。安得如公百無志，百間廣厦安貧身。」政治風暴，方興未艾，因爲烏台詩案牽累多人貶謫放逐，不得倖免，蘇轍的「畏避坐累」正是道出內心的驚悸悚動，更加仰慕范鎭的全身而退了。

熙寧九年（一〇七六）蘇轍從齊州返京，暫住范家東齋，有〈雪中呈范景仁侍郎〉：「羈遊亦何樂？幸此賢主人。東齋暖且深，高眠不知晨。……賴我古君子，高談吐陽春。方當庇華屋，豈憂無束薪。」在風聲鶴唳的政治迫害中，范家不避牽累，詩中蘇轍在范家吃住都得到解決，彼此又談得投機契合，生活得無憂無慮。接著就在范家過年，心中浮動些許感慨。〈次韻景仁丙辰除夜〉：「數舉除夜酒，稍消少年豪。」

蘇轍在范家過生活得非常閒適，范鎮宴客，蘇轍作陪，〈次韻景仁飲宋溫之南軒〉：「疏狂先醉倒，應許恃鄉情。」同鄉情誼深厚的流露，因此「時以酒相命，何妨心自齋」的自我陶醉，自我滿足，自得其樂。又如〈次韻景仁正月十二日訪吳縝寺丞二絕〉，亦有類似的描敘。

范鎮「學本六經，口不道佛、老、申、韓之學」《宋史》是純正的儒者，對於佛老等說，有「我丈心中冰玉潔，世上浮雲盡灰滅。終年行道自不知，笑指空門各異說」的批評。而蘇轍的思想是儒釋道合一，〈次前韻答景仁〉：「儒林談道亦云舊，遠自太史牛馬走。區區分別意何爲？擾擾祇添心上垢。道大如天不可測，異出同歸各穿竇。」

蘇轍以爲各家有各家的特色，不必拘泥，儒家已舊，殊途同歸的大道，是可以包容，可以統合爲一的。其後蘇軾於熙寧十年（一〇七七）調任湖州時，行抵陳橋驛，詔下改知徐州，不得入國門，遂居郊外范鎮東園。蘇轍〈寄范丈景仁〉：

> 我兄東來自東武，走馬出見黃河濱。及門卻遣不得入，回顧欲去行無人。
> 東園桃李正欲發，開門借與停車輪。

蘇軾的仕途困蹇，不得進入國門，有賴范鎮伸出援手，亟救急難。後來蘇軾在〈送魯元翰少卿知衛州〉：「見士其所著，寄身范公園。」范鎮與蘇轍兄弟的同鄉世交，勇於濟助燃眉之急，情深意切，好爲市道交者，應以爲誡。

㈡王鞏

字定國，係名相王旦之孫，王素之子，曾築清虛堂，因以號焉。王素在嘉祐三年（一〇五八）知成都，蘇軾往見，並作〈上知府王龍圖書〉，論治蜀難易。其後王鞏與蘇轍兄弟常相往來。當蘇轍罷齊州教授回京時，曾多次宴請，並有詩歌酬唱，〈次韻王鞏延評招飲〉：「都城歲晚不歸去，客舍夜寒猶獨吟，樽酒憐君偏好客，詩篇寄我謬知音。會須雪裡相從飲，履跡族平無處尋。」「歲晚」、「夜寒」是臘月的時候，蘇轍的心情是充滿了苦味，「獨吟」是最佳寫照。當王鞏建清虛堂竣工，於熙寧十年（一〇七七）爲王鞏作〈王氏清虛堂記〉：文中敘述清虛堂前有山石，後有竹林，中置圖史。……清虛不在於「如人於山林高僧逸人之居，而忘其京都塵土之鄉」……也不在於酷好翰墨，而在於「年日益壯，學日益篤，經涉世故，出入禍患，顧疇昔之好，知其未離乎累也，乃始發其箱篋，出其玩好，投以與人而不惜，將曠焉黜去外累而獨求諸內，意其眞清虛者在焉。」清虛自宋，乃內求諸己而捨棄外物，雖置身於都市叢林的紅塵瀰漫之中，仍不爲誘惑，不爲聳動，是老莊思想的實踐，遊於物之外了。

當張方平在南京，遂辟蘇轍爲南京簽判，〈將至南京寄王鞏〉：「河牽一線流不斷，雨散千絲卷卻來。煙際橫橋樹十里，盤中倦客酒三杯。老年轉覺脾嫌濕，世路早令心似灰。賴有故人憐寂寞，繫舟待我又徘徊。」抒情寫意，面面俱到，對於宦途生涯的失望，已是「心似灰」，「故人」的知心，堪慰寂寞。

後來在南京又重逢，蘇轍〈次韻王鞏見贈〉：「南都逢故人，共此一樽淥。……狂歌手自拊，醉倒頭相觸。」好友相聚，不醉不歡，拍手狂歌，醉倒相觸，有爲歡幾何的心態。但是蘇轍的生活依然拮据，〈飲餞王鞏〉：「送君不辦沽斗酒，發醅浮蟻知君有。問君取酒持勸君，未知客主定何人？」蘇轍是主人，但貧而無酒，倒飲王鞏的美酒，主客易位的情況，時常發生，〈次韻王鞏同宴王廷志度支家戲詠〉：「莫道貧家少還往，自須先辦買花錢。」王廷志早識老友，是蘇軾通判杭州時，志同道合，主張政寬。蘇轍初識，時王廷志廢居南都「忘其固窮，笑歌歡呼。……見遠識微，我不如君」，蘇轍敬佩其人格與操守，六年後還朝，將息女嫁其長子，結爲親家。

元豐六年（一〇八三）七月蘇轍在筠州，王鞏北歸，〈喜王鞏承事北歸〉：「同罪南遷鶩最遠，乘流北上喜先歸」，王鞏在決策歸田時，蘇轍在貧苦潦倒的生活裡，尚能以杜老自喻，求得生活上的自適，是顏子一簞食一瓢飲，居陋巷而不憂的生活理念徹底實踐的人呀！

㈢文同（一〇一八—一〇七五）

《宋史四百四十三》：宋梓潼（四川鹽亭）人，字與可。號笑笑先生、石室先生、錦江道人等，神宗元豐元年（一〇七八），知湖州，故亦稱文湖州。宋仁宗皇祐進士，累遷太常博士，最善畫竹、時文、篆、隸、行、草、飛白皆妙極。元豐二年卒，年六十二。著有《丹淵集》。

文同與蘇轍，屬同鄉，是世交，又是親家。都屬四川人，文同是當代著名畫家，蘇洵曾索畫，有〈與可許惠舒景，以詩督之〉詩：

貴家滿前謝不興，獨許見贈憐我衰。我當枕簟臥其下，暮續膏火朝忘炊。

門前剝啄不須應。老病人誰稱我爲？

蘇轍作〈墨竹賦〉，認爲畫竹畫得妙，是「朝與竹乎爲遊，暮與竹乎爲朋，飲食乎竹間，偃息乎竹陰，觀竹之變多矣。」生活在竹林綠蔭之中，體味竹的變化，耳濡目染，最爲熟悉，蘇轍長女適文同長子文務光，字逸民，有〈次韻文號光秀才游南湖〉：「滿床書卷何曾讀？散步湖光自不閑。……新春漸好君歸速，不見遊人暮不歸。」蘇轍寄意勤學爲要，莫貪念湖光勝水，早早回家爲勉勵。元豐元年（一〇七八）歲末文同知湖州，蘇轍有〈送文與可知湖州〉：「舊聞吳興勝，試問天公取。家貧索裝盡，歲莫輕帆舉。」湖州山水鼎勝，但因人而異，「人寄畫屏住，俗吏自難堪，詩翁正當與，從來思清絕。」至於施政治民以做到「高臥鎮夸俗，滿談靜煩訴」爲最高方針與期望。元豐二年正月二十一日，文同病卒於陳州，蘇轍有〈祭文與可學士文〉：「與君結交，自我先人。舊好不忘，繼以新婚。……君牧吳興，我官南京。從君季子，長女實行。君次於陳，往見姑嫜。使者未返，而君淪亡。」文蘇的友誼情篤，親上加親，是爲摯友。文同藝術思想，待後詳述。

㈣李常（一〇二七—一〇九〇）

字公擇，宋南康建昌（江西南城）人。宋仁宋皇祐舉進士。哲宗時，官御史中丞。《宋史三百四十四有傳》

初與王安石友善，王安石立新法，以李常爲三司條例司檢詳官。但李常反對新法，極言其不便，《宋史・李常傳》：「條例司始建，已致中外之議。」

至於均輸、青苗，斂散取息，傅會經義，人且大駭，何異王莽猥析《周官》片言，以流毒天下！結果被逐出朝廷，通判滑州（河南滑縣），改知鄂州（湖北武昌）湖州（浙江吳興），熙寧九年（一〇七六）改知齊州。公擇年少讀書廬山白石僧舍，既擢第，抄所藏書萬卷留於室，名其室曰李氏山房。蘇軾作〈李氏山房藏書記〉，謂藏書以遺來者，固仁者之用心，東坡於此拈出主旨，以警學者，亦仁人之用心也。著有文集，奏議詩集與會計錄。

蘇轍兄弟與李公擇友誼情深，熙寧五年（一〇七二），時李公擇知鄂州，曾應其請，分別賦黃鶴樓詩寄李。見蘇軾詩集卷八，東坡集卷四賦〈黃鶴樓贈李公擇〉：「前年見君河之浦，東風吹河沙如霧。北潭楊柳強知春，樽酒相攜終日詩。」李公擇赴齊州任途中，作〈赴歷下道中雜誌十二首〉，蘇轍亦盡和其詩（見卷六）重陽節李公擇設宴邀請蘇轍，蘇轍因病未能赴宴，有〈次韻李公擇九日見約，以疾不赴〉：「他年逢九日，杯酒遂英豪。漸老經秋病，獨醒何處留？牀頭添藥裡，坐上減牛毛。寂寞知誰問，煩公置濁醪。」可見彼此的情感篤厚，但李公擇到任不滿一年，蘇轍就於十月任滿去職，「我行今不久，公到時方昨。」〈喜雪呈李公擇〉

(五)毛維瞻、毛滂

毛維瞻《尚友錄七》：宋西安人，以詩名，與趙抃同邑相得，爲山林之樂。於宋神宗元豐三年（一〇八〇）始出知筠州，政平訟理，樂善好施，時蘇轍謫筠州，相與唱和，志在山林。於元豐五年（一〇八二）致仕，著有〈鳳山八詠〉，〈山房即事十絕〉。

毛維瞻是在蘇轍謫貶筠州之前到任筠州，到任以後，政通人和，寬柔從事，對蘇轍尊重不以罪犯相待，蘇轍〈次韻毛國鎭趙景仁唱和三首，一贈毛，一贈趙，一自詠〉：「我來邂逅途政寬，忘卻漂流身在南。」使蘇轍忘卻貶謫的痛苦，感到些許溫暖，在〈次韻毛君經句不用鞭扑〉：「政寬境內棠陰合，訟去庭中草色新。歲終誰爲公書考，豈止江西第一人。」經常陪侍毛維瞻視察施政，闢路襤褸，以啓山林，〈次韻筠守毛維瞻司封觀修城三首〉：「北垣荊棘舊成堆，留待公來次第開。東馬已通城下路，榛蕪盡付治家灰。」在開墾荒地，增加生產以後，帶給人民豐富的生活，「荊棘燒殘桑柘出，狐狸去盡犬雞來。」

蘇轍不只是白天陪侍毛維瞻從事各項政治活動，由於彼此志趣相投，公暇之餘，夜遊相伴，得秉燭的歡樂，〈陪毛君夜遊北園〉：「一樽花下夜忘歸，燈火尋春畏春晚。」有時蘇轍也主動夜訪夜飲，〈過毛國鎭夜飲〉：「不動歌舞人已醉，旋聞詩句夜初長。」彼此以詩酒酬答，多達二十九篇，共七十首，蘇轍在其他各地的長官，從來沒有這樣的酬作。其時以作詩爲樂，相互贈送，相互催促。〈次韻毛君見題〉：「江國騷人不耐秋，夜吟清句曉相投。」又〈次韻毛君山房即事〉，「案牘稀疏夜自開，夜闌幽夢曉方回。青苔紅葉騷人事，時見詩筒去又來。」在在敘述彼此全心投入寫詩的情境，寫詩已到了如醉如痴的地步，稍爲遲緩交出詩篇，毛維瞻還會催促，〈次韻毛君見督和詩〉：「新詩落紙一城傳，顧我疏頑豈足編？他日杜陵詩集裡，韋迢略見兩三篇。」韋迢爲嶺南節度使司馬，杜甫流落湘期間，韋有〈潭州留別杜員外長〉〈早發湘潭寄杜員外院長〉詩，附錄在杜甫的詩集裡。蘇轍以毛維瞻喻杜甫，以自己喻韋迢，但究其事實，毛維瞻的生平志趣在《欒城集》得知，如〈次韻毛君山房即事詩〉：「東晉仙人借舊山，定應天意許公閑。郡人欲問使君處，笑指峰巒紫翠間。」而在〈次韻毛君留別〉：「問天乞得不訾身，屈指人間聞幾人？漁縱江潭眞竈宅，鶴飛松嶺倍精神。」毛國鎮生日，蘇轍有詩：「怪公日夜歸心切，欲寄此生丹竈中。」由此得知毛維瞻類似陶淵明的歸輿心情，本性使然，蘇轍〈次韻毛君偶成〉：「聱牙向物知難合，疏懶憐公獨未嫌。時聽淵明詠歸去，猶應爲我故遲淹。」

蘇轍在筠州的生活情況，是相當愜意，感到舒適。〈再和十首〉：「澗草巖花日日開，江南秋盡似春回。旋開還落無人顧，惟有山蜂暖尚來。」心情愉快，天氣暖和，秋冬似春日，花開蜂鬧，一番春趣盎然呈現在眼前。但是不善飲酒的蘇轍，飲酒過量肺疾復作，不勝苦惱：「夜歸肺增漲，晨起脾失磨。情懷忽牢落，藥餌費調和，衰年足奇窮，一醉仍坎坷，清尊自不惡，多病欲奈何？」

當毛維瞻致仕還鄉，蘇轍有詩：「忽言叩天閽，言旋歸故廬。朋友不及謀，親戚亦驚時。人生各有志，何暇問俗徒。嗟我好奇節，歎公眞丈夫。」蘇轍有毛維瞻志同道合的長官，「我恨見公遲」的慨歎，因爲「負罪不自知，適意忘憂虞」，得到尊重、尊嚴的生活，是生活最愜意的享受。因此，毛維瞻的致仕，自然不捨。而有「不才似我眞當去，零落衡茅隔雍歧」的羨慕心情。因此，毛維瞻致仕後，詩酬依然不斷，〈白雲莊偶題〉：「歸去攜家任白雲，雲中猿鶴許同群。……卻看人世應微笑，未熟黃粱書夢紛。」黃粱一夢，富貴功名，幾時保有？人貴適志，若矯性違俗，斯志士之大痛了。

毛滂《宋史翼二十七》《四庫提要一百五十五》：宋江山人，字澤民，號東堂。毛維瞻之子，元祐年間，蘇軾守杭州，滂爲法曹，軾得其所爲文，深爲器重。後薦於朝，權知秀州（浙江省嘉興縣）。滂素行儇薄，其後出蔡京兄弟門下，驟得進用。詩文在北宋末年，足以自成一家。著有《東堂集》、《東堂詞》等。

蘇轍在筠州，適逢毛滂侍親於此。蘇轍有〈送毛滂齋郎〉：「先生承顏善養親，束裝騎馬試爲臣。酒腸天與渾無敵，詩律家傳便出人。擁鼻高飮方自得，折腰奔走漸勞神。歸來一笑須勤取，花發陳吳二月春。」

其他方士深交往來者如：聰禪師、臻長老、大覺璉、巢谷等。尤其是巢谷，眉山人，務農。「予以鄉里故，幼而識之，知其志節，緩急可托也。元祐兄弟在朝不高攀，兄弟遠謫嶺南，年七十，徒步慰問。氣節凜然，令人敬仰；熱情誠懇，令人感動！」

第三節　蘇轍家族世系及其後代

一、蘇轍的先祖及姻親

㈠蘇味道

蘇洵《蘇氏族譜》：「蘇氏出自高陽，而蔓延于天下，唐神龍（七〇五—七〇七）初，長史蘇味道刺眉州，卒於官，一子留於眉，眉之有蘇氏，自是始。」

高陽，古帝瑞頊，佐少昊有功，國於高陽，因號高陽氏。

㈡蘇涇

蘇洵《族譜後錄下篇》：「蘇氏自遷於眉，自高祖涇，則已不詳。」自味道至明允的高祖，其間二百餘年，族譜缺漏。

㈢蘇釿、黃氏

蘇洵《族譜後錄下篇》：「自曾祖釿而後稍可記。曾祖娶黃氏，以俠氣聞於鄉閭。」生五子：即祈、福、禮、祐、祜。其中祜最少最賢，以才幹精敏見稱。

㈣蘇祜、李氏

蘇洵《族譜後錄下篇》引蘇序語：「祜生於唐哀宗之天祐二年（九〇五）而沒于周世宗之顯德二年（九五八），蓋與五代相終始。……吾祖娶于李氏。李氏，唐之苗裔，太宗之子曹王明之後，世曰瑜，爲遂州長江尉，失官，家于眉之丹陵。」

蘇洵《蘇氏族譜》記載：「蘇祜有子六人：蘇宗善、蘇宗晏、蘇宗昪、蘇杲、蘇宗晁、蘇德。」祜不仕，享年五十四。

㈤蘇杲、宋氏

蘇洵《族譜後錄下篇》引蘇序語：「吾父杲最好善，事父母極于孝，與兄弟篤于愛，與朋友篤于信，鄉閭之人無親近，皆敬愛之。娶宋氏，夫人事上甚孝謹而御下甚嚴。生子九人，而吾獨存。……卒之歲蓋淳化五年（九九四），推其生之年則晉少帝之開運元年（九四四）也。」杲不仕，享年五十一。蘇杲娶「宋氏」，是根據嘉祐集明巾箱本，明天啓元年刊本，蘇轍欒城集東坡墓誌銘明各刊本，宋史蘇軾傳均作「宋氏。」商務萬有文庫嘉祐集作「朱氏」。

㈥蘇序、史氏

蘇洵《族譜後錄下篇》：「先生諱序，字仲先，生于開寶六年（九七三），而歿于慶曆七年（一○四七）。娶史氏夫人，生三子，長曰澹、次曰渙、季則洵也。先子少孤，喜爲善而不好讀書，晚乃爲詩，能白道，敏捷立成。凡數十年得數千篇，上自朝廷郡邑之事，下至鄉閭子孫畋漁治生之意，皆見於詩。」序仕至大理評事，娶史氏。生三子澹、渙、洵及二女，長適杜重祐，幼適石揚言。享年七十五。

㈦蘇澹

蘇序長子，蘇洵長兄，蘇轍長伯。歐陽修〈蘇明允墓志銘〉：「職方君（蘇序）三子，曰澹，曰渙，皆以文學舉進士。」張方平〈文安先生墓表〉：「（序）生三子，曰澹，曰渙，教訓甚至，各成名官。」「成名官」不確，因澹不仕。亦先洵而卒。蘇洵〈極樂院六菩薩閣記〉：「丁母夫人之憂，蓋年二十有四矣。其後五年而喪兄希白。」希白可能就是蘇澹的字號，卒于蘇洵二十九歲，即宋仁宗景祐四年（一〇三七）。

(八)蘇渙、楊氏

蘇轍〈伯父墓表〉記載，公諱渙，始字公郡，晚字文父（甫）。天聖元年（一〇二三），始就鄉試，明年（一〇二四）登科，爲寶雞主簿，官至提點利州路刑獄。嘉祐七年（一〇六二）卒，享年六十二。夫人楊氏，次年亦卒。子三人：蘇不欺，監成都糧科；蘇不疑，嘉州通判；蘇不危，不仕。女四人：長適楊薦，次適王東美，三女適任更，四女適柳子文。

二、蘇洵、程氏及其家族姻親

(一)蘇洵，宋眉山人，字明允，號老泉。曾棗莊先生《三蘇傳》中（頁八），引〈石林燕語〉卷十云：「蘇子瞻謫黃州，號東坡居士，……晚號老泉山人」，明人黃燦、蘇焯《重編嘉祐集紀事》載馬元調語云：「老泉固子瞻號也，吾堂見子瞻墨跡矣，其圖記曰：『東坡居士，老泉山人』，八字合爲一章。且歐曾諸大家所爲志銘，哀挽詩具在，有號明允以老泉者乎？」可見老泉爲蘇軾號而非蘇洵號，但長期以來，以訛傳訛，一般人仍以蘇老泉爲蘇洵。生於宋眞宗大中祥符二年（一〇〇九），卒於宋英宗治平三年（一〇六六），享年五十八。

在兄長蘇渙進士及第的激勵，於天聖五年（一〇二七）蘇洵也參加進士科舉考試，不第。歐陽修〈蘇明允墓志銘〉：「蘇洵年二十七始大發憤，謝其素所往來少年，閉戶讀書爲文辭。歲餘，舉進士再不中。」早年的蘇洵，亦有志於求取功名，所以「學句讀，屬對聲律，未成而廢。」得到的結論是「此（科舉）不足爲也。」做爲「拒絕科舉考試」的讀書人。從此，決心走自己想走的路，做自己想做的事，讀自己想讀的書。〈上韓丞相書〉：「及長，知取士之難，遂絕意於功名，而自托於學術。」於是將以前爲科舉考試而習作的數百篇文章，斷然燒毀，不留隻字片語。取《論語》、《孟子》，韓子（愈）及其他聖賢人之文而兀然端坐，終日以讀之者七、八年。遂通六經百家之說，爲文古勁簡樸。歐陽修推崇蘇洵，「諸老誰能先賈誼，君主猶未識相如。」集政論、文學於一身。司馬光也稱讚「道兼文武之隆，學際天人之表。」都不是溢美之詞。著有《太常因革禮》百卷、《謚法》三卷、《皇祐謚錄》三十卷，《易傳》十卷。

(二)**程氏**：程氏雖比蘇家富有，但社會地位也不顯要。蘇軾〈書外曾祖程公遺事〉：「公諱仁霸，眉山人，以仁厚信于鄉里。蜀平，中朝士大夫憚遠宦，官闕，選士人有行義者攝，公攝錄事參軍。……

……坐逸囚罷歸。……外祖父壽九十。」

外祖指程文應，是程氏夫人的父親。司馬光〈程夫人墓志銘〉：「夫人姓程氏，眉山人，大理寺丞文應之女。」蘇軾曾對李廌說：「外祖甚富，二家聯姻，皆以子貴封官。」〈李廌師友談記〉。程濬舅氏最爲顯貴，字治之，進士及第，歷任縣尉、參軍、推官、通判、提點刑獄、轉運使等職。至於程濬之子程之才，字正輔，娶蘇轍幼姊八娘爲妻（一〇五〇），是蘇洵的女婿，但因虐待八娘，八娘鬱鬱而卒（一〇五二），兩家於是交惡達四十三年之久。迄紹聖二年（一〇九五）蘇軾貶官惠州，程正輔造訪，八娘死後蘇程二家舊怨冰釋。

依據蘇洵《極樂院六菩薩閣記》：長女、次女、長子景先，都是在年幼棄世。

幼女八娘：生於景祐二年（一〇三五），卒於皇祐四年（一〇五三），得年十八。蘇洵〈自尤〉詩敘：「壬辰之歲（皇祐四年）而喪幼女。始將有尤其夫家，而卒以自尤也。女幼而好學，慷慨有過人之節，爲文亦往往有可喜。既適其母之兄程濬之子之才，年十又八而死。」其詩有「生年十六亦已嫁」，「明年會汝初生孫」，得知八娘十六歲歸程之才，十七歲生子，十八歲即因受虐待憂鬱而死。

三、蘇軾、王弗、王閏之、王朝雲

蘇軾，字子瞻。生於仁宗景祐三年十二月十九日（一〇三七）卒於徽宗建中靖國元年（一一〇一），享年六十六。

蘇軾，幼聰慧過人，八歲就學，與弟轍皆以父洵爲師。當蘇洵遊學四方時，由母親程氏親授經史，願學范滂，程母以此爲「吾有子矣。」願爲滂母。仁宗嘉祐二年（一〇五七）試禮部，歐陽修知貢舉，擢置第二，後以〈春秋〉對第一，名滿天下。六年（一〇六一）就任陝西鳳翔，這是蘇軾宦海生涯的開始。

神宗熙寧四年（一〇七一）軾上書反對新政，與王安石不和，乃自請外放杭州通判，徙知密州（山東諸城），因思念子由殷切，乃作〈水調歌頭〉一闋，成爲古今傳誦家喻戶曉的名作。後遷徐州、湖州。在湖州因謗訕新政而有烏台詩案，被捕入獄。事後貶黃州團練副使，築室於東坡，自號東坡居士，是蘇軾文學詩賦文章創作最豐富的時候。如遊沙湖，作〈定風波〉，（莫聽穿林打葉聲），浣溪沙（一下蘭牙短侵溪），〈前後赤壁賦〉、〈念奴嬌〉〈赤壁懷古〉、〈洗兒詩〉等。

元豐八年（一〇八五）神宗病逝，哲宗繼位，召爲禮部郎中、翰林學士。元祐四年（一〇八九）以龍圖閣直學士出知杭州、又遷定州、惠州、儋州（海南島）。於宋徽宗建中靖國元年（一一〇一）遇赦北返，病逝於常州。其時訃音驚傳，吳越之民相與哭於市，士君子相與哭於家，全天下無論賢愚皆咨嗟出涕，大學士數百人相率齋於惠林佛舍。

蘇軾的妻妾都姓王，前妻王弗，蘇軾〈亡妻墓志銘〉：「治平二年（一〇六五）五月丁亥，趙郡蘇軾之妻王氏卒于京師。……君諱弗，眉之青神人，鄉貢士（王）方之女。生十有六而歸于軾，有子邁。……其死也，蓋年二十七而已。」

王弗歸蘇軾十年夫妻生活中，正當蘇軾外出求取功名，家庭迍邅的時候，王弗謹言愼行，克儉持家，侍奉翁姑，聲聞戚黨。她的精明能幹，是蘇軾所依賴的。一旦猝逝，哀痛逾恆。十年後，熙寧八年（一〇七五）的正月二十日，知密州的蘇軾，夢見王弗，猶是悽切難遣，作〈江城子〉詞：「十年生死兩茫茫，不思量，自難忘，千里孤墳無處話淒涼，縱使相逢應不識，塵滿面，鬢如霜。夜來幽夢忽還鄉，小軒窗，正梳妝，相顧無言惟有淚千行，料得年年腸斷處，明月夜，短松岡。」

繼室王潤之，蘇軾〈阿彌陀佛贊〉：「蘇軾之妻王氏名閏之，字秀章，年四十六，元祐八年（一〇九三）八月一日卒于京師。」又〈祭亡妻同安郡君文〉：「昔通義君（王弗）沒不待年，嗣爲兄弟，莫如君賢。」蘇軾續娶王閏之應在治平的二年底或三年初。以爲教養蘇邁，最爲的當。王閏之來歸後，視蘇邁如己出。

侍妾王朝雲，蘇軾〈朝雲墓志銘〉：「東坡侍妾曰朝雲，字子霞，姓王氏，錢塘人。敏而好義，事先生二十有三年，忠敬若一。紹聖三年（一〇九七）壬辰卒于惠州，年三十四。」

朝雲有一兒，名曰遯，未滿周歲即夭折，蘇軾有洗兒詩：「人皆養子望聰明，我被聰明誤一生。惟願孩兒愚且魯，無災無難到公卿。」蘇軾的企盼，終於隨著遯兒的不幸夭逝，一切都成了泡影。

四、蘇轍、史氏

蘇轍，字子由。自號潁濱遺老。生於仁宗寶元二年（一〇三九），卒於徽宗政和二年（一一一二），享年七十四。著有《欒城集》八十四卷，《詩集傳》、《春秋集解》、《道德經解》、《古史》等。

轍小軾三歲，當軾於八歲入學，蘇轍《龍川略志第一》：「予幼居鄉閭，從子瞻讀書天道觀。」在家中，蘇轍兄弟「皆師先君」，以父親爲師。蘇洵對於蘇轍兄弟的教育，頗爲嚴謹，蘇轍〈歷代論〉：

「士生于世，治氣養心，無惡于身。推是以施之人，不爲苟生；不幸不用，猶當以其所知。著之翰墨，使人有聞焉。」欲其兄弟做到立德，而後立功，而後立言。因此，蘇轍兄弟接受良好的家教，思想純正，行爲端莊，且胸懷大志，頭角崢嶸，蘇轍〈初發彭城有感寄子瞻〉：

念昔各年少，松筠閉南軒。閉門書史叢，開口治亂根。

文章風雲起，胸膽渤澥（渤海）寬。

仁宗嘉祐二年（一〇五七），與兄軾同登進士。其後參加秘閣制科考試，直斥仁宗的不是，大臣以爲不當，仁宗卻說：「其言直切，不可棄也。」〈蘇潁濱年表〉又說：「吾以直言取士，士以直言告我，今而黜之，天下其謂我何！」〈蘇轍遺老齋記〉。蘇轍兄弟在仁宗寬大器重之下，雙雙登榜，仁宗高興地說：「朕今日爲子孫得兩宰相矣。」《宋史・蘇軾傳》

元豐二年（一〇七九）二月，蘇軾知湖州，李定等掀起文字煉獄，摘文擿句，多方擣撦，欲置蘇軾於死地。退居南京的王安石聲援蘇軾：「安有聖世而殺才士乎？」《王安石傳》。最憂心的是手足蘇轍，〈爲兄軾下獄上書〉：「臣早失怙時，兄軾一人相須爲命。今者竊聞其得罪，逮捕赴獄，畢家驚號，憂在不測。……不勝手足之情，故爲冒死一言。」接著說明蘇軾罪過可宥，「軾居官在家無大過惡，惟是賦性愚直，好談古今得失，軾曾言若見朝廷措施不當而不言者，猶如蒼蠅擱於喉頭，不吐不快。」因此，願以官替蘇軾贖罪，「昔漢淳于公得罪，其女子緹縈請沒爲官婢以贖其父。……今臣螻蟻之官，雖萬萬不及緹縈，而陛下聰明仁聖過于漢文遠甚。臣欲在身官以贖兄軾。」情理兼盛，哀惋感人。蘇軾在上下內外，多方營救；神宗亦欣賞其才華，於同年十二月二十九日結案，命蘇軾爲黃州團練副使。蘇轍坐貶筠州（江西高安），張方平深感不平與無奈，蘇轍臨行時，老淚縱橫手書勉勵：

可憐萍梗飄浮客，自歎瓠瓜老病身。從此空齋挂塵榻，不知重掃待何人？

元豐八年（一〇八五）三月神宗病逝，高太后臨朝，起用老臣司馬光以及反對新政被貶的官員。蘇轍於元祐元年（一〇八六）二月到京，未及國門，改右司諫，到十一月任職期間，共上奏七十四篇，多數被採用，對元祐之政有重大作用。元祐四年（一〇八九），改任吏部侍郎，翰林學士，知制誥。八月十六日被命爲遼生辰使，出使契丹。回國後，除御史中丞，升遷尙書右丞。張方平，宋仁宗的預言，得到印證。元祐七年（一〇九三）再擢門下侍郎（副相）。

嘉祐元年（一〇五六），蘇轍十八歲，張安道守成都，一見，以國士相許。兄弟謁見張方平時，曾予以試題測驗，呈卷，張方平對蘇洵說：「二子皆天才，長者明敏尤可愛，然少者謹重，成就或過之。」（註一一）

元祐八年（一〇九三）九月，高太后去逝，哲宗親政，再起用呂惠卿、章惇等人，元祐舊臣非降即貶，蘇轍兄弟亦不能倖免。蘇轍於紹聖元年（一〇九四）貶汝州（河南臨汝），袁州（江西宜春），筠州、雷州（廣東雷州半島海康）。四年（一〇九七）六月五日兄弟會於雷州，八日蘇轍送軾赴南海，此是兄弟最後訣別，直到建中靖國元年（一一〇一）蘇軾卒於常州，兄弟不曾謀面。

元符元年（一〇九八）遷循州（廣東龍川），杜門閉目，追憶平生事跡，令幼子蘇遠記錄成書，共十卷，名《龍川略志》。三年（一一〇〇）哲宗崩逝，北宋最荒淫的皇帝徽宗繼位。蘇轍移岳州（湖南岳陽），再移鄂州（湖北武昌），年終，回潁昌。而後十年之久，謝絕一切往還，連大門也不出，大觀四年〈閉門〉：「閉門潁昌市，不識潁昌人。」讀書學禪，吟嘯自得。政和元年（一一一一）〈冬至日作〉：「誰令閉戶謝往還，壽酒獨向兒孫輩。」這些詩不勝枚舉，在在說明蘇轍晚年的心境與生活，居潁昌，足不出戶，不問世事的態度。政和二年（一一一二）十月三日卒。

史氏：蘇洵〈祭史親家祖母文〉：「夫人之孫，歸于子轍。」孫汝聽說：「轍娶史氏，年十五，父日瞿。」蘇轍的祖父蘇序，亦娶史氏。而蘇洵《族譜後錄下篇》：「史氏夫人，眉之大族。」史氏乃大族，非望族。蘇轍〈寄內〉：「與君少年初相識，君年十五我十七。上事姑嫜旁兄弟，君雖少年少過失。」得知史氏是個性情溫厚而做事謹慎的人。育三子：蘇遲、蘇适、蘇遠，六女。

五、蘇轍後代及其姻親

㈠蘇遲、梁氏（梁適曾孫女）

蘇遲，轍長子，字伯充，小名梁，號涌泉先生。娶妻梁氏，係位至同平章事梁適的曾孫女，德昌軍通判梁彥昌孫女，提點刑獄梁子美之女。《續資治通鑑長編》卷四九九：「元符元年（一〇九八）六月蘇轍移循州安置。本路提刑梁子美與轍係婚姻之家，不申明回避，並其餘監司失覺察，各罰金三十斤。」建炎以後蘇遲累官尚書右司員外郎，直秘閣、知高郵、婺州、泉州。紹興元年（一一三一）

知楚州。三年九月權刑部侍郎，十月權工部侍郎。五年（一一三五）告老，十二年（一一四二）遷一官致仕。二十五年卒（一一五五），享年八十八歲以上。元豐七年（一〇八四）端午節，遲、适、遠伴伯父（蘇軾）出遊。蘇軾〈端午遊眞如，遲、适、遠從，子由在酒局〉：「謂言必一醉，快作四川語。寧知是官身，糟麴困熏煮。獨攜三子出，古剎訪禪祖。高談付梁、羅，詩律到阿虎。」羅，适小名；阿虎，遠小名。由此得知蘇轍兄弟情感親密，愛及晚輩，確是和樂融洽的家族。蘇軾、蘇轍有次韻遲詩衆多，可見遲有文才，蘇轍有〈遲往泉店殺麥〉：「老夫終病慵，長子幸可仗。劬勞愼勿厭，餅餌家共享。秋田雨初足，已作豐熟想。歸來報好音，相對開臘釀。」蘇遲是長子，詩文俱佳，且能擔待全家責任。所以「長子幸可仗」，是蘇轍値得堪慰的事。又有〈汝南示三子〉：「此生賴有三男子，到處來看老病翁。」而在崇寧三年（一一〇四）春天，蘇轍還居潁昌，蘇遲兄弟築東齋居住，蘇轍〈葺東齋〉：「兒孫喜相告，定省便早春。」蘇遲兄弟竭盡孝道，使蘇轍晚年居家生活，享受含飴弄孫的天倫之樂。

(二)蘇适、黃氏（黃寔女）

蘇适，轍次子，字仲南，小名羅，生於治平四年（一〇六七），卒於宣和四年（一一二二）。蘇轍稱其賢可紹其後，因其有識能斷，凡商略古今之事，皆通習焉。而東坡認爲似己，常與之議論政事，适亦自負，亦將有爲也。初以恩蔭授承務部，任郊社局令，改陳州糧料院。蘇轍南遷，留居潁昌。逮蘇轍北返，有宅以居，有田以耕，中外各得其所，是适得力處。後任太常寺太祝、監西京河南倉、授信陽軍司錄事。而後中山帥趙公述薦判廣信軍，卒於任。娶黃寔之女爲妻。黃寔字師是，其父黃好謙（字幾道）與蘇軾兄弟同科進士及第。黃寔亦登進士，官至寶文閣待制，知定州，卒贈龍閣學士。當蘇轍南貶筠州北歸，與黃氏父子見於京師，相顧而喜，婚姻之好，從此開始。

㈢蘇遠、黃氏（黃寔女）、范氏（范鎮孫女）

蘇遠，轍三子，又名遜，字叔寬，小名虎兒，生於熙寧七年（一〇七四）十月生於齊州（濟南），卒於靖康元年（一一二六）。年十一，已能詩，聰敏過人。蘇軾十分喜愛遠，稱爲「小東坡」，〈龍尾硯寄猶子遠〉：「吾衰安用此，寄與小東坡。」自注：「遠爲人類予。」而蘇轍初貶汝州，再貶袁州，復分司南京，筠州居住。留蘇遲、蘇适居潁，蘇遠隨轍南遷。蘇轍〈次遠韻〉：「萬里謫南荒，三子從一幼。」遠妻黃氏隨行，於元符二年（一〇九九）死於循州（廣東龍川）貶所，有二子。其時蘇遠才二十六歲，隨父轍返潁昌定居，再娶范氏之女。大觀元年（一一〇七），蘇遠出監淮西酒稅。蘇轍三子，适、遠皆早逝，遲活得高壽，官位亦優其弟。

㈣蘇轍有六女。

一女適文務光（文同第四子），字逸民，梓州永泰（四川鹽亭）人，北宋名畫家。蘇、文兩家爲世交，蘇轍兄弟與文同〈與可〉詩酬唱和甚多。

一女適王適：王適，字子玄，趙州臨城人。蘇軾認爲王適賢而有文，喜怒不見，得喪若一，有類蘇轍。遂選爲蘇轍女婿。烏台詩案後，蘇轍坐貶筠州，王適夫婦隨同居筠州，從蘇轍學。蘇轍回朝，

王適夫婦亦入京，元祐四年（一〇八九）卒，年僅三十五歲。蘇轍作有〈王子立秀才文集引〉

一女適曹煥：曹煥，字子文，光州知州曹九章之子。蘇、曹二人早就熟識，蘇轍祭〈曹演父朝議文〉：「我官宋都（商丘），晨出河南。逢公北征，吏卒譏呵。相輯于輿，莫復遑他。」親事由蘇軾赴任徐州，與曹會於符離提及。後蘇軾貶黃州時，與李公擇撮合，很快完成。「始于朋友，求我婚姻。數歲之間，相與抱孫。」

一女適曾縱：曾縱，字元距。曾鞏弟曾肇之子。曾肇於元祐初年為中書舍人，與蘇轍同值掖垣。崇寧再謫元祐黨人，肇亦俱貶而落職。與蘇轍交情深厚。

一女適王浚明：王浚明，字子家。知虢州王廷志（伯易）之長子。蘇軾在杭州通判與之交往。後王廷志以罪廢，居商丘，與蘇轍遊，遂結婚。王浚明仕官十餘載，歷任二十官，「紹興七年賜三品服」，「階至中奉大夫，勳文安縣男」，紹興二十三年（一一五三）卒，享年八十五。〈蘇籀故中奉寶文間王公墓志銘〉。在蘇轍女婿中，「尊榮壽考」以王浚明最優。

一女適胡仁修：蘇軾〈與胡仁修書〉：「小二娘知持服不易，且得無恙。伯翁一行甚安健，得翁二月書信，三月內許州相識書，皆言一宅安康。」小二女乃蘇轍之女，因蘇軾自稱伯翁，胡仁修為蘇轍女婿。因蘇軾自稱「平生無一女」。

(五)蘇轍之孫：蘇簡、蘇策、蘇籀

蘇轍孫男有九人。孫汝聽《蘇潁濱年表》：「遲二子：簡、策。适三子籀、範、築。遜四子：筠、箴、

箱、箋。」九人中，可跡可考者僅簡、策、籀三人。

蘇簡，字伯業。以祖恩蔭，補承務郎。曾任錢監，通判、知嚴州、建州等。乾道二年（一一六四）卒，贈少保。有《山堂文集》二十卷（已佚）。事見吳師道《敬鄉錄》卷七

蘇策，字伯行。以外祖梁子美恩蔭授將仕郎，歷任主簿、知縣、軍器監丞、權吏部郎。出爲閩漕，知台州。乾道三年卒。《敬鄉錄》卷七。

蘇籀，字仲滋。以祖蔭官陝州儀曹椽，登朝爲大府監丞，將作監丞。建炎初南渡，侍蘇遲居婺州三十年。著有《雙溪集》十五卷，《欒城遺言》一卷，皆傳世。《四庫全書總目》：「詩文雄快舒暢，以詞華而論，終爲尚有典型。」卷一五七〇。

蘇轍曾孫蘇諤、蘇誦、蘇詡。玄孫蘇森、蘇林。

第四節　蘇轍人生歷程述評

蘇轍生在眉山，有著良好的成長環境，孕奇蓄秀，到十七歲娶妻史氏之前，不曾離開眉山，這是第一階段。接著隨父兄順長江三峽而下，飽覽江水勝景，赴京應試，是第二階段。而後從大名府推官的仕宦生涯，是生活歷程的轉捩點，投入風雲詭譎的政局，身不由己，是第三階段。然而在物極必反的自然原則驅使下，蘇轍逢凶化吉，扶搖直上，任職門下侍節，位高權重，最爲得意，是第四階段。

而後新舊黨爭的惡鬥，並未稍葺，蘇轍再貶仍此州（筠州）的厄運，是第五階段。在身心疲累，局勢險惡的不安中，退居潁昌，閉戶不出的寧靜生活，是第六階段。茲將蘇轍人生歷程分成六大階段，述評如後：

一、孕奇蓄秀當此地

從宋仁宗寶元二年（一〇三九）至宋仁宗至和二年（一〇五五），蘇轍一歲至十七歲。

蘇轍生在眉山，眉山山明水秀，氣候溫和，土地肥沃，物產豐富。南宋愛國詩人陸游，在〈眉州坡風榭拜東坡先生遺像〉詩中寫道：「蜿蜒回顧山有情，年鋪十里江無聲。孕奇蓄秀當此地，鬱然千載詩書城。」「孕奇蓄美」是眉山特有的自然大環境，蘇轍又有父兄蘇洵、蘇軾爲師，母程氏嚴謹的家教，塑造一片無憂無慮的生活空間，培養才高志大的胸襟。蘇轍〈初發彭城有感寄子瞻〉：「少年讀書不曉事，坐談王霸了不疑。脂車秣馬試長道，一日百里先自期。」惟一遺憾的是：「余（轍）少而多病，夏則脾不勝食，秋則肺不勝寒。治肺則病脾，治脾則病肺，平居服藥，殆不能痊癒。」激發蘇轍養生以養年的意念。

二、起迎天步晚臨軒

從宋仁宗嘉祐二年（一〇五六）至宋英宗治平元年（一〇六四）蘇轍十八歲至二十六歲。

天下父母疼惜子女的心都是一樣的。蘇洵「絕進取意」之際，「唯此二子，不忍使之復爲湮淪棄置之人」，在成都謁見張方平以後，帶著軾、轍兄弟，順著長江三峽而下，飽覽江水勝景，赴京應試。在歐陽修知貢舉主導下，兄弟中第，名動京師，文擅天下。蘇洵感慨萬千，而有「莫道登科易，老父如登天。莫道登科難，小兒如拾芥。」〈史闕〉而蘇轍直斥仁宗施政缺當，由於仁宗的寬宏，力排衆議，蘇轍才有「早歲西廂跪直言，起迎天步晚臨軒」的幸運，但終因不遜被黜，列入四等。蘇軾赴鳳翔就職，轍在京侍父。忠言逆耳，古有明訓，爲政者或取或不取，或幸或不幸，難以逆料。

三、每到新年便築巢

宋英宗治平二年（一〇六五）至宋神宗元豐六年（一〇八三），蘇轍二十七歲至四十五歲。

這是蘇轍仕宦生活的開始，治平二年三年任大名府推官，因父喪扶柩返蜀，熙寧二年（一〇六九）喪滿回京，在〈上皇帝書〉中，提出卓見，「害財者三：一曰冗吏，二曰冗兵，三曰冗費。」神宗召見延和殿，以蘇轍爲制置三司條例司檢詳文字，因與王安石在財政政策意見不合，出任陳州（河南淮陽）學官，改任齊州（山東濟南）掌書記，因蘇軾於密州（山東諸城）築超然台之請，作〈超然台賦〉。九年（一〇七六）改著作郎，簽書南京判官。尋因蘇軾以謗訕新政被捕入獄（烏台詩案），轍有「乞納在身官以贖兄罪」的眞情，坐謫筠州鹽酒稅，蘇轍在人生最好的年輕力壯時代裡，長達十八年之久，擔任都是地方幕僚官職，調動頻繁，所以有「宦遊欲學林間鵲，每到新年便築巢」〈乘小舟出筠江〉

的無限感慨。宦途多蹇，心存化機，「安心且作表慵伴，海底鯤魚會化鵬」〈迎寄王適〉，以莊周的鵬飛千里，自我安慰與期許。沈潛之後，如鵬飛九霄，官運亨通，擋都擋不住了。

四、行年五十治丘民

宋神宗元豐七年（一〇八四）至宋哲宗元祐八年（一〇九三）蘇轍四十六歲至五十五歲。

蘇轍初到績溪，視事三日，有感而發，「行年五十治丘民，初學催科愧廟神。」績溪雖是又偏僻又狹小的窮苦小縣，對於蘇轍仕宦而言，意義重大，終於當上主官，可以依理念實行政策，可以滿足權利慾望。神宗崩，哲宗立（一〇八五），除校書郎，蘇轍〈初聞得校書郎示同官〉：「奔走半生頭欲白，今年始得校書郎。」「始」有過晚過遲的本意，道說心中五味雜陳，酸不溜丟的滋味。接著宦途亨達，如股市績優股，連連翻紅，漲「聲」不停。除右司諫、擢起居郎，中書舍人，一年之內，竄升迅速；接著改戶部侍郎，權翰林學士、知制誥，權吏部尚書，改御史中丞，權尚書右丞、門下侍郎（副相），當年張方平、宋仁宗的預言，部分實驗。蘇轍對元祐施政的影響，任右司諫論時事上奏七十四件，中書舍人三件，戶部侍郎十四件，翰林學士四件，御史中丞四十三件，在財經政策有諸多前瞻遠見，所以蘇轍是總體經濟長才的學者。

五、先人（蘇洵）何罪耶？

宋哲宗紹聖元年（一〇九四）至元符三年（一一〇〇）。蘇轍五十六歲至六十二歲。

紹聖元年，蘇轍上奏，哲宗批示：「大中大夫，守門下侍郎蘇轍傾被選擢，與聞事機，義當協恭，以輔初政。而乃忘體國之義，循習非之私。始則密奏以指陳，終於宣言以眩聽。至引漢武上方先朝，欲以窮奢黷武之資，加之經德重哲之主。言而及此，其心謂何！」眞是欲加之罪，何患無辭？令下蘇轍出知汝州，再貶袁州，三貶分司南京，筠州居住。王楙《野老記聞》：〈紹聖問行子由謫詞〉云：「父子兄弟挾機權變詐，驚愚惑衆。」子由捧之泣曰：「某兄弟固無足言，先人（洵）何罪耶！」辱及父母，羞愧得無地自容。

蘇轍尚不能止跌，續貶雷州，循州，再徙永州、岳州，終於打住，陞遷與貶謫，豈可同日而語，蘇轍在〈閏九月重陽與父老小飲四絕〉其二：「獲罪清時世共憎，龍川父老尚相尋。直須便作鄉關看，莫起天涯萬里心。」心中情緒萬千，留予他日說夢痕。

六、閉門不出十年久

宋徽宗建中靖國元年（一一〇一）至政和二年（一一一二）。蘇轍六十三歲至七十四歲。

北返後居潁昌，徐度《卻掃編》卷四：「蘇黃門子由南遷，既還居許下，多杜門不通賓客。有鄉人自蜀川來見之，侍候於門，彌旬不得通。宅南有叢竹，竹中爲小亭，遇風日清美，或徜徉亭中。鄉人既不得見，則謀之閽人，閽人使侍於亭旁。如其言，復旬日果出，鄉人因趨進，黃門見之大驚，慰勞久之，曰：『子姑待我於此，翩然而去，迨夜竟不復出。』從此得知蘇轍晚年閑居潁昌的生活，遊西湖的感觸是「閉門不出十年久，湖上重遊一夢回。……歸去無言掩屏臥，古人時向夢中來。」在孤單落寞、冷清淒涼，是個宛丘先生瘦長的身影。王鞏〈蘇黃門挽詩〉三首，最足以道盡蘇轍的風範：

憶昔持風憲，防微意獨深。一時經國慮，千載愛君心。
坤道存終始，乾綱正古今。當時人物盡，惆悵獨知音。

【註　釋】

註　一：It the best of times, it was the worst of times, it wos the age of wisdom, it was the age of foolishness, it was the epoch of belief, it was the epochk of insredulity, it was the season of Ligthe, it was the season of Darkness, it was the spring of hope, it was the winter of despair.（A Tale of Two Cities CHAPTER 1 P.1）

註　二：後周的禁軍又分前軍與侍衛親軍。殿前軍最爲天子親信，素質、裝備均在侍衛親軍之上。其統帥爲都點檢，地位最隆，權力最大。

註　三：五代中的後唐明宗李嗣源，廢帝李從珂，以及後周太祖郭威等，都是部下擁立的。

註　四：趙匡胤高祖趙朓，於唐朝任永清、文安、幽都等縣令。曾祖父趙珽任藩鎭幕府屬官，並兼任御史中丞。

祖父趙敬歷任營、薊、涿三州刺史。父趙弘殷後周顯德年間，贈驍騎衛上將軍。

註　五：宋太祖命宰相選擇前世所無年號，改元乾德。待平蜀後，得蜀宮人奩具銅鑒，鑒（鏡）背有「乾德四年鑄」字樣，大爲吃驚，尋問其故。學士竇儀回應僞蜀王有此年號，才說：「宰相須用讀書人。」因此更加重視儒士。

註　六：朱熹《宋名臣言行錄》中，對趙普的才幹作了很公正的品評：鄜非韓王（趙普）謀慮深長，太祖聰明果斷，天下何以治平？至今戴白之老不親干戈，堅賢之見，何其遠哉？普爲人陰刻，當其用事時，以睚眦中傷人甚多。然其子孫至今享福祿，國初大臣鮮能及者，得非安天下之謀，其功大乎！

註　七：羅根澤《中國文學批評史第六篇．兩宋文學批評史》：宋初百年間的時文，前期是沿襲五代餘緒，可以稱爲五代體，後期是模仿溫李詩文，可以稱爲晚唐體。

註　八：歐陽發先公事跡：嘉祐二年，先公知貢舉，時學者爲文，以新奇相尚，文體大壞。……公深革其弊，一時以修辟知名在高等者，黜落幾盡。二蘇出於西川，人無知者，一旦技在高等，榜出，士人紛紛，驚恐怨謗。其後稍稍信服，而五、六年間，文格遂變而復古，公之力也。

註　九：《文獻通考．卷三一》：今觀歐公所陳，欲先爲論策，後考詩賦。蓋欲以論策驗其能否？而以詩賦定其優劣，以是粗淺視論策，而以精深視詩賦矣。

註一〇：蘇軾〈六一居士集敘〉：「歐陽子論道似韓愈，論事以陸贄，記事似司馬遷，詩賦似李白。」此非秦音也，天下之文也。居北宋古文運動文壇領袖，當之無愧。而三蘇父子因雲從龍風從虎的附驥而騰躍，使北宋古文運動燦爛輝煌，達到最高沸點。

註一一：蘇洵名二子說：「輪輻蓋軫皆有職乎車，而軾獨若無所爲者，雖然去軾，則吾未見其完車也。軾乎吾懼汝之不外飾也。天下之車莫不由轍，而言車之功者，轍不與焉，雖然車仆馬斃而患不及轍，是轍者善處乎福禍之間也。」

第二章　蘇轍學術思想淵源

第一節　治學態度與方法

由於蘇轍「以父兄爲師」，父兄的治學態度與方法，影響蘇轍深遠。因此，蘇洵、蘇軾稍作略述，以得三蘇治學態度與方法，其精神有一脈相傳的契合。

一、蘇洵：二十七始大發憤

蘇洵在〈上歐陽內翰第一書〉：「洵少喜學，生二十五歲始知讀書，從士君子游。」歐陽修在〈蘇明允墓志銘〉說：「年二十七始大發憤，斷其素所往來少年，閉戶讀書爲文辭。」蘇洵自己說「二十五歲始知讀書」，歐陽修說「年二十七始大發憤」，其中差異爲何？二十五歲以前，因家計的負擔，不曾刻意爲學，其後家計由程氏一肩擔當，蘇洵遂能專心向學，致力於「聲律詩詞」之學，以爲參加科舉考試，求得功名利祿的唯一途徑。

蘇洵對於當代科舉考試的聲律、章句之學，既不肯爲且不屑爲，初試不第，再舉不第，而後「舉茂材異等不中」的鬱卒情緒以後，於是「此不足爲學」的反科舉之難，油然而生，此後雖大發憤於學術，絕意功名仕途，這是蘇洵另闢蹊徑的開始。

《明茅一桂校刊老泉十卷茅坤序言》：

蘇公崛起蜀徼，其學本申韓，而其行文雜出於荀卿，孟軻及戰國策諸家，不敢遽謂得古六藝者之遺，然其鑱畫之議，幽悄之思，博大之識，奇崛之氣，非近代儒生所及。要之，韓歐而下與諸名家相為表裡。及其二子繼響，嘉祐之文，兩漢同風矣。

茅坤以為蘇洵學術思想，源出於法家的申韓，又糅合儒家的荀卿、孟軻及縱橫家的戰國策，思想龐雜，取各家之長而棄各家之短，然其文筆議論精到，思考周密，識見博大，文氣奇崛，在韓歐以下的諸多名家相互抗衡，嘉祐的文采，遂有兩漢的文風了。

在〈上歐陽內翰第一書〉自云：

取《論語》、《孟子》、韓子（愈）及其他聖人賢人之文，而兀然端坐，終日以讀之七、八年。

〈上歐陽內翰第二書〉又云：

自孔子沒，百有餘年而孟子生；孟子之後，數十年而至荀卿子；荀卿子之後，乃稍闊遠。二百餘年而揚雄稱於世；揚雄之死，不得其證。千餘年而後屬之韓愈氏，韓愈氏沒三百餘年矣，不知天下之將誰與也。

蘇洵三十八歲在「舉茂才異等」不第以後，翻然憬悟，讀書只為迎合科舉考試，以取得功名利祿，實在難為，時復內顧，自思其才，遂絕意仕進，而自托於學術；於是盡焚毀曩時所為文章數百篇，而專心致力於儒家的論語，孟子的鑽研，閉戶苦讀，遂通六經要旨，考古今治亂成敗，聖賢窮達之際，得其精粹，涵蓄充溢，而知聲律的不足觀。雖然不敢像孟子以闡揚儒學爲己任，但「將誰與」的說辭裡，亦有心於聖賢的志業了。蘇洵致力經學以儒家論、孟爲主軸，旁及諸子百家兼及韓愈文章，只爲自己的學問而學問，爲自己讀書而讀書，因而，在七、八年之後，學術大進，「胸中之言日益多，不能自制」之勢，而後，暢所欲言，經綸天下，歐陽修評爲「有用之言」，並目爲孫卿子，認爲有荀子（況）的文風。

二、蘇軾：此子他日當自用之

蘇軾八歲入天道觀鄉塾讀書，啓蒙老師是道士張易簡，蘇軾在天道觀讀書三年。從小勤學好問，曾有人送石守道〈慶曆聖德頌〉給張易簡看，詩的內容，大概是歌頌范仲淹、歐陽修等人革新朝政的事跡。蘇軾在旁觀看，好奇問老師這些是什麼人？老師說：小孩子不必問，蘇軾說：他們（指范仲淹等）是天上的人，我就不必知道，如果是一般人，爲什麼不能問？老師看到蘇軾的反應過人，問得高妙，就說明范仲淹等人爲人傑，蘇軾年幼，未能了解全貌，後來在《范文正公文集序》說：「時雖未盡了，則已私識之矣。」嘉祐二年（西元一〇五七）軾舉進士，至京師，范公歿，出墓碑讀之，至流涕說：「吾得其爲人，蓋十有五年，而不一見其面，豈非命也？」軾對范仲淹仰慕若此，其來有自。

在家中蘇軾兄弟「皆師先君」，以蘇洵爲師。蘇軾十歲時，蘇洵教軾模擬歐陽修的「謝室詔赴學士院，仍謝賜對衣，金帶及馬」的習作，其間有「匪伊重之帶有餘，非敢後也，馬不進」，蘇洵以為善，說：「此子他日當自用之。」後來蘇軾多次進學士院，並得到皇帝賞賜的對衣、金帶及馬等，蘇洵的觀察判斷，有獨到的眼光，而蘇軾的努力成就，也沒讓蘇洵失望。

又蘇洵曾教軾作「夏侯太初論」，文中有警句：「人能碎千金之碧，不能無失聲于破釜；能搏猛虎，不能無變色于蜂蠆。」「老蘇愛此論」，軾亦感到得意，知密州（山東諸誠）作〈顏樂亭詩並序〉再次引用。

時蘇洵遊學四方，程氏親授以書，軾聞古今成敗，輒能語其要。程氏讀東漢〈范滂傳〉慨然歎息，軾語曰：「軾者若為滂，母許之否乎？」程氏曰：「汝能為滂，吾願不能為滂母邪？」程氏的教忠教孝，塑造蘇軾忠君愛國、不畏權貴，正言不諱的性格，得失毀譽，斟酌不易。

范滂，字孟博，汝南征羌人（河南郾城），少厲清節，為州里所服，舉孝廉，光祿四行（敦厚、質樸、遜讓、節儉）為官剛正不阿，不屑與不孝悌、不仁同朝，後因黨錮之禍的牽累，被捕，臨刑前，辭謝母親，母親勉勵得全名，可以無憾，告誡其子：「吾欲使汝為惡，則惡不可為；使汝為善，則我不為惡。」路人為之流涕，時年三十三。《後漢書黨錮列傳第五七》

楊萬里《誠齋詩話》記載，歐陽修曾問蘇軾，〈刑賞忠厚之至論〉之中：「舉皋陶曰殺之三，堯曰宥之三，此見何書？」蘇軾說事在《三國志．孔融傳》注」，後來歐陽修重看〈孔融傳〉注，沒有這句話，又問蘇軾，蘇軾說：「曹操滅袁紹，以袁熙妻賜其子曹丕。孔融說，過去武王伐紂以妲己賜周公。曹操驚問見于何書，孔融回答說：「以今度之，想當然耳。」蘇軾所說「舉皋陶」句，亦「想當然耳」。歐陽修驚歎：「此人可謂善讀書，善用者，他日文章必獨步天下。」歐陽修的拔擢、愛才表現，令人激賞。

蘇軾的讀書，因各人才分不同，仁智所見，各隨其分。〈李氏山房藏書記〉：「象、犀、珠、玉、怪珍之物，有悅於人之耳目，而不適於用。金、石、草、木、絲、麻、五穀、六材，有適於用，而用之則弊，取之則竭。悅於人之耳目，而適於用；用之而不弊，取之而不竭；賢不肖之所得，各因其才；仁智之所見，各隨其分；才分不同，而求無不獲者，其惟書乎！」欲得到溫故知新的樂趣，必須做到「舊書不厭百回讀，熟讀深思子自知。」

李方叔說：「東坡教人讀《戰國策》，學說利害；讀賈誼、晁錯、趙充國章疏，學論事；讀《莊子》，學論理性。又須熟讀《論語》、《孟子》、〈檀弓〉，要志趣正當；讀韓柳，令記得數百篇，要知作文體面。」《韓昌黎集敘說》三蘇的學術淵源，已得詳盡的說明。至於蘇軾具體的讀書方法是：

或問蘇子瞻讀書之法，蘇曰：「讀書如錢穀兵農及諸事物之類，每一事作一次理會，可以終身不忘。」子瞻非強記者，即此可見。以余論之，長公所言實讀書要法，第頗費工力耳。子瞻嘗問一後進，近讀何書？其人答讀某書。子瞻輒問其中有某好亭子？其人愕然罔措，不知子瞻所問，即前意也。《少室山房筆叢》卷三十九。蘇軾爲增加記憶力，致力於「用手讀書」，當他謫黃州，日課手鈔《漢書》，自言讀《漢書》凡三鈔：初則一段事鈔，三字爲題；次則兩字，今則一字。其法雖不乖巧，確是增加記憶的不二法門。

以上在在說明蘇軾的天資聰敏，才學橫溢，而家庭教育完善。蘇洵以「內以治身，外以治人」的興德教育，誘導蘇軾「窮則獨善其身，達則兼善天下」，若不然，即「進則立功，退則立言。」所以有「封頭寄去吾無用，近日從戎擬學班（超）」〈次韻和子由欲得麗山澄泥硯〉而程夫人以范滂母自居，教蘇軾以范滂爲榜樣。蘇家的用心教育，再有蘇軾的讀書悟力，善於汰陳出新，學際天人，造就了蘇軾在詩詞文章，琴棋書畫，樣樣皆通，造詣不凡，可謂中國文學史上曠世的大文學家。

三、蘇轍，以父兄為師

轍從小以「父兄爲師」，兄弟出處諸多雷同。《宋史・蘇轍傳》：「轍與兄退出處，無不相同。患難之中，友愛彌篤，無少怨尤，近古罕見。」由於蘇轍的沈默寡言，個性內歛，從小就跟著兄軾，以兄爲師爲友，所以接受教育，讀書去處，無不相同。《龍川略志第一》：「予幼居鄉閭，從子瞻讀書天慶觀。」兄弟都是以道士張易簡爲師，後又就學於城西社下劉巨（字微之），與家安國等同學，蘇轍在〈送家安國赴成都教授〉回憶道：「城西社下老劉君，春服舞雩今幾人？白髮弟兄驚我在，喜君遊宦亦天倫。」可見童年就學，讀書嬉戲，是有著快樂的時光。

當蘇洵因應制科舉，再造京師，程夫人在家親自教育蘇軾兄弟，時轍七歲，除教授課本知識之久，品德教育的惕勵，尤爲出色，要求「以書自名」，更要「以名節自勵」。司馬光〈程夫人墓志銘〉：「

汝果能死直節，吾其憾焉。」這些教育，都深植蘇氏兄弟內心，使兄弟都成爲朝廷名臣，程夫人的教誨，功不可沒。

蘇洵在應制科舉，舉茂材異等失利後，遂絕意仕進，在家刻苦鑽研，著書立說，親校家中藏書數千卷，並授課二子，明示讀書的目的，在於「內以治身，外以治人」，蘇轍〈歷代論〉：「士生於世，治氣養心，其惡於身，推是以施之人，不爲苟生也；不幸不用，猶當以其所知著之翰墨，使人有聞焉。」蘇洵希望二子能夠做到儒家的進退由己，才爲世用，行則兼善天下，不行則著書立說，所以，研究古今成敗得失，俾以爲鑑。

蘇轍在父母悉心教育中，從小就志氣不凡，遵照父母的教育行事，在〈初發彭城有感寄子瞻〉說：「閉門書史叢，開口治亂根。文章風雲起，胸膽渤澥寬。不知身安危，俛仰道可存……哲將貧賤身，一悟世俗昏。」

「道」爲生活的全部，爲「道」可以置個人死生於度外，立志行道，不恥貧賤，有顏子（淵）安貧樂道的學養，又有「以天下安危爲己任」的擔當。爲實現理想，爲完成心願，就必須居於要津，擁有權位：〈四十一歲歲暮日歌〉：「少年讀書不曉事，坐談王霸了不疑。脂車秣馬試長道，一日百里先自期」。蘇轍從小讀書，並不諱言其目的在做大官，掌大權，以實現大志——外以治人，兼善天下的通儒。因此，刻苦勵學，謝絕賓客，而有「不經一番寒澈骨，那得梅花撲鼻香」的歷練，〈張恕寺丞益齋〉：

我家亦多書，早歲嘗竊叩。晨耕挂牛角，夜燭借鄰牖。
經年謝賓客，饑坐失昏晝。推胸稍蟠屈，落筆逢左右。

蘇轍的讀書勤勉，夜以繼日，不眠不休，自我潛藏，不作應門，終於做到「胸中存萬卷，下筆如有神，筆端觸處，如萬斛泉源，不可拘泥，行止自如，舒緩適宜。」

蘇轍的治學方法，頗具個人獨特見解，具有特色。元祐間，蘇轍及蘇子容劉貢父同在省中，二人各云少年所讀書，老而遺忘，蘇轍亦云然。劉貢父說：「觀君爲文，強記甚敏。」公辭焉。二人皆曰：「某等自少記憶書籍，不免抄節，而後稍不忘；觀君家昆仲，未嘗抄節，而下筆引據精切，乃眞記得者也。」

蘇子容、劉貢父盛讚蘇轍的聰敏強記，不須抄錄，而蘇轍則「看書如服藥，藥多力自行」的多看多讀，以達到好者樂者的境界，自然記憶如新。

其次，蘇轍〈上兩制書〉：「昔者轍之始學也，一書伏而讀之，不求其傳，而惟其書之知。求之而莫得，則反復而思之，至于終日而莫見，而後退而求其傳。何者？懼其入于心之易，而守之不堅也。」這是非常重要的讀書訣竅，但讀原著，反覆思索書中要義，以期增強記憶，不求速成，因爲「學而不思則罔，思而不學則殆」，蘇轍是劍及履及的實踐學者，「讀書百遍，經義自見」，蘇軾所見亦同，「舊書不厭百回讀，熟讀深思子自知」〈送安惇秀才失解西歸〉若要讀書但看注釋，以求速得經義，必失之易而不得義理，是捨本逐末，難得三昧了。

透過理解的探究經義，先易後難如攻堅木。蘇軾曾嘲子由云：「堆几盡埃簡，攻之如蠹蟲；誰知聖人意，不在古書中」，治學切忌快速，以期「慢工出細活」，而貴自得。〈私試進士策問二十八首〉：「古之學者，其爲學必遲而信道必篤。蓋非其遲則不能篤也。故子夏之門人，始於洒掃應對進退，而孟子亦云：『君子之於道欲其自得，自得之則資之深，資之深，則取之左右逢其原』，夫待其自得也，非久而何？」因此，治學未得，就該發憤忘食；已得，就能樂而忘憂；所以，學者朝夕醉心勤勉，必能獲得「不知老之將至」的忘年之樂。由此觀之，輪扁的讀書論，確是自得的最佳竅門。

第二節　儒家思想

一、宋朝的新儒學

中國的儒家學術思想，自漢武帝推行董仲舒的「獨尊儒術，罷黜百家」之後，儒學遂成爲中國歷代君王統治天下的法統，最高的指導原則。其他各家學說，被視爲非正統的學術支流。儒學經過魏晉時代的沉淪不彰，唐朝韓愈又扛起大纛，以聖人之徒自居，再度掀起儒學的學習風潮。宋朝的學者繼續推波助瀾，儒學如長江洪鋒，滾滾而下，銳不可擋。

宋朝儒學分爲兩大體系：一是明心見性的程朱學派，以君子期以「內聖」自居，以儒學爲本，積極入世，再加佛老爲輔，形成天道合一的新儒學，就是理學。一是明體致用，范仲淹、歐陽修等爲政儒學，摒棄不切世用，高談空論，起用「外王」的儒家，將章句、聲律之學，置諸於後，駢驪之風稍葺。使「聖人之術，在於安危治亂，不在章句名數焉而已。」〈王安石答姚闢書〉。

仁宗慶曆時期（一〇四一—一〇四八），隨著新儒學掀起的政治改革運動，邁向高峰，新儒學的活動便逐漸蔚成氣候。清皮錫瑞《經學歷史・經學變古的時代》有如是說：「宋儒撥棄傳注，遂不難於議經。排繫辭謂歐陽修，毀周禮謂修與蘇軾、蘇轍，疑孟子謂李覯、司馬光，譏書謂蘇軾，黜詩序謂晁說之。此皆慶曆及慶曆稍後人，可見其時風使然，亦不獨咎劉敞，王安石矣。」宋朝的儒學走出傳統儒學的窠臼框架，體察時代的政情需要，拋棄「無事拂袖談心性，臨危一死報君王」的消極態度，積極務實投入明體致用的治國平天下理念中，蘇轍就在此時應運而生。蘇轍的思想淵源是儒家，但不是純儒，在時代學術思潮的激盪、醞釀中，以道家思想養身，以佛學思想養心，截長補短，揉合以成。為實現理想的意念，縱橫之術亦不排除使用。茲將蘇轍儒家思想，敘述如後：

二、飄然從孔公

蘇轍寫作《論語拾遺》的動機，在於質問子瞻，為正其義，並授課孫籀、簡、筠等人，《欒城集・論語拾遺並引》：「予少年為論語略解，子瞻謫居黃州，為《論語說》，盡取以往，今見於書者一二、三也。大觀丁亥（一一〇七）閑居潁州，凡二十有七章，謂之《論語拾遺》，恨不得質之子瞻也。」

蘇轍少年時代撰寫《論語略解》。而軾兄貶謫黃州期間著《論語說》，有參酌《論語拾遺》的見

解，轍晚年居潁昌，爲籀等講解《論語》，認爲《論語說》意有未安，於是改寫《論語拾遺》；有不能質子瞻的遺憾。（註一）

蘇轍對於「道」的界定，《論語拾遺》：「道之大，充塞天地，贍足萬物，誠得其人而用之，無所不至也。苟非其人，道雖存七尺之軀，有不能充矣，而況其餘乎？故曰：人能弘道，非道弘人。」「道」雖無所不在，道無偏私，萬物皆得其「道」，但弘道者必是人，人是「道」的主宰，並非道能使人。欲得其道，欲用其道，惟學得道，故《論語拾遺》說：「古之教人必以學，學必教之以道，道有上下，其形而上者道也；其形而下者器也。君子上達知其道者，小人下達得其器也。上達者不私我，不役於物，故曰：君子學道則愛人；下達者知義之不可犯，禮之不可過，故曰：小人學道則易使也。如使人而不知道，雖至於君子有不仁者衆矣，小人則無所不至也。故曰：君子不仁者有矣，夫未有小人而仁者也。」《東坡集·觀過斯知仁矣》卷七：「人之難知也，海不足以喻其深，山谷不足以配其險，浮雲不足以比其變。雖是人心難測，不易捉拿，然而功者人之所趨也；過者，人之所避也。審其趨避，而眞僞見矣。」君子與小人的分辨取捨，是蘇軾知人之論。

道者，人人皆可學習而得，君子學道是「形而上者的道」，培養高尙的情操，不自私爲我，不役於物，也不「因貧而怨，因富而驕」，所以能發揮大愛，愛天下的人，這就是民胞物與的仁德襟抱了。小人學道是「形而下者的器」，不犯義背禮，謹守法度，只能獨善其身，故使之容易了。反之，小人若不學道，則胡亂非爲，無所不至了。

道至爲重要，不得中止絕滅，如何使道長存不朽？蘇轍認爲「古之傳道者必以言，達者得意而忘言，則言可尚也。小人以言害意，因言以失道，則言可畏也。」道因言而得意，道亦因言而害意，是言不是唯一傳道的工具，傳道亦多術矣，行止語默，也是傳道方法，又可避免害意的弊端，就如禪宗裡的「以心傳心」「明心見性」的悟道工夫了。

三、蘇轍質問蘇軾有三

蘇轍質問蘇軾有三：㈠是《論語．憲問》齊陳成子弒其君簡公，孔子朝於哀公曰：陳恆弒其君，請討之。

此事發生在春秋魯哀公十四年，是時孔子致仕居魯。孔子沐浴齋戒而後告魯哀公，愼重其事如此。子瞻認爲：從孔子而伐齊，使三桓——孟孫、叔孫、季孫不治而自服。子由以爲不然，蓋孔子之憂，顧在哀齊之後，禮制不守，是爲要義。㈡是孔子去魯，子瞻認爲衛靈公因南子自汙受命，可；（見左傳魯定公十四年）季桓子歸女樂，已受命，故不可。但子由質問子瞻：孔子之世，如衛靈公者很多，可盡去否？齊人以女樂閒孔子，魯君已食餌，如果孔子不去，就只有坐以待禍，因此，非去不可。

評孔子去魯之不通（卷二一私試進士第問二八頁）

語曰：佛肸召子欲往。又曰：子見南子，子路不說。學者以爲孔子急於行道而爲此。

蘇轍：孔子之於衛靈公，語及兵事不說而去。於陽貨時其亡而見之，蓋亦不欲見也。……至於仕魯爲司寇，從而祭，膰肉不至，不稅冕而行……君臣之義不爲淺矣。膰肉不至而行，何其輕君臣之義而重區區之微禮哉！此明於輕重之所不爲也。

或曰：膰肉不至，仲尼以爲禮將從此而大壞，此所謂知幾者。夫爲大臣知禮之將亡，不救而去，則又安用？

㈢是：泰伯以國授王季，逃之荊蠻，天下人民不知四季文武之賢，也不知道泰伯的美德。子瞻認爲：泰伯斷髮文身，有讓國之實，無其名，故亂不作。而宋宣、魯隱皆存其實而取其名，皆被其禍。蘇轍以爲不然：魯之禍，始於攝，宋之禍，起於好戰，皆非讓之過也。

蘇轍〈亡兄子瞻端明墓誌銘〉：（子瞻）復作《論語說》，發孔子之秘。盛贊子瞻在《論語說》有獨特過人的見解。但蘇轍有「飄然從孔公，乘桴南海涘」的志向，在貧病逼迫窘境的威脅下，就想到顏淵的守窮礪行，〈初葺遺老齋二首〉：「陋巷何妨似顏子（淵），勢家應未奪蕭何。……多病從來少賓客，杜門今後幾人過？」可見蘇轍對復聖顏淵的傾心，並以爲典範。所以在筠州時，作〈東軒記〉：「然後知顏子之所以甘心貧賤，不肯求升斗之祿以自給者，良以其害於學故也。……非有德者不能任也。」蘇轍對於儒家孔子的學說探究入微，自有發現心領神會的卓識，企及顏淵，入室孔門，是孔氏的私淑門徒了。

四、蘇轍讀孟心得

蘇轍少年時代著有《孟子解》二十四章，久失眞本，杜門潁昌期間，拾得舊稿，重新挹注，遂編入《欒城後集》。子由對於《孟子》的研究精審，深受《孟子》一書的影響，在《欒城集》中的政治、軍事、經濟等思想，引據以爲立論、說理，增強氣勢，到處可見，俯拾可得。僅就〈上樞密韓太尉書〉論及文氣，不認同曹丕的「父兄不能以移子弟」的觀點，提出：「孟子曰我善養吾浩然之氣，今觀其文章寬厚宏博，充乎天地之間，稱其氣之小大。」子由贊歎孟子文章「寬厚宏博」，在於「浩然之氣」的支撐，深得孟子的精髓。今就子由對孟子探究而有特殊見解者，敘述如後：

蘇軾〈子思論〉：「昔三子之爭，起於孟子，孟子曰：人之性善。是以荀子曰：人之性惡。而楊子又曰：人之性善惡混。孟子既已據其善，是故荀子不得不出於惡，人之性有善惡而已。二子既已據之，是以楊子亦不得不出於善惡混也。」蘇軾的批判孟子、荀子、楊子對人性是「不求其情」，但求「異於人」，所以大膽的結論，是孟子等三人不足以談人性了。況且孟子的性善，係出於子思，但孟子不善於用，「能言其道而不知其所以爲言之名」，「故荀子、楊子之爲異論」，是孟子的過失。

蘇轍則不以爲然，反駁蘇軾指斥孟子人性論的過失：

㈠〈離婁下〉孟子說：「天下之言性也，則故（已然之跡）而已矣。」蘇轍認爲孟子是嘗知性而言性的人，以人有「四端」做爲「故」的基礎，四端出於性而非性。「故」不是性，無所待之謂性，有所待之謂故，物起於外而性作以應之，就是性。性之有事謂之「故」，未有不就利而避害，知道就利而避害，則性滅而「故」盛，所以「故」，以利爲本。方其無事，無可無不可，物未有以入，有性而無物，可謂人之性。又孟子以惻隱之心，羞惡之心，是非之心，辭讓之心的四端，做爲解故的基礎。蘇轍認爲：四端是性之所自出，非性也。

㈡〈盡心上〉孟子曰：莫非命者，順受其正，何謂也？

蘇轍認爲：天之所以受我者，盡於是。君子修其在我，以全其在天；人與天不相害而得之，是故謂之正。忠信孝悌爲順。人道已盡，而有不幸以至於大故，而後而得爲命。至於巖牆之壓，桎梏之困，非命使然，所處者然。惟存心養性，修身以俟命，是謂「無爲其所不爲，無欲其所不欲。」（孟子盡心上）

㈢蘇轍認爲：孟子學於子思，子思言聖人之道，出於天下之所能行。而孟子言天下之人，皆可以行聖人之道，子思言至誠無敵於天下，而孟子言不動心與浩然之氣。凡孟子之說，皆所以貫通於子思而已。故不動心與浩然之氣，誠之異名也。我之爲言，心之所謂誠然也，心以爲誠然，則其行之也安。是故心不動而其氣浩然，無屈於天下，此子思孟子之所以爲師弟子也。子思與其端而言之，故曰誠。孟子從其終而言之，故謂之浩然之氣。一章而三說具焉，其一論善心以致浩然之氣，其次論心之所以不動，其三論君子之所以達於義，達於義，所以不動心也；不動心，所以浩然之氣也；三者相須而不可廢。孟子曰：「我善養吾浩然之氣。」

蘇轍從養氣的條理系統，直指孟子是子思的嫡傳弟子，浩然之氣的素養，孟子以集義而生，而蘇轍以爲與子思的的誠相輔相從，「始終」不同而已，其實就是誠。誠是中庸全書的要旨，也是中庸全書的精義，蘇轍以誠詮釋「浩然之氣」，善於讀書，思路通達，而得眞知灼見的人了。

蘇轍《吳氏浩然台記》：「古之君子平居以養其心，足乎內，無待乎外，其中潢漾與天地相終始，止則物莫之測，行則物莫之禦，富貴不能淫，貧賤不能憂，行乎夷狄患難而不屈，臨乎死生得失而不懼，蓋亦未有浩然者也。」蘇轍對於孟子的養氣之說，心得最爲獨到，不只是養心，藉此以說明孟子師承子思的淵源，亦是創見。

㈣學聖人不如學道：

蘇轍認爲：學者皆學聖人，學聖人者不如學道。聖人之所是而吾是之，其所非而吾非之，是以貌從聖人也。以貌從聖人，名近而實非，有不察焉，故不如學道之必信。

蘇轍以學道爲學聖人的要務，若只學聖人表相，以貌相從，乃似是而非，是不得學聖人之要。欲學聖人必以道爲要，如何學道？孟子〈離婁下〉曰：「君子深造之以道，欲其自得之也。自得之，則居之安；居之安，則資之深；資之深，則取之左右逢其原。故君子欲其自得之也。」

君子學道以入聖人之境，學道貴在自得，自得者，乃循序慚近，徐徐不休，而得「居安、資深、逢原」一齊到來之妙，學道必致力功深，自然融會貫通，而後自得之。左右逢源，水到渠成，自然之勢，若學道但強探力索，暫得之，終不爲己有，隨得隨失，如財貨的集聚爲己所有，其耗散失脫必去也速，學道不可苟且罷了。

㈤王道之始，何以行之哉？

《欒城集卷二十・河南府進士策問》：

孟子言立五畝之宅，植之以桑，則五十者可以衣帛，雞豚狗彘無失其時，則七十者可以食肉，數罟不入洿池，則魚鱉不可勝食，斧斤以時入山林，則林木不可勝用，誠哉是也。（〈梁惠王上〉）雖然孟子將何以行之？

豈將立法設禁以驅之歟？夫立法設禁而無刑以待之，則令而不行；有刑以待之，則彼亦何罪？……言孟子將何以行此？

蘇轍以兩難詰問法駁問孟子，無刑，則令不行，人民不從；有刑，則人民無罪，何以服罰？蘇轍的務實態度，認爲孟子的「五畝之宅」不切實際，是以駁正其說。

五、蘇轍以人情解說六經

蘇氏兄弟對於儒家經典的解釋，都是依循蘇洵六經論的觀點，以人情說解六經。

蘇洵《辨姦論》，批判王安石不近人情，是「口誦孔老之言，身履夷齊之行」，然而「陰賊險狠，與人異趣，是王衍盧杞合而爲一人也。」蘇洵比喻說：「面垢不忘洗，衣垢不忘澣，此人之至情也。」若是囚首喪面而談詩書，是不合人情啊！結論是：「凡事不近人情者，鮮不爲大姦惡。」

蘇軾《中庸論》：聖人之道，自本而觀之，則皆出于人情。

蘇轍《詩論》：「六經之道，惟其近乎人情，是以久傳而不度。」又「聖人之爲經……未嘗不近于人情。」又「詩者，天下之人，匹夫匹婦，羈臣賤隸，悲憂愉佚之所爲作也。」《春秋論》：二百四十年之間，天下之是非，雜然而觸乎其心，見惡而怒，見善而喜，則夫是非之際，則又可以求諸其言之喜怒之間也。

〈臣事策下四〉：

聖人之爲天下，不務逆人之心。人心之所向，因而順之；人心之所去，因而廢之。故天下樂從其所爲。……後世有小丈夫不達其意，意之本末，而以爲禮義之教，皆聖人之所作爲，以制天下之非僻。徒見天下邪放人民皆不便於禮義之法，乃務矯天下之情，置其所好而施其所惡。

「不務逆人心」，就是順從人情。除前述《論語拾遺》、《孟子解》以外，在《欒城集》、《後集》、《應詔集》、《詩集傳》、《春秋集解》、《古史》、《龍川略志》等，字裡行間，處處有儒家思想存焉，有跡可尋，足以說明蘇轍的學術思想中，儒家思想是爲骨幹。

六、顧我未及門下賢

蘇轍一生以儒學始，以儒學終，施政治民，行止出處，莫不以儒學爲依歸。對於儒家先聖先賢，衷心景仰，私淑厲行，《欒城後集卷三・三不歸行》：

孔子晚歲將入楚，磐桓陳蔡行且住。……冉求一戰卻齊虜，請君召師君亦許，歸來閉戶理詩書，弁冕時出從大夫。夢見周公已不後，老死故園心亦足。孔公愈老愈迍邅，顧我未及門下賢。

對於孔子志業，有著貼切的描敘，而「顧我未及門下賢」，有不能躋身孔門，得其教授的遺憾。蘇轍在儒家的學術思想淵源裡，因限於篇幅僅述及孔孟二聖，就子由的〈潁濱遺老傳〉，蘇轍說：

「謫筠州鹽酒稅，五年不得調。平生好讀《詩》，《春秋》，病先儒多失其旨，欲更爲之傳。老子書與佛法大類而世不知，亦欲爲之注。司馬遷作《史記》，記五帝三代，不務推本。《詩》、《書》、《春秋》，而以世俗雜說亂之，記戰國事多斷缺不完，欲更爲《古史》，功未及究，移知歙州績溪。」

由於謫筠州時，不得過問州事，生活悠閒：「十載還上都，再謫仍此州。慶你免羈束，登臨散幽憂。」經常與三五知己，遊山玩水，遂有餘閒從事著作，因此，而有「居處方自適，未知厭拘囚」〈雨中過小雲居〉，居窮仍不改其樂，忘其憂困，有顏子之風。

第三節　道家思想

道家思想自老莊之後，與儒家思想形成中國文化思想的主流，不分軒輊的一脈相傳。漢初黃老之治，守成平和，與民休息，在政治上也有帝王治術的表現。而後由於漢武帝的尊崇儒術，道家思想在政治舞台上，遂退而居其次，但在文化洪流中，與人民生活息息相關，合而爲一。經過魏晉南北朝的玄學發展，更加蓬勃。到了唐朝李家，因同姓李氏，遂定爲國教，道觀林立，道士衆多，超越歷代。宋初由周濂溪的《太極圖說》領軍開創，邵康節繼其後，接著張載的《正蒙》，二程、朱子等繼續努力於窮理盡性，而由朱熹集理學之大成。

一、我師柱下史

蘇洵的思想淵源，來自儒家爲骨幹，酌取法家、兵家，取法縱橫家，兼及諸子學說，涉及道者鮮少。蘇軾〈張白雲詩跋〉：

張俞少恵，西蜀隱君子也，與予先君遊居岷山下白雲溪，自號白雲居士。本有經世志，以自重難合，故老死草野。

蘇洵與張俞交遊，乃因「經世志」之好，並無道家思想的相互切磋，相互推演。至於蘇轍兄弟的道家思想，源自老莊，旁及列子，磅礴激盪，並致道以爲仕途坎坷困鈍的治心良方，悠遊自在的寬心良劑，遊於物外，處變不驚。以道家思想在日常生活養心，養身，「雖有等觀，燕處超然」，是道家思想的實行家。

蘇轍六、七歲，隨兄軾讀書天慶觀，其啓蒙老師就是天慶觀的張易簡道士。而後與軾兄共同研讀道藏經。〈和子瞻讀道藏〉：

道書世多有，吾讀老與莊。老莊已云多，何況其駢傍。

道藏者，是道家書籍的總稱。蘇轍但讀道家的老莊二家，於道家思想的探討，認爲已得道家的要義，勿庸論及各家。在〈次韻子瞻和淵明擬古九首〉更明確宣示，以老聃爲師：

我師柱下史（老聃），久以雌守雄。金刀雖云利，未聞能斫風。

世人欲困我，我已長安窮。

雌（柔弱謙下），雄（奮勵自遜）。又

竿木常自隨，何必返故丘？老聃白髮年，青年去西周。

不遇關尹喜，履跡誰能求？

柱下史是周藏書室的主持人，老子嘗任此職。《史記老子傳》：周守藏室之史也。《史記老莊申韓列傳》：（老聃）居周久之，見周之暗，迺遂去至關，關令尹喜曰：子將隱矣，強爲我著書，於是老子乃著書上下篇，言道德之意，五千餘言而去，莫知其所終。

蘇轍私淑老聃，以柔弱卑下，沈默寡言，謙沖自持爲生活座右銘。在三十歲時，居父喪期間，挈家返京擔任官職，其後仕宦遷貶，居無定所，晚年歸隱潁昌以終，卻不曾返回四川眉山故里。因此，以「老聃白髮年，青年去西周」自勉，又何必執著帝累，「返故丘」的落寞失意呢？

蘇軾在任鳳翔、杭州，守臨西，而後兄弟闊別七年，相從於徐州，留百餘日，時宿於逍遙堂。追感前約，以詩紀事，〈和別子由〉：

我少知子由，天資和而清。好學老益堅，表裡漸融明。

豈獨爲吾弟，要是賢友生。

蘇軾稱贊子由的天資聰敏，性情和順，勤勉力學，悟道通達，情誼彌篤，良友自居。兄弟曾一齊讀《道藏》，蘇軾說：

> 嗟余亦何幸，偶此琳宮居。宮中復何有？戢戢（每每）千函書。盛以丹錦囊，冒以青霞裾。王喬掌關籥，蚩尤守其廬。秉閑竊掀攬，涉獵蚩暇徐。至人悟一言，道集由中虛。心閑反自照，皎皎如芙蕖。千歲厭世去，此言乃蘧蔭。人皆忽其身，治之用土苴。何暇及天下，幽憂吾未除。

此詩寫於蘇軾二十八歲簽判鳳翔時，前八句寫太平宮的藏書豐富，每每千函，蘇軾感到驚喜；次八句寫蘇軾專心讀《道藏》，領悟至人的言論。蘇軾勤勉讀過《黃庭經》，用含苞欲放的蓮花以比心的形狀，爲後世學內丹存思法的人，提供了形象的比喻。蘇軾也抓住此關鍵，爲學道奠定基礎。結束四句是讀《道藏》的心得，引用「莊子讓王」的典故：一是堯以天下讓人而遭拒絕，二是帝王之功，非所以完身養生，而世俗的人，棄生殉物，令人悲痛。

二、少小本好道

蘇轍〈和遲田舍雜詩〉：「少小本好道，意在三神州。」蘇轍的好道，是天性使然。蘇軾很早就發現蘇轍的清和少欲，木訥好靜，這些個性都是近道、修道的起點。蘇軾愛享樂，遊終南山玉女洞，取兩瓶淨水，叫士卒帶回家，怕士卒弄假，與寺僧破竹爲契，戲作「調水符」，所以有「誰知南山下，取水亦置符。……多防竟無及，棄置爲長吁。」蘇轍作〈和子瞻調水符〉：

> 多防出多欲，欲少防自簡。君看山中人，老死竟誰謾？

渴飲吾井水，飢食甑中飯。何用費卒徒，取水負瓢罐？
置符未免欺，反覆慮多變。授君無憂符，階下泉可咽。

蘇軾挖苦空心思以取得「調水符」，這是出於「多欲多防」，多憂多慮所致，蘇轍則心平氣和，以「少防自簡」，無憂無慮以相勉，傾囊相授「無憂符」，「階下泉可咽」，何必捨近求遠？求道亦如是。蘇軾的貪多務得，是求道的魔障，也是性格使然。在求道的功力火候，蘇轍遠遠勝過蘇軾，難怪蘇軾稱其爲師了。蘇軾說：

余觀子由，自少曠達，天資近道，又得至人養生長年之訣，而余亦竊其一、二。

蘇軾與道士交往緊密，道士亦多，但生性好動，止於登堂；蘇轍早已入室，使蘇軾自歎弗如。

三、心是道人，形是農夫

蘇軾〈子由眞贊〉：「心是道人，形是農夫。誤入廊廟，還即里閭。秋稼登場，社酒盈壺。頹然一醉，終日如愚。」

蘇轍對於道家思想承襲老莊爲骨幹，蘇軾的多方涉獵頗以爲然，而有「吾讀老與莊」的詩句。〈和子瞻濠州、觀魚台〉：

莊子談空惠子聽，郢人斤斧竢忘形。莫嗟質喪無知者，對石何妨自說經。

詩中引用莊子與惠子的交往情深意摯，首句是莊子〈秋水篇〉藉莊子與惠子遊於濠梁之上，讀儵魚出遊的快樂知與不知，以此得知莊子和惠子的出遊樂趣。次句是源自莊子〈徐无鬼〉，記載莊子送葬經過惠施的墳墓，藉石匠將鼻尖上的石灰砍掉，說明惠施和莊子的對談是棋逢對手，惠施的過世，莊周失去談話的對象，有著無限的懷念。一種哀痛朋友的淒涼孤獨，躍然紙上，蘇轍將莊周和惠施的情感深厚，和蘇軾共勉，以為惕勵。

莊子的情感是對天地的至性，不是個人私情，整個宇宙，都是充滿生機，一草一木，甚至一塊石頭，一具骷髏，都是有生命的東西，所以蘇轍才有「對石何妨自說經」的詩句了。

蘇轍在〈王維吳道子畫〉：

> 吾觀天地間，萬事同一理。扁也工斵輪，乃知讀文字。

這是莊子天道篇的一則故事，是莊子文學的特質，輪扁與桓公論讀書，莊子以為「得之於手而運於心」的文學技巧，不是別人「摹倣其一字」，而莊周可以隨心所欲，運筆如飛，透過想像，刻劃人物，無不栩栩如生，無不生動傳神。蘇轍贊美王維、吳道子的畫，和莊子的文學寫作，是「萬事同一理」，給予極高的肯定和評價。

四、常恨此身非我有

蘇軾二十八歲的時候，在鳳翔府建立避世堂，積極修道，在南雞之南竹林中，新構一茅堂，予以其所處最為深邃，故名之避世堂，有詩：

猶恨溪堂淺，更穿修竹林。高人不畏虎，避世已無心。
隱機頹如病，忘言兀似瘖。茅茨追上古，冠蓋謝當今。……

蘇軾建構的避世堂，在盩至縣東南竹林深處。這是蘇軾在終南道觀讀過《道德經》之後，展現修道的決心。拋開達官貴人的交往，「隱機」則取材於莊子〈齊物論〉：「南郭子綦隱機而坐，仰天而噓，荅焉似喪其耦。」得到「坐忘」，「忘我」的境界。後來在熙寧九年（一〇七六）王安石二次罷相時，閑居金陵，蘇軾曾前往探望。作〈次荊公韻四絕其二〉：「細看造物初無物，春到江南花自開」，蘇軾直抒郭象注《莊子》：「莊生上知造物無物，下知有物之自造，寫一切都順應自然的哲理。」

蘇軾在熙寧十年（一〇七七），從杭州赴密州途中，當路過蘇州時，著名肖象畫家何充給蘇軾繪了一幅「眞」，蘇軾作〈贈寫眞何充秀才〉：

君不見潞州別駕眼如電，左手挂了橫撚箭。又不見雪中騎驢孟浩然，皺眉吟詩眉聳山。
飢寒富貴兩安在？空有遺像留人間。此身當擬同外物，浮雲變化無蹤跡。
問君何苦寫我眞？君言好之聊自適。黃冠野服山家客，意欲置我山巖中。
勳名將相今何限，往寫褒公與鄂公。

蘇軾對於寫眞並無很高意願，從詩中前十句可得其情緒。「潞州別駕」指唐玄宗，初封臨淄王，作潞州別駕。富貴如唐玄宗，貧賤如孟浩然，都是「空有遺像在人間」。而此身常擬同外物，是蘇軾人生感慨中的虛無思想，在徐州有「此身與世眞悠悠」（代書答梁生），在黃州有「長恨此身非我有」（

臨紅仙）以至於「人生如夢」的詩句，充斥在蘇軾集中。而這類詩句，是參通了莊子的虛無、空虛的思想，蘇軾有著強烈失落感，乃得自於「感吾生之須臾」「渺滄海之一粟」的短暫與渺小，人生無法掌握的悲哀。

蘇軾在金山（江蘇鎮江），有買田卜居終老隱遁的打算，蒜山松林中可卜居，余欲僦其地，地屬金山，故作此詩與〈金山元長老〉：

魏王大瓠其人識，種成何翅實五石。不辭破竹兩大樽，只憂水淺江湖窄。
我材濩落本無用，虛名驚世終何益。東方生出好自譽，伯夷子路並為一。
杜陵布衣老且愚，信口自比契與稷。暮年欲寫柳下惠，嗜好酸鹹不相入。……
蒜山幸有閑田地，招此無家一房客。

詩的前四句，取自《莊子．逍遙遊》：老子對莊子說：「魏王貽我大瓠之種，我樹之成而實五石，以盛水漿，其堅不能自舉也。剖之以為瓢，則瓢落無所容。非不呺然大也，吾為其無用而掊之。」可是蘇軾對莊周的崇拜，其詩文中屢見其服膺莊周之事實。其下用東方朔、伯夷、子路、杜甫、柳下惠以自比，說明自己的覺醒，不再追求「虛名驚世」，而致道求仙了，終於在蒜山卜居，終老餘生。

五、治肺則病脾，治脾則病肺

蘇轍的身體健康，其狀況一向不好，因此在《欒城集》詩文中，常常抒寫病苦的情形，〈服茯苓賦並敘〉：「余少而多病，夏則脾不勝食，秋則肺不勝寒。治肺則病脾，治脾則病肺。平居服藥殆不能愈。年三十有二，官於宛丘，或憐而愛之，以道士服氣法行之期年，二疾良愈。蓋自是始有養生之說。」這是蘇轍三十二歲，任陳州教授時的生活記錄。

又有〈記病〉詩：

> 我病在脾胃，一病四十年。微傷則暴下，傾注如流泉。
> 去年醫告我，此病猶可癒。試取薑豆附，三物相和丸。
> 服之不旬浹，病去如醫言。醫言藥有毒，病已當速捐。
> 我意藥有功，服久功則全。侵奪作風痺，兩足幾蹣跚。
> 徐悟藥過量，醫初固云然。舊病則已除，奈此新痺纏。
> 醫言無甚憂，前藥姑推旃。藥毒久自消，眞氣從此充。
> 鄙夫不信醫，私智每自賢。咄哉已往咎，終身此韋弦（箴規）。

此詩乃任績溪令臥病五十餘日所寫，時蘇轍四十七歲。

蘇轍爲脾病的病情治療不易，冷熱相克，因此對於道家的學習，不只是老莊的思想而已，兼攝道家的養生之術，養生之術的鍛鍊，最終目標是長生不死。蘇轍說：

> 晚讀《抱朴子》書，言服氣與草木之藥，皆不能致養生。古神仙眞人皆服金丹，以爲草木之性，理之則腐，煮之則爛，燒之則焦，不能自生，而況能生人乎？

《抱朴子》晉葛洪著，葛洪號抱朴子，因以名書。其書內外篇凡八卷，內篇論神仙吐納符籙剋治之術，能爲道家之言。外篇則論時政得失、人事臧否，詞旨辨博，饒有名理，要旨以黃老爲宗，世以爲道書之一。

余既汨沒世俗，意金丹不可得也。則試求之草木之類，寒暑不能移，歲月不能敗者，惟松柏爲然。古書言松脂流入地下爲茯苓，茯苓又千歲則爲琥珀，雖非金石而能自完也，亦不久矣。於是求之名山，屑而瀹之，去其脈胳，而取其精華，庶幾可以固形養氣延年而卻老者。

宋人對於道家的養生之術，嗜好風行，有內丹外丹的不同，從歷代道藏考察，只是利用人體內部的精氣神等結合丹田的丹，它無形狀，不可息，稱爲內丹。凡是利用金屬、礦石燒煉爲有形狀的藥物，道門稱之「外丹」。至於靈芝、菔苓之類是草木之藥，對人體有滋補、強壯作用，從現代醫學觀之，既不是內丹，也不是外丹，只是傳統的中藥而已。除靈芝、菔苓等藥之外，還有菖蒲。蘇轍〈夢中反古菖蒲引〉，古詩云：「石上生菖蒲，一寸十二節。仙人勸我食，令我好顏色。」十一月八日四鼓，夢中反之作四韻，見一愚公在側借觀，示之，赧然有愧恨之色。詩云：「石上生菖蒲，一寸十二節。仙人勸我食，再三不忍折。一人得飽滿，餘人皆不悅。已矣勿復言，人人好顏色。」時蘇轍六十八歲，閑居潁昌。

治平四年（一〇六七），蘇轍在家居父喪，有〈養生金丹訣〉，《龍川略志第一》：「予治平末，泝峽還蜀（扶父喪），泊舟仙都（四川豐都縣）仙都觀山下。有道士以〈陰眞君長生金訣〉石本相示：

「養生有內外，非金石所能堅凝，四服百骸，外也；非精氣所能變化。欲事內，心明養精氣，極而後內丹成，內丹成則不能死矣。」

久病成良醫，蘇轍與單驤論醫，《龍訓略志第二．醫術論三焦》：「彭山有隱者通古醫術，與世諸醫所用法不同，人莫知之。單驤從之學，盡得其術，遂以醫名於世。治平中，予與單驤遇廣都（四川雙流縣）論古今醫術不同。」

由於唐朝養生外丹而死者衆，宋朝遂以內丹爲主要養生之術，蘇轍當然明白養生之道，熙寧五年（一〇七三）李昊曾到陳州探視蘇轍，談養生之術在忘物我之情。《龍川略志第十》：「李昊來陳時，年八十九歲矣。昊曰：人稟五行以生，與天地均，五行之運行於天地無窮。而人壽不過百歲者，人自害之耳。」

李昊也是內丹的養生方法。〈欒城集卷三．見兒姪唱酬次韻〉：

身病要須閑，閑極自成趣。空虛雖近道，懶拙初非悟。

偶將今生腳，還著古人屨。大小適相同，本來無別處。

這是李昊養生術的實踐，以「忘物我之情」，得閑入手，但閑與空虛不同，空虛近道而非悟道，閑乃悟道，可物我兩忘，是修道的極致，也是養生卻病的妙方。閑則心無旁騖，心無旁騖則寡慾，寡慾則悟道生，悟道生則忘情，忘情則長生卻病。所以「不是閑人閑不得，閑人不是等閑人」，確是眞言。能夠「遊心塵垢之外，超然無蹙蹙之意」，養心亦養生的良方。

蘇軾在養生練氣一直是以蘇轍爲師，不服外丹，服外丹者死。偶而得丹砂以鍛鍊，但觀其變化，不敢服用。因此，蘇軾詩文中提及修煉方法：如胎息、黃庭、坐忘、守一、採日月精華、閉息等等，其最終目的，都是爲了內丹。蘇軾〈和子由澠池懷舊〉：

人生到處知何似？應似飛鴻踏雪泥。泥上偶然留指爪，鴻飛那復計東西。老僧已死成新塔，壞壁無由見舊題。往日崎嶇還記否？路長人困蹇驢嘶。

這首詩前四句，有人以爲「禪意盎然」，其實是一種「道意」，人生是短暫的，有著「但恐歲月去飄忽」的感觸，以有涯的人生在世間留下一些痕跡，都會消失。鴻雁在雪上留下的指爪，春暖雪融時快速化爲烏有，昔日兄弟的題壁詩，就如雪上指爪，已消失不見，這一切都是虛空的，人生的變幻又怎麼能得知？怎能掌握呢？在密州〈祭常山絕頂廣麗頂〉：「人生如朝露，白髮日夜催」，在〈薄薄酒一〉，說出用道家理念的生活，更是透徹，更是確實。詩云：

薄薄酒，勝茶湯，麤麤布，勝無裳，醜妻惡妾勝空房。五更待漏靴滿霜，不如三伏日，高睡足，北窗涼。珠襦玉柙，萬人祖送歸北邙，不如懸鶉百結，獨坐負朝陽。生前富貴，死後文章，百年瞬息萬世忙，夷齊盜跖俱亡羊，不如眼前一醉，是非憂樂兩都忘。

這些都是受到莊子思想影響，企圖忘掉是非，但求眼前一醉，「且待淵明賦歸去，共將詩酒趁流年」，這是及時行樂的思想，表現十分顯眼。

六、不意老年見此奇特

蘇轍應制科試所進《老子論》中，就反對以周公、孔子之言，定佛老之非，認爲儒、釋、道可相通。貶官筠州時，開始著《老子解》。貶官汝州、雷州時，蘇軾曾對蘇轍說：「子所著《詩》、《春秋傳》、《古史》三書，皆古人所未至，唯解《老子》差若不及。」蘇轍於是重新修正，並寄與蘇軾。蘇軾在〈書子由老子解後〉：「使戰國有此書，則無商鞅、韓非；使漢有此書，則孔子、老子爲一；使晉宋間有此書，則佛老不爲二。不意老年見此奇特。」蘇軾對《老子解》的肯定與評價，並非溢美之辭。

㈠使戰國有此書，則無商鞅韓非

根據《史記．商君傳》：商君入秦，先以帝道說孝公，孝公睡而弗聽；再以王道說，亦不合孝公意；繼以霸道說，才有重用商鞅的意思。終以強圖之術取悅孝公，孝公悟數日，不自知膝之於前席，遂得重用而厲行變法。

商鞅的帝道說法，或指孟子的堯舜禪讓政治，或指莊子所謂伏羲式、神農氏等恬淡無爲之政而言。接近老子思想。

韓非，史稱喜歡刑名法術之學，而歸本於黃老，《史記》以老聃申韓同傳，而韓非書中，歷記成敗存亡禍福古今之道，其言近於史，又有〈解老〉〈喻老〉兩篇，可見受《老子》影響至深。

韓非的君術主道，是從老子虛靜無爲之中蛻變過來的。老子從宇宙人生成敗存亡禍福古今的道中，體會「有之以爲利，無之以爲用」的原則，強者是有，弱者是無，所以人生追求福，常得禍；因爲「有無」的易位；而得到柔弱勝剛強的道理。所以老子的道法自然，這個自然是順著人情、物理、時勢，也就是人生的標的是清靜無爲。

韓非〈主道篇〉：「道在不可見，用在不可知，虛靜無爲，以闇見疵。」虛靜無爲是道的根本，「不可爲」、「不可見」就是「無」的具體落實。從法家思想的淵源探究分析，是來自道家老子的「清靜無爲」，而蘇轍在《老聃論》：「昔者六國之際，處士橫議，以熒惑天下，楊氏爲我，而墨氏兼愛。……彼二子（楊墨）者，欲一之以兼愛，斷之爲我，故其說有時焉而遂窮。」只有聖人（老聃）能處於間而制其當，兼愛爲我可以並收，用之而不失其道，生活在紛紜之際而不失其當。所以蘇軾有使戰國有蘇轍《老子論》，則無商鞅韓非看法。

㈡使漢有此書，則孔子、老子為一

漢高祖劉邦的知人善任，寬厚豁達，去秦苛法，終於戰勝項羽，定都長安，建立四百年的劉氏王朝。

由於中國長期戰亂，民生凋蔽，黃老無爲的思想，應運而生，凡事從民所欲，避免擾亂。而「蕭規曹隨」的守而勿失政策，傳爲美談。又有文景之治，崇尚名法，節儉自持，休養生息，國力富強，使國家富裕，經濟繁榮，更是道家黃老之治的指標。

及漢武帝就位時，漢初六十多年的休養生息，社會富庶，府庫充實，而武帝的雄才大略，開疆拓土。於是政治變革，採中央集權，用人詔舉「賢良方士，直言極諫」的儒生，置五經博士，進而採董仲舒建議，獨尊儒術，罷黜百家，使漢朝的政治威望，達到巔峰。蘇轍《老聃論》：

夫聖人之所爲尊於天下，爲其知天理之所在也。而周公仲尼之所爲信於天下，以其弟子而知之也，故非其弟子則天下有不知周公之爲周公，而仲尼之爲仲尼者矣。是故老聃莊周其爲說不可以周孔辯也。

儒家、道家其學說各有擅場，不可以己是攻人之非，不可以己長攻人之短，也不可以己非說他人的不是。況且，《老聃論》：

聖人之道，處於可不可之際，而道從而實之，是以其說萬變而不可窮。老聃莊周從而虛之，是以其說汗漫而不可詰。今將以求夫仲尼老聃之是非者，惟能知虛實之可用與否而已矣。

老莊的思想是「無所是非」，「無可無不可」，而孔子也有「無可無不可」的主張。老莊的清靜寡欲，是其得；棄仁義，絕禮樂，是其失。而周孔之得在尊君抑臣，其失在虛文不實，因此，漢文取老子之長而行，是以天下富；漢武取儒者之失而用之，是以用之而天下弊。此儒老得失之辯。就平心觀之，使漢有《老子解》，則孔子、老子爲一是爲的論。

㈢使晉宋有此書，佛老不為二

魏晉時代，佛唱不絕，晉元中興，在宮殿內主講佛經，明帝成帝，信好甚深。自五胡亂華以後，在中原各建國號，西域高僧，乘時進入中原，其時兵荒馬亂，朝不保夕，生命危淺，遂寄身在佛事，以得慰藉。因此，僧侶頗受尊崇，如石趙有佛澄圖，尤擅異術，弟子道安及鳩摩羅什等高僧。羅什在晉隆安年間（三九七—四〇一）在姚秦的洛陽，集沙門八百餘人，譯經論三百多卷，大乘義至是始傳，義熙年間，法顯西遊印度，歸撰《佛圖記》，自是以來，大江南北，盛行佛法，如日中天。

佛教在中國的流行，在南北朝晉末宋初之間，道生和尚將道家哲理的道在萬物及悟道的說法，引入了佛教。道生主張衆生皆有佛性，頓悟成佛。其後的《大乘起信論》，隋吉藏《大乘玄論》，唐時湛然大師的《金剛錍》及禪宗的創立，對佛教宗派及經論，對眞如佛性的闡述，都受到老莊道體論的影響。也成爲中國佛教的一大特色。

《莊子》又稱《南華經》。《唐書藝文志》：「天寶元年（七四二），詔莊子爲《南華眞經》」。姚範《援鶉堂筆記》：「南華之名，未詳所出，《隋志》有梁曠《南華論》、《南華論音》其號爲南華眞人，名書爲眞經。在唐開元十二年（七二五）。」賈島〈病起詩〉：「燈下南華卷，祛想當酒杯。」施肩吾〈訪松嶺徐鏈師〉詩：「開經猶在松陰裡，讀到南華第幾篇？」吳筠〈南華眞人〉詩：「南華源道宗，元遠故不測。」方干吳處士〈陳陶詩〉：「南華至理須齊物，生死即應無異同。」這些都是說明《南華經》在隋唐以後，已經滲透進入士大夫的生活裡，成爲士大夫生活不可或缺的要務。

以上就佛教輸入中國，其傳播路徑，以及佛老（道家）理論合一相摻的情形，概略的說明。而蘇轍《老聃論》：

「昔者天下之士，其論老聃、莊周與夫佛老之道者，皆未嘗得其要也。」天下之士，逑論不當，蘇轍提出新解：老聃之說曰：「去仁義，絕禮樂，而後天下安。」老聃的說法，意旨爲何？應作「大道廢，有仁義。」老聃肯定大道與仁義是相互依存，並不是相互對立，大道是仁義的基礎。老聃所說的去仁義，是指無大道的仁義；無大道的仁義，就是假仁假義，當然是該棄絕的。所以老聃又說：「絕仁棄義，民復孝慈。」而蘇轍卻說：「仁義禮樂天下之所待以治安者。」與老聃的逑論以意義相反，其實是相互一致的，老聃的「去仁義，絕禮樂是在失去大道的支撐下，是虛僞鄉愿的胡亂非爲，宜一并棄絕，使其恢復常道。而蘇轍「仁義禮樂」作正面的詮釋，以爲治天下的利器，其實與老聃的觀點是相同的，也是老聃「仁義禮樂」的推演，更合乎語言邏輯的應用。

佛之說曰：棄文絕子，不爲夫婦；放雞豚，食素茹，而後萬物遂。

《大方廣佛華嚴經卷》十一〈功德華聚菩薩十行品〉第十七之一說：「衆生長夜在生死中，憶念五欲，貪著五欲，愛樂五欲，心常流轉五欲境界，永沒五欲莫之能出。」因此，人們墮入了無邊無際，日日夜夜的苦難中。據說佛祖釋迦牟尼多年苦思冥想，想出四大眞理（眞諦），頭一個眞理就是苦，生也苦，死也苦，吃得不飽也苦，吃得太飽也苦，與人交往應酬苦，無人來往寂寞苦。總之，生在世上就是苦難。苦難的由來，是因爲人有身、口、鼻、眼、意等五欲，五欲分爲內外兩種：外五欲是眼貪美色、耳耽妙聲、鼻愛名香、舌嚐上味，身觸細滑，求之不得，煩惱多起。內五欲是飢思食渴思飲的食慾，貪圖金錢的財慾，希求美艷的色慾，渴求贊譽的名慾，貪圖安逸的睡慾。這些慾望帶給人類無窮無盡的奢求，慾望不能滿足，痛苦不能解除。如老子所說：「吾之大患，在於我之有身。」因此，佛家才有「棄父絕子，不爲夫婦，放雞豚，食素茹」的主張，斷絕五慾，俾使萬物順遂平和。佛家的涅槃，要求人做到「寂滅」，做到杜絕慾望，或作「不淨觀」（註二），慾望絕滅，就得到自由快樂，過著逍遙自在的生活了。

第四節　佛學思想

一、宋士大夫與佛學文化

宋朝的思想主流，以儒家爲主，但是佛學思想已經與道家思想頗多類似而相互揉合，而宋朝以來儒道釋三教調和的形成與發展，已經得到社會的認同與肯定。是以宋朝理學家雖然批評佛教人士以性爲空，但是佛學的影響已經深刻廣大，甚至理學家有取於佛學，雖極力掙脫，愈是不得其道，愈是牢固，終於儒釋道合而爲一，成爲宋朝理學的特色。

佛學經過唐五代與士大夫的互相摻透，到宋代，禪僧已經完全士大夫化了。這些禪僧不僅遊歷名山大川，還與士大夫結友唱和，塡詞作詩，鼓琴作畫，他們已經與士大夫生活打成一片。因此，士大夫的思想，浸漬感染，影響深刻。如北宋文壇領袖的歐陽修，反對佛老，但在廬山東林寺，與祖印禪師一席話後，對禪師「肅然心服」，晚年致仕潁川，日與沙門遊，因自號「六一居士」，名其文曰《

居士集》。恪守傳統儒家文化的司馬光，也寫了〈解禪偈〉、〈極樂園〉、〈作因果〉、〈光明藏〉、〈不壞身〉、〈菩薩佛〉等，以爲從儒術轉入佛學。而張方平也說了一句使王安石大爲驚歎的禪話：「儒門淡泊，收拾不住，皆歸釋氏。」「儒門淡泊」乃指漢唐以來以經學爲核心的傳統儒學，其繁瑣陳舊，枯燥無味。遠不如禪宗來得生動活潑，機智橫生，而引人入勝。但是傳統儒家的人生觀，入世的積極態度，並未消滅，「正心修身齊家治國平天下」的思想，仍然在士大夫的心中紮根，不曾動搖。所以禪宗的思想雖是在士大夫心中有了分量，也只是在生活理念中增加情趣而已。而蘇軾蘇轍與僧侶爲友的名家，有參寥子、維琳、圓照、秀州本覺寺一長老，楚明、仲殊、守欽、思義、聞復、可久、清順、法穎等。並稱讚他們「行峻而通，文麗而清」，「志行苦卓，效法通洽」，「能文善詩及歌詞，皆操筆立就，不點竄一字」，「學行皆高」。還說他們「自文字言語悟入，至今以筆研作佛事，所與遊皆一時名人」，「語有璨，忍之通，而詩無鳥、可之寒」等。

二、人間如夢，一尊還酹江月

蘇軾不僅與禪宗交往，還眞正的篤信禪旨，曾寫〈讀壇經〉，對於《六祖壇經》說「法、報、化三身」進行闡發和補元《東坡志林卷二》，並學禪僧口吻，與禪僧大掉機鋒，〈讀傳燈錄〉卷二十〈東林照覺堂聰師法嗣〉記蘇軾：「抵荊南，聞玉泉皓禪師機鋒不可觸，公擬抑之，即微服求見。泉問：尊官高姓？公曰：姓秤，乃秤天下長老底秤。泉喝道：且道言一喝重多少？公無對，於是尊禮之。」蘇軾在思想上受到禪宗的影響很深，在他的詞中有類似《大品般若・幻聽品》中「若當有法勝涅盤者，我說亦復如幻如夢」的蝸角虛名，蠅頭微利，算來著甚乾忙，事皆前定，誰弱又誰強。且趁閒身未老，須放我，些子疏狂，百年裡，渾教是醉，三萬六千場」《東坡樂府卷上・滿庭芳》，也有「人間如夢，一尊還酹江月」（同上・念奴嬌）。蘇軾詩中有「芒鞋不踏利名場，一葉輕舟寄淼茫，林下對床聽夜雨，靜無燈火照淒涼」《蘇軾詩集卷四十三・雨夜宿淨行院》，寄寓禪家寂靜空寒的意境，至於散文的〈赤壁賦〉，不但具有莊子的「齊物」，禪宗的「法界一相」，一切虛幻，皆爲心靈幻化的宇宙時空觀念。〈赤壁賦〉說：「自其變者而觀之，則天地曾不能以一瞬；自其不變者而觀之，則物與我皆無盡」，被佛家用來反駁張載「釋天地爲虛妄」的眞言。（註三）

蘇軾的仕途困蹇，屢遭貶斥，而心胸曠達豁然的性格，這是佛家萬物皆空，一切本無，以心爲本，清淨空澄的思想和老莊思想混合而成的人生觀。

三、楞嚴十卷幾回讀

三蘇父洵兄軾弟轍，皆與佛家往來交遊，在蘇轍九歲時，蘇洵與史經臣舉茂材異等不中，轍陪侍父親遂自嵩洛到廬山，望瀑布，與訥禪師、景福順公遊，於此得知蘇轍與佛學因緣甚早。在元豐五年（一〇八二）謫居高安，景福順公不遠千里來訪，自言昔從訥於圓通，逮與先君遊。在貶謫失意的時候，景福順公的到來，予轍有積極的精神鼓勵。

前有蘇洵的帶頭引導，後有兄長蘇軾的相互提攜，一同與名僧交遊，如龍井辯才法師，臻長老、寶月大師等，而蘇轍本性的「淡泊清淨」，對於佛學更容易得入，在詩文中表現的佛學思想的鑽研與心得，更是深刻獨到。在陳州時，有位致仕在家的李簡夫，李君少而好學，詳於吏道，詩作曠達閑放，不拘泥繩墨，有物我相忘的妙境。蘇轍嘗與之遊，在〈次韻李簡夫因病不出〉中，寫著「十五年來一味閑，近來推病更安眠。鶴形自瘦非關老，僧定端居不計年」。這是李君的悠閑生活，逍遙自如。僅一年，李君病逝，蘇轍挽詞：「養生能淡泊，愛客故留連。……葆光（李有葆光亭）塵滿榻，無復聽談禪。」這是士大夫佛化的另一見證。

蘇轍於熙寧六年（一〇七三）到齊州掌書記，業務繁冗，鮮少出遊，一年後始遊泰山的四禪寺，四禪寺是唐代高僧義靖（義淨）譯經的地方，義靖曾前往西域，遍遊三十餘國，歷時二十五年，得梵本四百部，回國後親自譯經，對佛學的發展，頗有貢獻，死後就葬在這裡，〈岳下〉：「云昔義靖師，萬里窮西域。華嚴貝多紙，歸來手親譯。蛻骨儼未移，至今存石室。」蘇轍對義靖高僧，仍然是崇拜敬仰的。

蘇轍父兄均與淨因院大覺璉師和臻長老有舊，轍於熙寧九年（一〇七六）訪問臻長老，〈贈淨因臻長老〉：「十方老僧十年舊，燕坐繩床看奔走。遠遊新自濟南來，滿身自覺多塵垢（追求俗世是爲不智）」。又〈於僧舍沐浴後感覺〉：「明窗閑臥百緣絕，此身瑩淨初何有？清泉自清身自潔，塵垢無生亦無滅。」（還我本性，得到眞知。）

蘇轍兄弟最深交的是成都中和相勝院寶月大師惟簡，姓蘇，眉山人。在嘉祐元年（一〇五六）赴京應進士試時，「以宗黨之故，情若舊識」。當時惟簡曾勸告兄弟說：「遊宦如寄，非可久安。意適忘歸，憂患所由。亟還於鄉，泉石可求。」當轍於紹聖二年（一〇九五）再貶筠州時，惟簡卒。臨終前，派徒弟法舟求蘇轍兄弟作塔銘。法舟先到惠州，蘇軾作〈寶月大師塔銘〉，轍作〈祭寶月大師宗兄文〉：

轍方志學，從先君子。東遊故都，樂觀藥市。解鞅精舍，時始見兄。傾然如鶴，介而善鳴。宗黨之因，情若舊識，屈伸臂頃，閱歲四十。

蘇轍貶筠州鹽酒稅時，與佛家的來往交遊，最爲頻繁，悟道最多。〈筠州聰禪師得法頌並序〉：「聰住高安聖壽禪院，予從之問道，聰曰吾師本公，未嘗以道告人，皆聽其自悟，今吾亦無告子，予從不告門人而入道。」《欒城集卷十八》聰禪師，本姓王，綿竹（四川省）人。是蘇轍同鄉。聰禪師，幼師劍門慈雲寺海亮禪師，後至吳越得法於淨慈寺大本禪師。在筠州住持眞如開善、聖、壽三院……。蘇轍也悟得「道不可告，告即不得。以不告告，是眞告敕的道理」。院離鹽酒處很近，蘇轍晨入暮出都要經過聖壽院，彼此常相往來，接觸頻繁。〈過聖壽院訪聰長老〉：

朝來賣酒高安市，日暮歸爲江北人。禪老未嫌參請數，漁舟空忙往來頻。
每慚飯菜分齋鉢，時乞香泉洗病身。世味漸消婚嫁了，幅巾緇褐許相親。

又〈回寄聖壽聰老〉：

五年依止白蓮社，百度進尋丈宗游。睡得磨茶長展轉，病蒙煎藥久還留。

這是禪宗中的頓悟禪，是六祖慧能的頓悟入道方法，也就是頓然的、當下的覺悟。不經次第、階段而直下證入眞理的覺悟，也是南宗禪的覺悟方式。

〈秀城順長老眞贊並引〉：長老順公，昔居圓通，從先子遊數日耳。頃予謫高安（江西高安縣），特以先契訪予再三。予嘗問道于公，以搐鼻爲答，予即以偈謝之曰：「搐鼻徑參，眞面目，掉頭不受，別鉗鎚」，公頌之。紹聖元年（一〇九四）予再謫高安，而公化去已逾年矣，其門人以遺像示予，焚香稽首而贊之曰：「與納皆行，與璉皆處於南得法……向也無來，今也奚去？」

賈蕃是繼毛維瞻爲筠州知州，蘇轍與其唱和不多。〈病中賈大夫相訪，因游中宮僧舍二首〉：

江城寒氣入肌膚，得告歸來強自扶。五馬獨能尋杜老（杜甫），一床深愧致文殊。

體虛正覺身如幻，談劇能令病自無。

杜甫有詩曰：「使君五馬一馬聰」。五馬，指太守。詩中五馬乃指賈蕃，以老杜自喻，猶嚴武（唐朝四川節度使）之訪杜甫。

文殊是文殊師利的簡稱，又作曼殊室利。義譯爲妙首、妙德、吉祥等。文殊或曼殊是妙之義，師利或室利是頭之義，德之義，吉祥之義。

蘇轍在〈春盡〉詩寫著：「楞嚴十卷幾回讀，清酒三升是客問，試問鄰僧行乞在，何人閑暇似衰翁？」詩中抒寫生活的閑適，就是僧人亦難望其項背。

四、手披禪冊漸忘情

蘇轍在筠州抒寫大量的感懷詩，元豐四年十一月蘇轍之侄安節自蜀入京應試落第後，到黃州看望蘇軾，蘇轍在〈次韻子瞻與安節夜坐三首〉中寫著：

> 少年高論苦崢嶸，老學寒蟬不復飛。目斷家山空記路，手披禪冊漸忘情。

蘇轍在詩中有昔日年少的志節，自勉而勉安節，年老的志意消沈，貶謫筠州，有家歸不得的無奈，爲解脫煩苦，只有寄情佛家。而筠州是個佛刹道觀、和尚道士很多的地方，即使婦人孺子也喜歡著道士服裝。自唐禪宗六祖慧能以佛性化嶺南，其再傳弟子馬祖興於江西，以禪名精舍者多達二十四處。這是筠州佛教鼎盛的大環境，而蘇轍在此與佛家廣交有其特殊的經歷，在〈筠州聖壽院法堂記〉寫道：

> 余既少而多病，壯而多難，行年四十有二而視聽衰耗，志氣消竭。夫多病，則與學道者宜；多難，則與學禪者宜。既與其徒出入相從，於是吐故納新，引挽屈伸，而病以少安；照了諸妄，還復本性，而憂以自去。灑然不知網罟之在前，與桎梏之在身，孰知乎險遠之不爲吾安，而流徙之不爲予幸也哉！

透過道學的「吐故納新」以養身，以療疾；透過佛學的精義，「還復本性」以忘憂，以達到是非榮辱不擾於心的境界。

蘇轍在〈送琳長老還大明山〉詩中說：

> 身老與世疏，但有世外緣。五年客江西，掃軌復往還。依依二三老，示我馬祖禪。身心忽明曠，不受塵垢禪。

五年的筠州鹽酒稅不得遷調，由於二、三寺僧的往來，頓悟入理，遂能身心曠遠，不受拘累。其時蘇轍結識的寺僧，有名可考者近二十人。

石台長老問公姓吳，蘇轍「來高安，以鄉人相好」〈贈石台問長老二絕並序〉。

洞山克文禪師，幼學儒家典籍，後出家爲僧，說法於高安各地，晚居洞山。蘇轍貶高安，彼此一見如故〈洞山長老語錄敘〉，蘇轍有〈約洞山文老夜談〉：「問公勝法須時見，要我清談有夜閑。今夕客房應不睡，欲隨明月到林間。」可見他們常常夜談，談得非常投機，以至徹底不眠。

黃蘗山的道金禪師，姓王，洛陽人，生不食葷，十九歲爲僧。蘇轍謫筠州，金禪師贊美其特質：「君靜而惠，可以學道」〈金禪師塔銘〉。文、金二禪師曾同道訪蘇轍，說法論道：「江南氣暖冬未回，北風吹雪眞快哉。雪中訪我二大士，試問雪從何處來？君不見六月赤日起冰雹，又不見臘月幽谷寒花開。紛然變化一彈指，不妨明鏡無纖埃。」〈雪中洞山、黃蘗二禪師相訪〉

蘇轍與醫僧鑑清、善正往來甚密。「老怯江邊瘴癘鄉，城東時喜到公房」〈贈醫僧善正〉並曾向三局能師卜問自己的未來：「旋食江干秋復春，歸耕未遂不勝貧。憑師細考何年月？可買山田養病身。」〈贈三局能師二絕〉

蘇轍在筠州時，毛維瞻（鎮國）不以罪人相待，彼此詩文酬答，不計其數，蘇轍曾以詩告知毛維瞻修習楞嚴經的眞妙，做到不生不滅的境界。〈毛鎮國生日二絕〉：

聞公歸橐尚空虛，近送楞嚴十卷書，心地本無生滅處，定逢生日亦如如。

〈書金剛經後二首〉：「須陀洹所證，則觀世音所謂初於聞中入流無所者耶，入流非有法也，唯不入六塵，安然常住，斯入流矣。至於斯陀含名一，往來而實往來；阿那含名爲不來，蓋往則入塵，來則返本，斯陀含雖能來矣，而未能無往；阿那含非徒不往，而亦無來。至阿羅漢則往來意盡無法可得。然則所謂四果者，其實一法也。但歷三空有淺深之異耳。予觀二經之言，本若符契，而世或不喻，故明言之。」

六塵就是六種認識對象：色、聲、香、味、觸、法。其中色、聲、香、味、觸是具體的，物質性的，其相應認識機能分別是眼、耳、鼻、舌、身。法則可以是具體的物質性，也可以是抽象非物質性。如概念，這是意識認識的對象。一般而言，凡是可以感觸的以至思想的，都是法，而爲意識所認識。故意識的對象最爲廣泛。與金剛經的說法論理，其實如一。

蘇轍在〈書白樂天集後二首〉：

元符二年夏六月，予自海康再謫龍川。……樂天少年知讀佛書，習禪定，既涉世，履憂患，胸中了然，照諸幻之空也。故其還朝爲從官，小不合即舍去。分司東洛，優游終老，蓋居世士大夫達者如樂天寡矣。予方流轉風浪，未知所止，息觀其遺文中，甚愧之。

白居易在五十八歲時，以太子賓客分司東都洛陽，其時離開唐代政治中心的長安，有貶謫的意味，但居易的心情卻是輕鬆自在，自得其樂，猶如陶潛的掛冠而去。〈歸履道宅〉：「驛吏引藤輿，家僮開竹扉。往時多暫住，今日是長歸。眼下有衣食，耳邊無是非。不論貧與富，飲水也應肥」《白香山集卷五十七》蘇轍面對白居易悠閒平靜的心境，感佩不已。因此，「初念息念，皆歸迷悶。世間諸修行人，不墮動念中，即墮息念中矣。欲兩不墮，必先辨眞妄。」無念念，才是處世應持的態度。

蘇轍退隱閑居潁川，亦有如是觀，〈築室示三子〉：

宅舍元依畢竟空，小乘慣住草庵中。一生滯念餘妻子，百口僑居怯雨風。

松竹已栽猶稍稍，棟梁未見勿怱怱。三間道院吾眞足，餘問兒曹莫問翁。

蘇轍對於佛學的研究，持恆不輟，身得理念。〈書楞嚴經後〉：「予自十年來，於佛法中漸有所悟，經歷憂患，皆世所希有，而眞心不亂，每得安樂。崇寧癸未（一一〇三，時六十五歲）自許還蔡，杜門出坐，取《楞嚴經》翻覆熟讀，乃知諸佛涅槃，正路從六根入，每趺坐燕安，覺外塵引起六根，根若隨去，即墜生死道中；根若不隨，返流全一中，中流入，即是涅槃。眞際觀照既久，如淨琉璃，內含寶月，稽首十方三世，一切佛菩薩羅漢僧，慈悲哀愍，惠我無全，法忍無溺，勝果哲願，心心護寺，勿令迷失。（三月廿五日）佛學達到涅槃，是最高意境，蘇轍說明修習「從六根入」，而修習關鍵在「根隨」與「不隨」，隨則「隧生死道中」，不隨則「返流全一中」，得涅槃。欲持久的工夫，是「心心相護，勿令迷失。」蘇轍儼然是傳道高僧。

第五節　蘇轍學術思想淵源述評

蘇轍的學術思想淵源，誠如前列敘述：爲側身於仕途，爲取勝科舉考試，啓蒙教育以儒家思想爲骨幹，付諸於施治的實踐。而後由於體質孱弱，脾肺健康欠佳，爲養生而有道家的鑽研，並涉及道教的鍊丹術。但在仕途困頓屢遭貶謫的挫敗中，必須調適心態，以爲療傷，遂有佛學名家的交往頻仍，乃至於佛學的深究精到。由於以父洵兄軾爲師的習染下，父兄的影響很大，思想的塑造，不是突如其來，而是淵源有自，承緒事業，因而略述父洵兄軾，而詳述蘇轍。在讀書和人生歷練交互激盪情況中，蘇轍的思想淵源在儒家、道家、佛學三大主流，並非截然劃分清楚，其實是相輔相成，糅合錯綜的儒道不分，儒佛不分，佛道不分。試詳述如后：

一、儒道不分

蘇轍以爲儒家道家相合，相通，並不相互排斥，尤其是論「道」與「性」的說法，以中庸和老子爲證，最爲周延，〈易說三道〉：

> 一陰一陽之謂道，繼之者善也，成之者性也。何謂道？何謂性？……性者，道之所寓焉；道無所不在，其在人爲性。

性在未接物之前，寂然不動，可以有喜怒哀樂；與物接之後，喜怒哀樂層出不窮，而不失節度者，皆善。因此，道家的一陰一陽，如同儒家的一喜一怒。陰陽喜怒本是源出於性，「散而爲天地，歛而爲人。」言其散而爲天地則曰：「天地位焉，萬物育焉。」言其歛而爲人，則曰：「成之者性，其實一也。」

二、儒佛不分

蘇轍〈書傳燈錄後〉：「仰山嘗謂第一坐曰：不思善，不思惡，正恁麼時作麼？生對曰：正恁麼時是某甲放身命處。仰山曰：何不問老僧曰：恁麼時不見有和尚。仰山曰：扶吾教不起。或曰：不思善，不思惡，此六祖所謂本來面目，而仰山少之何也？」

「無思無念」是寂然不動，是恁麼時（修行最好時機），不受虛幻的妄念干預，是個人本性的展露，至眞至性，就是人的本來面目。蘇轍設問：仰山少之何也？自答：

潁濱老曰：「在《周易》有云無思也，無爲也，寂然不動，感而遂通天下之故，非天下之至神，其孰能與於此無思無爲者，其體也感而遂通天下之故者，其用也得其體未得其用，故仰山以爲未足耳。」

蘇轍以《周易》的「無思無爲，寂然不動，感而遂通天下之故」，說法仰山以爲不足，是「用也得其體而未得其用」，是儒道不分說。在蘇轍的思想中，儒佛是雜揉並進共存的，在晚年〈歲莫〉詩中寫道：

文章習氣消未盡，般若初心老漸旺。粗有春秋傳舊學，終憑止觀定無生。

維摩晚亦諧生事，彌勒初猶重世名。鬚髮來年應更白，莫留塵滓溷澄清。

蘇轍在學習歷程裡，雖早有儒學（春秋）為學，但晚年在佛學（般若）的探究，使其修行更能明白人生要的是什麼，不要的是什麼。

三、佛道不分

蘇轍〈書傳燈錄後〉，有一段保福僧與地藏的對話，對於佛法中的見聞，坐「二尊宿意為同為不同」，引用老子《道德經》詮釋，相互呼應。潁濱遺老曰：「六根為物所塞，不為物所坐，則不見自性，不聞自性，不能分別自性，若不為物所塞，不為物所坐，則可以聞見自性，分別自性矣。」

老子曰：「視之不見名曰夷，聽之不聞，名曰希，摶之不得，名曰微，是三者不可致詰，故復混而為一，則性也。」凡老子之言，與佛同者，類如此。

老子道德經的「夷」，是無色，看不見；「希」是無聲，聽不到；微是無形，用手不能捉摸。「夷、希、微」的微妙，老子以為未能盡意，就用「一」來統括，「一」也就是道了。

蘇轍在崇寧甲申（一一〇四）六十六歲，還居潁川時，曾寫〈抱一頌〉，以為是瞿曇正法。取自老子《道德經》第二十二章：「曲則全，枉則直，窪則盈，敝則新，少則得，多則惑，是以聖人抱一為天下式。」

蘇轍在南豐（江西廣昌縣）張君家有等軒，張君問何者是平等法，蘇轍乃作〈等軒頌〉。告訴張君：「物之不齊，何所不有？長短大小，淨穢好醜，雜然萬陳，參差不等，亂我身心耳目鼻口，欲求平等，了不可得。」就老子的「高下相形」，莊子的「萬物齊一」，於是佛家學術發展形成了相對主義和虛無主義，也就是「空」、「無」的理念。所以蘇轍說：「忽然覺知身心，本空萬物，亦空諸差別相，皆是虛妄，無有實性，孰爲不等，等爲一空，尙無平等，何處復有不平等者，遍觀萬物無等不等，是謂眞實平等法已。」

一般讀書人相信「人生似幻化，終當歸虛無」，因此，佛學中的「空」、「無」，老莊的拋棄紅塵羈絆，返回自然，追求無拘無束、樸素淡泊的生活，自然而然的合而爲一了。

【註釋】

註　一：蘇軾病歿於徽宗靖國元年（一一〇一），《論語拾遺》著於徽宗大觀元年（一一〇七）。

註　二：不淨觀，看到美食佳肴，你就把它想作狗屎豬糞，看到美色佳人，你就把她想魔鬼髑髏，看到金銀財寶，你就把它想作瓦礫石頭，看到大千世界的五光十色，林林總總，你就把一切看作子虛烏有，過眼煙雲。

註　三：何不觀〈赤壁賦〉曰：「自其變者而觀之，則天地曾不能以一瞬」則天地終窮，固出於蘇東坡說也，豈獨釋氏有是言也。

第三章　蘇轍政治思想述評

第一節　仁宗嘉祐以後的政治生態

蘇轍（一〇三九—一一一二）歷經北宋中後期的繁榮、承平、動盪，由盛而衰的歷史，在仁宗（一〇一〇—一〇六三）晚年倖進，經英宗（一〇六五—一〇六八），神宗（一〇六九—一〇八五），哲宗（一〇八六—一一〇一）的一歲超遷，徽宗（一一〇二—一一二五）的閑居潁昌，歷經熙寧變法政治生態的起伏變化，波瀾壯闊，宦途難以逆料，概述於後：

一、仁宗以直言取士，為子孫得宰相

宋興，享位最久，號稱承平，莫如仁宗。嘉祐元年（一〇五六），時蘇轍十八歲，赴京應試。朝廷拔擢賢能，濟濟一堂：富弼與韓琦同爲執政，歐陽修在翰林，包拯爲御史中丞，胡瑗（九九三—一〇五九）侍講在大學，皆極天下人望，一時之選，號稱四眞（註一）。嘉祐六年（一〇六一）富弼丁母憂，由曾公亮繼之，與韓琦並列爲相，歐陽修、趙槩（九九六—一〇八三）參知政事，同心輔政，

造就嘉祐之政。

蘇轍兄弟於嘉祐六年（一〇六一）在京師參加應制舉中試，於〈御試制科策〉文中，蘇轍對於仁宗皇帝有激烈、尖銳的指責以爲仁宗怠於政事：「古之聖人無事則深憂，有事則不懼。夫無事而深憂者，所以爲有事之不懼也。」而仁宗的作爲，與聖人背道而馳：「陛下無事則不憂，有事則大懼」，既乏憂懼之誠，豈能結合民心？其餘的不是：如仁宗的沈緬酒色，賦歛繁重，濫用民財，而以爲仁宗有「惻隱之心」，無「忠厚之政」，只是「惑於虛名而未知爲政之綱」。

蘇轍不顧情面的指責，朝廷大臣爲之側目，欲以罷黜不取。但仁宗以爲「其言直切，不可棄也。」而自我檢視：「吾以直言取士，士以直言告我，今而黜之，天下其謂我何！」（蘇轍遺老齋記）。仁宗的仁慈愛才，以爲爲子孫得宰相，蘇轍倖入第四等位，從此步入仕途。蘇轍十分感激仁宗的寬厚，在〈追記侍邇英講四絕〉詩中回憶說：「早歲西廂跪直言，起迎天步晚臨軒。」當天晚上，仁宗從延和步入崇政殿，過所試幄前，瞻望天表，最爲接近。這是蘇轍第一次也是唯一一次見到仁宗，因爲不到二年，仁宗就病逝了。

二、神宗的熙寧變法，雖欲自效，其勢無由

仁宗病逝，英宗繼立（一〇六五—一〇六八），親政兩年，無治績可言。治平四年（一〇六八）崩，年三十六。長子頊嗣位，是爲神宗。帝平生好學，食非衣綈，務遵節儉。即位之初，不斷振作，

《宋史卷十六神宗本紀》：「小心謙抑，敬畏輔相，求直言，察民隱，恤孤獨，養耆老，振匱乏，不治宮室，不事遊幸。」憂憫元元，勤勞庶政，主德如此，堪稱賢君了。所以在仁宗大弛以後，神宗亟圖奮發，求張聲威，是大勢使然。況且朝廷大臣司馬光、曾公亮、韓琦等持平守常，不能分憂，無一可諮，求賢若渴，國情如此，改革圖治，無可非議。而王安石學本經術，才宏經濟，清介自矜，久更吏事，兼有時才，變風俗，立法度，正是時候。熙寧二年任命爲相（一〇六九），推行新政，自是展開，而以理財爲當今的急務，蘇轍因以理財爲急務，與神宗、王安石看法一致，遂任職三司條例司檢詳文字。

蘇轍在理財的作法，和王安石大不同：蘇轍的主要目的：「去事之所以害財者」，即節用。於是有〈上皇帝書〉，主張去三冗：冗官、冗兵、冗費。神宗御覽之後，爲之動容，認爲蘇轍「潛心當世之務，頗得其要」，即日召對延和殿。其後蘇轍在〈自齊州回論時事書〉中說：「臣自少讀書，好言治亂。方陛下求治之切，上書言事。陛下不度狂狷，召對便殿，九品賤官，自此始得登對」。

王安石在理財的主張「豐財而益之」，即擴大財源，增加賦稅。蘇轍不與贊同，尤其在青苗法上（註二），更是公然反對抨擊，在〈制置三司條例論事狀〉裡說：「以錢貸民，使出息二分，本以援救民之困，非爲利也。然出納之際，吏緣爲奸，雖重法不可禁；錢入民手，雖良民不免非理之費，及其納錢，雖富家不免違限。如此，則鞭箠必用，自此恐州縣事不勝繁也。」其他如均輸法、鹽法、鑄錢等蘇王均有衝突，而王安石不便，在回神宗垂詢蘇轍的爲人，王安石答以「軾兄弟大抵以飛箝捭闔爲事」，因此，蘇轍自請外放，免去條例司檢詳文字的官職，自稱「臣獨以愚鄙，固執偏見，雖欲自效，其勢無由。……伏乞除臣一合入差遣，使得展力州郡。」〈條例司乞外任奏狀〉不到半年，就離職。熙寧三年（一〇七〇）因張方平知陳州，蘇轍旋赴陳州就任州學教授。

三、哲宗的元祐更化，冰炭同器，必至交爭

元豐八年（一〇八五）神宗崩，哲宗繼位，時蘇轍任績溪令。有「行年五十治丘民」的感慨，不滿一年，即被命爲秘書省校書郎。

綜觀元祐諸臣，假靈寵於宮闕，排擊新政，求快於一朝，自矜更化，質言之，此不過政治上逞其意氣之爭，自開釁隙而已。其實元祐朝政破壞多於建設，豈有治績可言？哲宗在位十五年，前八年元祐之政，司馬光、呂公著、呂大防等假宣仁皇后絕對獨裁的權力，控制朝政，日以竄逐熙豐大臣爲能事，而後釀成新舊黨爭，相互傾軋，朝政無一寧日。哲宗御臨親政以後，章惇得勢，捲土重來，蓄意報復，以其道還諸其人。其手段陰狠，作法殘暴，誣加罪狀，始於元祐黨人，攻熙豐之臣，指爲欺罔先帝，或曰姦邪小人，演變以後黨爭，怨毒繆結而不可解。是以政權反覆交替，精神與力量，因內爭而抵銷。總之，哲宗朝無一日而非亂媒，無一日而不爲危亡的困境。

元祐元年（一〇八六）蘇轍未及國門，改右司諫，不眠不休，忠於職守，有「諫草未成眠未穩」，這是工作寫實。其時重大建言，均被採用施行，對元祐政治有舉足輕重的作用。而對於推行新法的大臣，應

予嚴懲，小臣則予以改過自新。任右司諫期間，蘇轍八次上書要求責降左僕射韓縝，三次乞誅竄呂惠卿，並一論章惇，再論安燾，五論蔡京，六論張頡。

同時，蘇轍對民間疾苦，頗爲關心。有四項重要主張：一是放積欠，二是還民田，三是救災傷，四是罷榷蜀茶，都能一一實現，解除民怨，造福百姓。

而後任起居郎，中書舍人，升任戶部侍郎，掌控全國人戶、土地、錢穀、貢賦、征役等事，經理國家財政大權。表現「精練吏事，通知民情」，堪稱「強明練達之人」。

元祐元年以來，舊黨得勢，新黨被逐出朝廷，但是舊黨的彼此爭鬥，亦無休止：先有蘇轍兄弟與司馬光爭論，再則和洛黨程頤及其門人爭論，接著又和朔黨劉摯、呂大防爭論。朝廷大權完全受制劉摯、呂大防手上，劉、呂因新黨志在反撲，心存畏懼，爲求自保，於是主張起用新黨，以平宿怨，謂之調停。蘇轍堅決反對劉、呂的調停主張，在〈乞分別邪正札子〉：「若陛下不察其實，大臣惑其邪說，遂使忠邪雜進於朝，以示廣大無所不容之意，則冰炭同器，必至交爭，薰蕕共器，久當遺臭，朝廷之患自此始矣。」蘇轍主張人主「親近君子，斥遠小人，則人主尊榮，國家安樂；疏外君子，進任小人，則人主憂辱，國家危殆。」蘇轍的奏言，深得高太后及諸大臣的支持，而參用邪正的論調，畫上休止符了。

元祐八年（一〇九三）蘇轍任門下侍郎（副相），而高太后亡故，紹聖元年（一〇九四）十九歲的哲宗親政，以「引漢武上方先朝，欲以窮奢黷武之資，加之經德秉哲之主。言而及此，其心謂何！

宜解東台之官，出守列郡之寄。尚爲寬典，姑務省循。可特援依前太中大夫、知汝州。」（年表）其後再貶袁州、筠州居住，復遷雷州、循州，再徙永州（湖南零陵）、岳州（湖南岳陽），迄哲宗崩，還居潁昌。時元符三年（一一〇〇），蘇轍已六十二歲了。

四、徽宗的調停黨爭，欲救時弊，折衷釋怨

徽宗初立，意欲有所作爲。章惇、蔡卞、蔡京等已被斥貶，因其時譏元祐，紹聖均有所失。徽宗以大公至正，消釋朋黨，詔明年（一一〇一）改元建中靖國，建中者，執兩中之意。元祐、紹聖兩黨爭鬥，流於意氣用事，旋負旋勝，兩敗俱傷，不惟害政，且亦害國。欲救時弊，折衷釋怨，最爲上策。故曾布主張調停兩黨之議，宜爲正道。被貶嶺南的元祐大臣逐漸內遷，蘇轍兄弟也在其中，蘇軾於徽宗建中靖國元年（一一〇一）北返至江蘇常熟病逝。而蘇轍則閒居潁昌（安徽阜陽）。此後，迄政和二年（一一一二），蘇轍不問世事，杜門不出，以避迫害。教育子孫，詩文燦爛，編排舊文章，完成四大著作：《春秋集解》、《老子解》、《欒城遺言》、《古史》。其實蘇轍的心情苦悶，寂寞誰堪？〈上元〉詩：「上元車馬正喧喧，老病無聊長掩門。不著繁燈眩雙目，獨邀明月上前軒。跏趺默坐聞三鼓，寂寞誰來共一樽。」寂寞孤苦，拉著瘦長的身影，有李白「舉杯邀明月」的狂想，卻無「對影成三人」的狂態，在寂靜憂思的日子裡，終於在政和二年（一一一二）十月三日往生。

第二節　天子有權可以使人，有利可以得衆

中國天子，集權利於一身，有權，操控人臣去就可否；有利，驅使人臣爲其奔走效命。所以天子的權利是全國的資源供其應用，供其掌控，人臣唯命是從，不敢違抗，自古以來，權利之大，莫勝於此。

一、天子修身善，則行之善；修身不善，則行之不善

《應詔集臣事策下第三道》，蘇轍說：「天下惟其有權者可以使人，有利者可以得衆；權者天下之所爲去就也，利者天下之所爲奔走也。能是非可否者之謂權，能貧富貴賤者之謂利。天子者，收天下之權而自執之；歛天下之利而親用之者也。」蘇轍毫不諱言的說明天子具有最高的權利，有權可以役使公卿大人的去就，有利可以役使公卿大夫的奔走。然而中國歷代統治天下的天子，都擁有無限的權利，天子使用權利做到役使得法，役使得當。就必須以儒家的「誠正修齊治平」爲圭臬，要求天子先修其身，而後治人。如孔子對季康子說：「子帥以正，孰敢不正？」《論語．顏淵》因此，「知所以修身，則知所以治人。知所以治人，則知所以治天下。」君王是天下全民的共主，動見瞻觀。若是己身不正，雖令不從。若是不能正其身，如正人何？天子權利的應用，由於君王執天下之權，擅四海

之利，無限的權利供其左抽右旋，使「謀臣猛將將爲之盡力有死而無二，社稷之臣可使死宗廟，郡縣之臣可使死封疆，文吏可使死其職，武吏可使死其兵。天下之人其存心積慮，皆以爲當然。」君王若是得全民的愛戴，人人願爲忠於朝廷，忠於君王，忠於社稷，「是以寇至而不懼，難生而無變。」蘇轍就事論事，當時宋朝常常受到夷狄的入侵，而天下之人莫肯死者，是民心渙散，不畏權利。因此，君王捨正己無由以得民心。正己就是修身，修身而後可以安百姓，可以得到風行草偃的教化。而有「文、武興，則民好善；幽、厲興，則民好暴。」這是史實的見證。

蘇轍說：「夫子年居朝夕，孜孜以教人者，惟所以自修其身。」〈新論下〉修身爲先，修政爲後，修政者爲何？曰：「謹權量，審法度，修廢官，興滅國，繼絕世，舉逸民，所重民食喪祭。是七者，凡可以爲政而未足也。」〈新論下〉上述七大要項是治國的具體措施，要實現這七大政事要項，必賴於君王的修身。修身善，則行之善；修身不善，則行之不善。「壹是皆以修身爲本。」蘇轍接著說：「寬則得衆，信則人任焉，敏則有功，公則說（悅）。是四者所以成之耳。」〈新論下〉得自孔子的施政理念：寬、信、敏之外，蘇轍再加上「公」，使君王統治天下的施政，更加完備無缺。

君王是人，凡人必有其大慾，人的大慾爲何？曰：「富、尊、佚、欲」，是人人的大慾，更是天子的大慾。天子欲享受其無窮之美，永保無疆之休，必先修身。蘇轍在〈御試制策〉提出了應有的作爲，他說：「聖人欲有其富，則保之以儉；欲久其尊，則守之以謙；欲安其佚，則行之以勞；欲得其欲，則濟之以無欲。此四者，聖人之所以盡天下之利，而人不以爲貪，極天下之樂，而不爲人所厭者也。」反之，若君王不能以勤致富，不能以謙守尊，不能以勞行佚，不能以無欲濟有欲，則造成「欲樂其富而用之奢者，其富必亡；欲大其尊而用之以倨者，其尊必替；欲享其佚而用之以惰者，其欲必廢。」是以天子能夠「處衆人之所惠，而使天下無辭，然後全享天下之利而無所失。」才是德配天地流惠下民的好天子。

二、天子的為治之地

蘇轍對於當代政治生態的觀察，「當今之世，無惑乎天下之不蹐於大治，而亦不陷於大亂」，因爲其時有祖法而不行百姓的事情，略備不至於完全不備，賢人君子卻不知自己的過失。因此，這是處在「治亂之間」，徘徊徬徨在「治亂之間」，但是天下大患必先防患未然，防患未然，必先立其地。必先立其地者爲何？在〈新論上〉對「地」有不同的內涵詳加說明：

「古之聖人將治天下，常生爲其所無有而補其所不足，使天下凡可以無患而後徜徉翺翔，惟其所欲爲而無所不可，此所謂爲治之地也。」「地」的內涵乃指順民心，從民意，民之所好而好之，民之所惡而惡之，做到與民好惡相同。

「天下之人，生有以養，死有以葬，歡樂有以相愛，哀慼有以相弔。……凡今世之所謂長幼之節，生養之道者，是古之爲治之地也。」地的內涵乃指人民生活富足，生活歡樂，做到養生送死無憾的民生樂利境界。

民生問題是蘇轍最爲重視，其家庭生活貧苦，入不敷出的窘態，蘇轍從四川入京，嘉祐四年經四川忠縣有〈竹枝歌〉：

可憐楚人足悲訴，歲樂年豐爾何苦！釣魚長江江水深，耕田種麥畏狼虎。雙鬢垂頂髮已白，負水採薪長苦艱。上山採薪多荊棘，負水入溪波浪黑。天寒斫木手如龜，木重還家足無力。山深瘴暖霜露乾，夜長無衣猶苦寒。平生有似麋與鹿，一旦白髮已百年。

這是蘇轍目睹忠縣人民生活艱苦的哭訴，遇到豐年仍是釣魚釣不到，砍柴砍得手裂痕累累，因不得食物進食，有柴拖不動，只好夜宿山間。年復一年，日復一日，忽然與萬物遷化，生活難熬，比麋鹿不如。所以蘇轍又說：

「夫家卒車馬之數，冠昏喪祭之節，歲時交會之禮，養生送死之術，所以利其安人者，凡皆已定而後施，其聖人之德，是以施之而無所齟齬。……皆其所以爲治之地。」〈新論上〉以上皆是蘇轍「爲治之地」的詮釋。接著又有「三不立」施政弊端，蘇轍〈新論中〉：「當今天下有三不立，由三不立，故百患並起，而百善至廢，何者？天下之吏媮墮苟且，不治其事，事日已敗而上不知使，是一不立也。天下之兵驕脆無用，召募日廣而臨事不獲其力，是二不立也。天下之財出之有限，而用之無極，爲國百年而不能以富，是三不立也。」

「三不立」是吏治腐敗，政事廢弛；以有限之財養無用之兵；浪費公帑，財用以蹙。如何治三不立？〈新論中〉：「強力、果敢、無私治三不立。居之以強力，發之以果敢，而威之以無私。」因爲只有無私的人，才能果敢；果敢的人才能強力。具有強力的人，其患在於多疑，多疑必敗。是以天下之人，若能做到強力、果敢、無私，「則足以排天下之堅強而納之於柔懦，擾天下之怨怒，而投之於不敗。」是故強力、果敢、無私是救治「三不立」的藥方。

既然已有了爲治之地，但施行策略不同，其結果自然不同：「施之以仁義，動之以禮樂，安而受之而爲王；齊之以刑罰，作之以信義，安而受之而爲霸；督之以勤儉，厲之以勇力，安而受之而爲強國。」〈新論上〉這是孟子王霸區分的詮釋，因此，「王霸之略，富強之利」只是爲治之具，不是爲治之地，它是治國的手段策略，不是治國的根本、綱紀。

三、善於治天下者，必明於天下之情

蘇轍認爲君王治理天下，必先明白天下人民的情性，也就是民心，再用術（技巧）用智慧來治理，國事就能步上正軌。《欒城應詔集臣事策下》：「聖人之爲天下，不務逆人之心。人心之所向，因而順之；人心之所去，因而廢之。」民心的好惡，做爲施政取捨的原則，完全以民意施政爲依歸。蘇轍以馬做比喻，必須了解馬性的不同，施用不同的治術，才能得心應手，如王良造父的治馬，使馬強壯日盛，已經到達收放自如的境界。蘇轍說：「且治天下何異於治馬也，馬之性剛狠而難制，急之則弊而不勝，緩之則惰而不趨，王良造父爲之先後而制其遲速，驅之有方而掣之有時，則終日騤騤而不知止，此

術之至也。」〈第一道〉

天子治理國事，必須以民意爲依歸，而後人民爲之役使，蘇轍說：「古之聖人驅天下之人而盡用之，仁者使效其仁，勇者使效其勇，智者使效其智，力者使效其力。上行下效，影響至巨。天子仁恕，士大夫好善，天下之風俗，不至於朋黨亂正誣罔君子也。」〈新論中〉蘇轍認爲智仁勇三達德猶有不足，因其奮厲之氣不夠，再加「力者」，促其剛健有力以實踐落實，不是徒托空言畫餅止飢而已。

四、天子以長者之心，待天下之士

天子治理國事，對待臣下不必防禦太深，也不必督責嚴萬，只須用「至誠」、「至威」、「至寬」、「至易」以相待，《應詔集卷六》：「聖人推之以至誠，而御之以至威，容之以至寬，而待之以至易。以君子長者之心，待天下之士，而不防其僞詐談笑，議論無所不及，以開其歡心。」〈君術篇〉天子不以小人之心度君子之腹，孟子：「君之視臣如手足，則臣視君如腹心。」使臣下必不忍詐欺，蒙騙其上，願爲君用，如此，上下誠心共事，事必成，國必治，天下必平和。蘇轍說：「故天下士大夫皆欣然而入於其中，有所愧恥而不忍其所任用，雖其兄弟朋友之親而不顧徇私之名，其所誅戮，雖其仇怨睚眦之人，而不恤報怨之嫌，君臣相信之篤，此所謂至嚴而有所寬容者也。」〈君術策〉寬猛並濟，不急不徐，君臣相信，雖死無怨，這是天子治國務實的態度，不循私，不偏袒，至公至正，事理昭彰，治國以「長者之心，待天下之士」而已。

太史公曰：「權勢法制，所以爲治也；地形險阻，所以爲固也。然而二者猶未足恃也。」（〈應詔集卷十一形勢不如德論〉舉秦朝爲證，法令嚴峻，關中天府險固，然終究不敵劉邦而土崩魚爛，反不若三代的法令寬容，無高城深池，而享國久遠。蘇轍說：

> 大盜起則城池險阻，不可以固而留；衆叛親離，則法制不可以執而守。是必有非形之形，非勢之勢而後可也。……此豈非聖人知天下之不可以強服，而爲是優柔從容之德，以和其剛強難屈之心，而作其愧恥不忍之意故耶。〈形勢不如德論〉

第三節　治天下不可無術

蘇轍在《應詔集卷六君術第一道》結論說：「治天下不可無術」，術者，就是道，泛指方法或技巧、策略。韓非在〈定法篇〉對於「術」的意義，頗爲具體。「術者，因任而授官，循名而責實，操殺生之柄，課群臣之能也；此人主之所執也。」韓非主張君王應掌握：人臣的任用權，再依據人臣的官職，責求盡忠職守，對於人臣的生殺，有絕對的權利，並且考核人臣的能力。韓非以「術」爲君王的治國的重要技巧，管理人臣的權力。捨此，天子就無能治理國事了。蘇轍是儒學爲本，對於君王的權利，有周延的詮釋：「天下惟其有權者可以使人，有利者可以得衆。權者，天下之所爲去就也；利者，天下之所爲奔走也。能是非可否者之謂權，能貧富貴賤者之謂利。天子者，收天下之權而自辦之，斂天下之利而親用之者也。」《應詔集臣事策下第三道》蘇轍將天子的權利，具體肯定的說明，天子是集天下的權利於一身，天子就是天下，天下就是天子，斷天下的是非，操天下貧富貴賤，絕對自主，絕對的控制。「古之君子，得天下之權利而專之，是故所爲而成，所欲而就。」（同上）

一、禮樂為本，刑政為末

儒家的治平天下最高境界，是以「禮樂爲本」的治具，而禮樂的興起，源自三代的天下爲公，路不拾遺，夜不閉戶的大同世界，向爲世人從事政治活動的終極目標，儒家更以此爲政治努力的方向，然而因人性的貪慾，遂有違法亂紀的行爲，紛擾暴戾的社會，爲化性棄僞，使人性回歸本善；爲撥亂反正，使社會回歸安樂，禮樂因應而生。荀子禮論：

> 禮，起於何也？曰：人生而有欲，欲而不得，則不能無求，求而無度量分界，則不能無爭。爭則亂，亂則窮。先王惡其亂也，故禮義以分之，以養人之欲，而給人之求，使欲必不窮於物，物必不出乎欲，兩者相持而長，是禮之所起也。

禮是因人類社會的需要而產生，首先在控制人慾，但人慾的控制是容易的嗎？以子夏的賢能，還經不起外物的誘惑，而有「出具紛華盛麗而說（悅），入聞夫子之道而樂，二者心戰，未能自決。」《史記・禮書第一》孔子爲使「禮」生活化，使成爲社會常規，人人遵守，使人與人之間，和睦共處，所以提出「非禮勿視，非禮勿聽，非禮勿言，非禮勿動」《論語・爲政》的具體實踐，以落實禮的規範。

二、禮以養人為本

蘇轍在《應詔集卷十一》曾明確指出禮的起源，與荀子觀點相同：「養人爲本」，在〈禮以養人爲本論〉的文中：

凡此數者（冠、喪、祭、昏等禮），皆待禮而後可以生，今皆廢而不立，皆以天下之人，皇皇然無所折衷，求其所從而不得，則不能不出私意，以自斷其禮。私意既行，故天下之弊起。

私意就是人的「貪慾」，貪慾既起，奢侈的人無所不用其奢，因以傷生；節儉的人無所不用其儉，奢侈節儉不得其當，貪慾不得滿足，財用不足而饑寒興起，饑寒興起而盜賊橫行，而人所恃養的皆不可得，政府大力救濟，人民依然不得其養。因此，古代聖人治理天下，「立禮於天下，使匹夫匹婦莫不自得於閭閻之中，而無所匱乏，此所謂知本也。」（同上）禮，是鞏固天子最大的權利，其來有自。

三、聲音之道與政通

儒家治國的第二要件就是樂，樂比禮更爲抽象難知，難測，難明，難見，儒家卻格外的重視，認爲與禮並行不悖，可以收到平治天下的效果。《史記・樂書》第二：

凡音者，生人心者也，情動於中，故形於聲，聲成文謂之音，是故治世之音，安以樂，其政和；亂世之音，怨以怒，其政乖；亡國之音，哀以思，其民困，聲音之道，與政通矣。

樂音與政情互通消息，是施政「和」、「乖」、「怨」、「哀」的具體表現，因爲樂音可以陶治人性，激發人情，也可以擾亂人性。《史記卷廿四》有具體的描敘，樂音和政情的緊密相接：是故哀心感者，其聲噍（聲促而小）以殺，其樂心感者，其聲嘽（意緩）以緩，其喜心感者，其聲發以散；其怒心感者，其聲麤以厲；其敬心感者，其聲直以廉；其愛心感者，其聲和以柔。

在樂音的表現中，藉由各種不同的樂音表現，展現政情的優劣，是人民發自內心的吶喊，所以「樂可以善民心，其感人深，其移風易俗」。《禮記樂記》

蘇轍〈上高縣學記〉：「凡禮樂之事，皆可以爲政，而教民而不犯者也。」奉持儒家治國兩大法寶，「禮樂」並行，教育人民，規範人民，使人民的行爲不違法亂紀，禮是外現行爲的約束，樂是內心情緒的陶冶，禮樂並施，內外兼治，使人心純正行爲合宜，天子的政權獲得永固。蘇轍說：

「政者，君子之所以藏身。蓋古之君子正顏色，動容貌，出詞氣，從容禮樂之間。未嘗以力加其民，民觀而化之，以不逆其上，其所以藏身之固如此。至於後世不然，廢禮而任法，以鞭扑刀鋸力勝，其下有一不愼，常以身較之。民於是始悍然不服，而上之人親受其病，而古之藏身之術亡矣。」所以禮也是君子的成德，禮行而民恭，則役行如意。義行則民服，勞苦而不怨。信行而民用情，則上下相知，而教化易行。天子完成「禮、義、信」三種德性，則民可使蹈白刃而不怨，願以身殉而保社稷，上下和睦，帝業不替。何況爲稼圃呢？

以禮樂治天下，是懷柔的施政；以力加諸民，是暴力的施政。「懷柔」，必得人民的喜悅，得人民的擁護，得人民的效死，天子的基業得以長保永固。「暴力」，必失人心，人民怨積，鋌而走險，揭竿而起，群起而鬥，天子的基業，豈得永固長保？所以，「古之治者，必曰禮樂，禮樂之於人，譬如飲食，未有一日而不相從者，故士之閑居，無故不去；琴瑟行，則有佩玉之音。登車有和鸞之節，身蹈於禮而耳屬於樂。如此，而後邪辟不至。」〈私試進士策問〉

禮樂之於人，如衣食之於生活，必不可須臾離也。是以「三代之治，以禮樂爲本，刑政爲末。」〈河南府進士策問〉而《史記・樂卷二十四》：「禮以導其志，樂以和其聲，政以一其行，刑以防其姦，禮樂刑政，其極一也。所以同民心而出治道也。」蘇轍把「禮樂刑政」的效用加以細分，認爲「禮者，禁於將然之前，而法行於已然之後。」禮是積極主動約束在事發之前，其力量源自於自己，約束力量最大，最有效。而刑罰但於事後的禁止，是消極被動的懲戒，雖有懲戒警告作用，但由於人性使然，投機者伺機而動，形成「上有政策，下有對策」的敷衍態度，「法令滋章，盜賊多有」，如此，則「立法設禁而無刑以待之，則令而不行；有刑以待之，則彼亦何罪？」〈河南進士策問〉

蘇轍以史實說明「禮樂信」的效用，他說：「周衰，凡所以教民之具既廢，而戰攻侵伐之役，交橫於天下，民去其本而爭奪於末。當時之君子，思求其弊而求之太迫，導之無術。故樊遲請學爲稼，又欲爲圃，而孔子從而之譏之曰：小人哉！樊須也。」孔子以堅定的口吻說：「上好禮，則民莫敢不肅；上好義，則民莫敢不服；上好信，則民莫敢不用情。夫如是，四方之民，強負其子而至矣。焉用稼？」〈禮義信足以成德論〉

蘇轍詳細的分析：禮義與信，足以成德，又安用稼？仁人君子的言論，其始常苦迂闊而不可行；其終，則率以常道而無弊害，這是千古不易的眞理。

四、使之有方，驅之有術

人類與天具有的本賦，聖賢才智愚劣各自不等的資質，天子治理國事，當然希求屬下群臣都是俊傑人才，但難能羅致，參差不齊，貴爲天子，只要「使之有方，驅之有術」，各盡所能，各盡其智，俾使團隊精神充分發揮，形成一股朝氣蓬勃的氣象，蘇轍的見解：

聖人之於人，不恃其必然，而恃吾有以使之；不恃其皆賢，而恃吾有以驅之。夫使天下之人，皆有忠信正直之心，則爲天下安佚乎？聖人惟其不然，是以使之有方，驅之有術，不可一日而去也。（〈應詔集臣事策下第二道〉）

天下的小臣，因朝見而勞苦，天子藉著叮嚀訪問來開導小臣的心志。而且時時注意特別勞苦者，多予賞賜，使其與天子拉近距離，心中充滿著無窮的希望。做法是依官職層級依次賞賜，「上之大吏時召而賜之，閑燕（宴）與之講論政事，而勉之於功名，相邀於後世不朽之際，與夫子孫皆享其福之利。」〈臣車下第一道〉既然有獎勵，就有督導責求以防其怠惰廢弛，若有怠惰廢弛，是有愧於天子的恩惠而不敢爲，這難道不是天子役使人臣奔走天下的巧妙方法嗎？

蘇轍〈上昭文富丞相書〉提出現代企業管理「分權」、「授權」的理念，認爲「古之帝王，豈必多才而自爲之，爲之有要，而居之有道」，治理天下的君主，不必事事躬親，代勞苦思，以漢初皇帝爲例，「是故以漢事皇帝之恢廓慢易，而足以吞項氏之強。漢文皇帝之寬厚長者，而足以服天下之姦詐，何者？」以小吃大，以柔克剛，關鍵在於「任人而爲人之用也。」是漢高祖，漢文帝做到「不勞而功成」而有「黃老治世」的美譽。「至於漢武帝材力有餘。聰明睿智過於高、文，然而施之天下，時有所折而不逮，何者？」是漢武帝自逞其能，不做分權、授權的管理，「不委之人而自爲用也。」由此觀之，統治國家貴爲天子的責任，在於「用人」而已。

至於權臣與重臣，二者相近而難明。「天下之人，知惡夫權臣之專，而世之重臣亦遂不容於其間。夫權臣者，天下不可一日而有，而重臣者，天下不可一日而無也。」〈臣事策上第一道〉

世人所謂權臣者，其做法是：內悅君心，委曲聽順，而無所違戾，以安君心；外竊生殺予奪的大權，黜陟天下，以展現自己的掌權，而隱沒天子的君權。使得公卿大夫。百官庶吏無所聽命，而爭爲之腹心。上愛下順，合而爲一，然後權臣的威勢已成，無人可抗。

世人所謂重臣者，天子所爲，不可以必爭；爭之不能，而其事有所必不可聽，則專行而不顧。等待成敗跡象顯著，天子將明白必爭的道理，而自然釋懷。所以在朝廷中，天子爲之蹴然而有所畏懼，士大夫不敢安肆怠情，議論爵祿，不私惠爲由，刀鋸斧鉞，也不求爲己私勢。要使天子有所不可必爲，而郡下有所震懼，但不爲己爭利。

由此觀之，權臣的作爲，重臣爲之切齒；而重臣之所取者，權臣所不願。蘇轍觀察當代朝政群臣生態，是有感而發的。

徒見天下之權臣，出入唯唯，以其有禮，而不知此乃所以潛潰其國；徒見天下之重臣，剛毅果敢，喜逐其意，則以爲不遜，而不知其有社稷之慮。二者淆亂於心而不能辨其邪正，是以喪亂相仍而不悟，何足傷也！

其實權臣與重臣的區分，在於邪正，在於小人與君子的差異，蘇轍寄望宋神宗能夠聽順重臣的諤諤，遠棄小人的諂媚，使朝政回歸正道。

蘇轍觀察當代的吏治，明察秋毫，一針見血的指出其弊端，在《應詔集卷十二．御試制策》指出：

方今用人之弊有二：吏多也，吏雜也。

吏多之弊輕，吏雜之弊重。吏多而不雜，則賢不肖猶有所辨也，多而不免於雜，既廢廩祿，又不得賢也。費廩祿利則國貧，不得賢則事不舉，均之二弊，事不舉者，所當先治也。

吏多而雜，不辦賢愚，且浪費府庫公帑，猶不得吏以治事，二者弊害，蘇轍認爲政事廢敗，是著手改進的第一要務。

宋朝有鑑於唐五代的藩鎮之亂，爲割斷官吏在地方形成龐大的勢力，進而坐大背叛，因此，官吏生於南方，必派任在北方；生在東方，必派任在西方；嶺南吳越的人，必使冒苦寒，踐霜雪以治燕趙之事；秦隴蜀漢的人，必使涉江湖，冲霧露以守揚越之地。熙寧元年（一〇六八）蘇轍三十歲時，兄弟離開眉州返京以後，迄至過世，兄弟不曾回過四川故里，就是一個鐵證。由於生活習俗差異，起居飲食不合，造成諸多不便，皆有快快不快之心，爲求五斗米而折腰，遷徙流離，心中苦處，豈常人所能體味了解的呢？蘇轍〈次韻張耒見寄〉：

我家初無負郭田，茅廬半破蜀江邊。生計長隨五斗米，飄搖不足風中煙。
茹蔬飯糗不願餘，茫茫海內無安居。此身長似伏轅馬，何日還爲縱壑魚。

蘇轍貶雷州，不習慣當地生活，吃不慣薰鼠、蝙蝠等腥膻之物，僅十天，就消瘦得「帽寬帶落驚僮僕。」蘇軾勸說要入鄉隨俗，適應當地生活，因爲「人言天下無正味，蝍蛆未遽賢麋鹿」。習慣就好了，蘇轍還告訴蘇軾，自己會妥善安排生活，迎合習慣，淡泊生活，「海夷旋覺似齊魯，山蕨仍堪當菽粟。」

蘇轍認爲天子宜拱手而爲，無爲而治。役使人臣縱馳而爲，各盡其能，各展其才，如水的就下而不止，因勢利導，不爲潰決而蕩然。〈君術策第五道〉：

「夫天下之人，馳而縱之，拱手而視其所爲，則其勢無所不至，其狀如長江大河，日夜渾渾趨於下而不能止。……故善水者，因其所入而導之，則其勢不至於激怒，坌湧而不可收。既激矣，又能徐徐而洩之，則其勢不至於破決蕩溢而不可止。」天子對於人臣的掌控役使，是用人的藝術，恩威並重，收放並行，使人臣分勞分憂，盡忠職守，如此，則天子不必勞神苦思，代下司職，役聰明的耳目，卻可享受「治大國，若烹小鮮」的帝王生活，是天子治理天下的大道，豈可廢棄不用！

五、賞罰予奪，天子之柄

自古以來，中國的歷代王朝專斷獨行，法令即朕，朕即法令，法既立於上，則官吏行於下，而賞罰施於人民。蘇轍《應詔集卷七臣事策上第二道》：

「天下者，天子之天下也，賞罰之柄，予奪之事，其出於天子。」而立法的目的，在求人民行為舉動有法令可循，以法令做為當罰的標準，〈刑賞忠厚之至論〉，論及立法的動機：

「古之君子立於天下，非有求勝於斯民也，為刑以待天下之罪戾，而唯恐民之入於其中以不能自出也，為賞以得天下之賢才，而唯恐天下之無賢而其賞之無以加之也。……罪疑者從輕，功疑者從重，皆順天下之所欲從。」

天子訂定刑賞的法令，並非顯現天子的威權，以取勝於人民，而是防範人民違法而不知自止，是以「刑罰」從事，以待其歸正。至於賢才的獎賞，其立法在避免錯誤的獎賞。因此，刑罰宜從輕，獎賞宜從重。對於天下罪惡突顯的人，「則日而不可解，不得已而用其刑」；知吾人之用刑，不是好殺人。對「朝廷無弱，鄉黨無義，不得已而受其賞」，然後知吾之不賞，而不是不欲人富貴了。

當時的法令是有缺失的，尤其是在施政方面，大臣不敢冒然有所作為。蘇轍在〈臣事策上第一道〉指出：「今世之弊，弊在於法太密，一舉足不如法令，法吏且以為言，而不問其意之所屬，是以雖天子之大臣，亦安敢有所為於法律之外以安天下之大事，故為天子之計，莫若少寬其法，使大臣得有所守，而不爲法之所奪。」是以蘇轍主張「法令寬簡，故其功易成；今法嚴於恤民，一切仰給於官，官不能盡辦，郡縣欲有所建，其功比舊實難。」〈齊州濼源石橋記〉應乎老子的「法令滋章，盜賊多有」的立論，法令過密，對人民吝於體恤，對官吏不能盡辦，反而不易發揮其應有的功能。

總之，做到「刑而無刑」，是儒家仁德的極致；做到可賞而賞，是誠信的實踐，使民樂爲善，而天子非忍人，才是「憲令著於官府，賞罰必於民心」的本意。蘇轍〈刑賞忠厚之至論〉：

> 聖人不然，以爲天下之人，不幸而有罪，可以刑，可以無刑，刑之而傷於仁。幸而有功，可以賞，可以無賞，賞而害於信。與其不屈吾法。孰若使民全其肌膚，保其首領而無憾於其上，與其名器之不僭，孰若惟其民樂得爲善之利，而無望望不足之愚。嗚呼，知其有可以與之道而不與，是亦志於殘民而已矣。

爲使賞罰做到公正公平的正義原則，蘇轍以爲「域中有三權：曰天，曰君，曰史官。聖人以此三權者制天下之是非，而使更相助。」〈史官助賞罰論〉俗話說：「人在做，天在看」，天是有意志而又秉持公正無私的施行刑賞，因而有「替天行道」的說辭。而史官的執行賞罰，就是將史實忠信無欺的記錄，使「亂臣賊子懼」的嚇阻作用，予後人有戒惕昭炯的自省，其影響久遠鉅大，勝於「天」、「君」的刑賞。蘇轍肯定史官的賞罰說：

> 盜拓、莊蹻橫行於天下，食人之肝以爲糧，而老死於牖下，不見兵革之禍。如是，則是天之權有時而有所不及也。故人君用其賞罰之權於天道所不及之間，以助爲治。

然而賞罰之於一時，猶懼其不能明著暴見於萬世之下，故君舉而屬之於其臣而名之曰史官。（同上）

因此，蘇轍提出天子治理天下之道，「可以理得，而不可以名推。」因爲治理天下，不取其形，但取其意。其道可以爲善，亦可以爲不善。爲什麼？道不是常道，因不是常道，不善從中產生了。所以君臣之間，要求和而不同：「上有寬厚之君，則下有守法之臣，上有急切之君，則下有名推之臣。足以交濟其所不足而彌縫其間。」也就是君臣在施政的推行，政務的處理，應該是互補而和諧，相濟而相成，這是最好的搭檔，完美無缺。

六、親近君子，斥遠小人

蘇轍認爲「冗吏」是宋朝財政窮用的重要因素之一，在神宗熙寧二年三月，曾有〈上神宗皇帝書〉：「近世以來，取人不由其官，士之來者無窮，而官有極限。於是兼守判知之法生，而官法始壞，浸淫分散，不復其舊，是以吏多於上，而士多於下，上下相窒。」由於官法既敗，官吏士人蜂擁來到，官職有限，奪權佔位者比比皆是。這種情況蘇轍的比喻是：「譬如決水於不流之澤，前者未盡，來者已至，填咽充滿，一陷於其中而不能出。」在僧多粥少的升遷中，不得不動作頻頻，「布衣之士多方以求官，已仕之吏多方以求進，下慕其上，後慕其前」，因此，「不愧作爲，不恥爭奪，禮義消亡，風俗敗壞，勢之窮極，遂至於此」。風俗敗壞，鮮能知恥，正是機變巧妙者，恥是用不著的，以至於無所不取，無所不為，大臣若此，則天下豈有不亂，國家豈有不亡的嗎？

因此，蘇轍認為「帝王之治，必先正風俗」，風俗既正，中人以下皆自勉以為善，風俗一敗，中人以上皆自棄而為愚。〈論台諫封事留中不出狀〉如此，「則臣下朋黨蕃殖，易以為非」，而社會風氣的「邪正盛衰」的源頭，就是於此開展的。

欲導正社會風氣，必分別君子和小人，親近君子，斥遠小人，則國家富有，人民安樂，蘇轍〈再論分別邪正劄子〉：

若使邪正並進，皆得與聞國事，此治亂之幾，而朝廷所以安危者也。……臣而不言誰當救其失者，謹復稽之古今，考之聖賢之格言，莫不謂親近君子，斥遠小人，則人主尊榮，國家安樂；疏外君子，進任小人，則人主憂辱，國家危殆。此理之必然，而非一人之私言也。

「誰當求其失者」，乃指天子而言，天子一人繫國家安危，社會治亂，人民貧富的關鍵。「若陛下，不察其實，大臣惑其邪說，遂使忠邪雜進於朝，以示廣大，無所不容之意，則冰炭同器，必至交爭，薰猶共器，人當遺臭，朝廷之患，自此始矣。」〈乞分別邪正劄子〉君子與小人，既是「冰炭同器」，「必至交爭」，交爭的勝負，君子必退，小人必勝，「朝廷之患，自此始矣」這是如水之就下，自然的道理。蘇轍再以易經做補充說明：「若聖人作易，內陽外陰，內君子外小人，則謂之泰；內陰外陽，內小人外君子，則謂之否。」易經的「否」「泰」二卦，說明於天子斥遠小人，親近君子，乃是自古以來治國的正道。因此，「小人雖才不可任以腹心」，若使「小人牧守四方，奔走安事，各隨所長」，做些不重要的雜務，遠離天子，免惑君心，這是朝廷用人的「至計」。

蘇轍再舉「孔子爲邦，則曰放鄭聲，遠佞人。子夏論舜之德，則曰舉皋陶則不仁者遠；論湯之德，則曰舉伊尹則不仁者遠。」至於三國時代諸葛亮的〈出師表〉，更是斬釘截鐵的道出天子以「親賢臣，遠小人，此先漢之所以興隆也；親小人，遠賢臣，此後漢之所以傾頹也。」鮮明的史實，昭戒天子的意圖極爲明顯，可惜「忠言逆耳」，天子依然固我，使得朝政頹廢不振，每況愈下。

在天子分別邪正，親君子，遠小人以後，再以「至誠」待人，行之不息，則是社稷之福，天下之幸，更是保國寧人的要術。〈三論分別邪正劄子〉：

臣聞聖人之德，莫如至誠，至誠之功，存於不息；有能推至誠之心而加以不息之久，則天地可動，金石可移，況於斯人，誰則不服？……苟存至誠不息之志，自是太平可久之功，此實社稷之福，天下之幸也。

第四節　君之視臣如手足，則臣視君如腹心

自有人類以來，以其智慧的開展，生活不斷的躍進，於是形成人群聚落，經營社會生活。人口愈集中，社會分化愈深刻，於是有明確的階級劃分，有些人從事生產行列中脫穎而出，不事勞動，以管理公共事務爲職業，而接受生產勞動者的供養。就身分而言，這是統治階層；就社會結構而言，就是

政府。孟子說：「勞心者治人，勞力者治於人；治於人者食人，治人者食於人」，這是對這種社會結構最貼切的說明。

一、古之聖人，制為君臣之分

勞心和勞力的階級劃分，只是由社會進入國家的雛形，人口愈多，事務愈雜，就不是天子一人所能管理，於是協助天子處於事務的人臣，應需要而產生。蘇轍《應詔集漢論》：「古之聖人，制爲君臣之分，天子以其一身，立乎天下之上，安受天下之奉己而不辭。」天子就是「治人者食於人」的階級統治者，而「天下之人，奇才壯士，爭出其力，自盡於天子之下，而無所逃遁。」天下人傑，何以爭先自盡於天子之下，無所逃避，君臣二者何爲如此？理由是：

「蓋古之人，君收天下之英雄，而不失其心，故天下皆爭歸之；而英雄之士，因其君之資，以用力於天下，功成求得而不敢背叛之操，故上下相守，而可以至於無窮。」〈漢論〉天子收英雄之道，使其心爭先歸之；且英雄之士得天子之資，而不背叛。君臣彼此相互需要，遂各得其位，各差其事，共同管理國家事務，俾使國家長治久安，做爲人民的依靠。但是天子的享國久遠或失國短促，究其原因：

「至其享國長久，如秦始皇帝，漢武帝，梁武帝，隨文帝，唐玄宗，皆以臨御久遠，（註三）循致大亂，或以失國，或僅能免其身。其故何也？人君之富，其倍于人者千萬也。膳服之厚，聲色之靡，所以賊其躬者多矣。朝夕於其間而無以御之，至於夭死者，勢也；幸而壽考，用物多而官民久，矜己自聖，輕蔑臣下，至於失國，宜也。〈三宗〉

蘇轍將失國的原因，歸諸於人君的奢侈浪費，沈緬聲色而不自制，進而人君不禮敬臣下，謂己爲賢，剛愎自用。失國，是必然之勢。

人君當起於憂患困厄的時候，知道賢人可用於排難，常是因時需要而勉強從之，予以高官厚祿；等到禍難弭平，國家無事，則人君安於佚樂，悅於諛佞，所以禍難的發生，不旋踵而至。《吳越春秋勾踐伐吳外傳十》：「范蠡自齊遺書文種曰：『蠡雖不才，明知進退；高鳥已散，良弓將藏；狡兔已盡，良犬就烹。』」道盡人君用臣的詭譎多端，猶今日常用的「秋後算帳」，君臣之間的關係，在於「利害」而已。

二、不可恃爵位之利，以為可以必致

宋初承五代之亂，天下學者凋喪，仕者益寡，雖有美才良士。猶溺於耕田養生之樂，不肯致力於官事。在仕人短缺時，至調富民爲官，實是用人一大弊病。等到天下平定，仕人漸顯尊容，勤勞勸誘，則朝廷有官額溢滿之患，於是立定官額，裁減進士人數，並「繩以苛法，抑以細過，使之久而不調，然後官吏歲以漸減。」《欒城集卷二十私試進士》從此數十歲以後，復將有缺乏仕人的禍害。因此，蘇轍認爲「能於其未然而預防之，故無憂。」過多過少，都是用人不當，天下要有「不絜不屑之士，不可恃爵祿之利，以爲可以必也。」要做到官吏的安置，進不爲冗員，退不爲乏人，這才是聖人治天下的深憂。而用人立法，不以緣故，要以「員闕相當」，不可藉無闕添人以爲擢才，量闕選才，才是合理。

天子如何選得良才美士以爲御用？蘇轍嘗舉齊桓公遊於郭，問郭公所以亡爲例：

其父老對曰：善善而惡惡。桓公曰：善善而惡惡，此賢君也，而何故亡？父老曰：善善而不能用，惡惡而不能去，此其所以亡也。蘇轍有感而發，「今陛下以臣言爲是而不用，以大臣爲非而必聽，臣竊惑之。」所以，蘇轍認爲「居其位而不任其事，任其事而不斷其是非者，古今未嘗有也。」天子治理國家，豈能是非不辨？以是爲非，以非爲是，好壞不分，國事豈能平治？

朝廷若是「兼容是非，以不事事爲安靜，以不別黑白爲寬大」，恰似以寬治民，然姦臣猾吏乘機以虐細民，造成「名雖近寬而其實則虐」的苛政，蘇轍觀察當時施政情況：

「臣伏見二年以來，民氣未和，天意未順，災沴薦至，非水即旱，淮南饑饉，人互相食。河北流移，道路不絕。京東困弊，盜賊群起。」〈因旱乞許群臣面對言事劄子〉

其時政治腐敗，天災人禍，人且相食，遷徙流離，盜賊多有，蘇轍以爲天子應承擔其責任，因天子居宮幃之中，「所與朝夕謀議者，上止於執政大臣，下止於諫官御史，不過數十人耳，其餘侍從近民，雖大官之長，皆不得進見，而況其遠者乎？」天子視聽壅塞，不知民間疾苦，原因是：「人主生於深宮，其聞天下事至爲鮮少，知其一不知其二，見其利不睹其害。人臣蒙上欺下，苛虐人民，行事不正，是以好利之臣，探其情而逢其意。因此，天子「須兼聽廣覽，然後能盡物情，而得事實。」欲改善進言廣大之路，只有「明降詔書，許百官面奉公事，上以盡群情之異同，下以闚人才之賢否。人心不壅，天道必從，則久旱之災，庶幾可息。」（同上）如蘇轍建言以行，就可實踐「天視自我民視，天聽自我民聽」的全民爲我視聽，「天子視聽既廣，則天下利害不難知也，士大夫心平而氣定，上不爲名所眩，下不爲利所怵者，類能知之」〈歷代論漢武帝〉天子明利害之實，人臣體公忠爲國，天地回應，災禍不行。人民豐衣足食，生活安樂，這是天子施政的最好績效。

三、君臣之間，相信如父子，相愛如兄弟

君臣之間，因有階級不同，貴賤之分，權利殊異的君上臣下的制度中，而有才學不等，賢愚不一的情況下，其間的關係，自然是對待而不是犬馬，是親愛而不是仇恨。蘇轍在〈君術第四道〉：

古者君臣之間，相信如父子，相愛如兄弟。朝廷之中，悠遊悅懌，歡然相得而無間。知無所不言，言無所不盡；開心平意，表裡洞達，終身而不見其隙。

古者係指明君賢臣相得益彰，濟濟一朝的時候，才有君臣和煦共事，如父子兄弟般的和睦相處。至於後世，就不是如此，「皆有猜防之憂，君不敢以其誠心致諸其臣，而臣亦不敢直己以行事。」君臣之間，各懷異志，設防猜疑，「二者相與齟齬而不相信，上下相顧，鰓鰓然而不能自安。」君臣彼此相互勾心鬥角，互不相通，「而尚何暇及於天下之利害？」導致「天下之事，每每擾敗而無所成就。……

……以爲其弊在於防禁之太深而督責之太急。」

事實如此，「人君之於天下，本非有情愛相屬，如父子兄弟之親也。上以其勢臨下，則下以其勢奉上，二者相持而行，不相悅則解，不相合則叛。」《應詔集卷十二御試制策》蘇轍以草木喻臣，以大地喻君王，草木依大地而生，確是相屬依賴的關係，「譬如草木之於地也，託之而生，判然二物也。有根則綢繆之交橫相入，而至於不可拔；及其不相入也，木槁於上而根不下屬，地確於下而氣不上接，一夫之力，可拔而取也。飄風暴雨，可披而離也。」（同上）由此觀之君臣之間的關係，極爲脆弱，維繫不易，稍有事故，立刻生變。

爲使君臣如水乳交融，相互共事，關鍵在於君王，「惟當任正道，求忠良，不可事事曲設，疑防慮方來之患也。若以智猜物，雖親見疑，至於疏遠，亦安能自保乎？人懷危懼，非爲安之理，此國家之深患也。」《欒城後集卷九歷代論三晉武帝》猜忌曲設，既是君臣之間的最大障礙，爲除去障礙，君王就必須做到：「推之以至誠，而御之以至威，容之以至寬，而待之以至易。」從容中道，這是聖人才做得到的。當天子以至誠待人臣，對人臣仍然有所管理監督，規範其行爲，責求其做事，蘇轍說：「古之聖人，至嚴而有所至寬，至易而有所至險，使天下有所易信而有所不可測，用之各當其處而不失節，是以天下畏其嚴而樂其寬。」〈君術第四道〉

寬嚴適中，唯才是用，用而得當，因人「材性不一，用其所長，事無不舉，強其所短，勢必不逮。」（欒城後集歐陽文忠公神道碑）最理想的君臣搭配，是相互扶持，相互濟短，〈君術策第三道〉：

「古者君臣之間，和而不同，上有寬厚之君，則下有守法之臣。上有急切之君，則下有名推之臣。剛柔相濟，各展所長，去其所短。」實現「立濟其所不足而彌縫其間」。反之，「君臣之風，上下如一而無相濟，是以天下苦於寬緩怠惰而不能自拔，此豈左右之大臣，務以順從上意爲悅，而豈亦天子自欲以爲好仁之美而不喜臣下之有所矯拂哉！」〈君術策第三道〉

君臣沆瀣一氣，曲陳臣意，乃天子不欲臣下的進盡忠言，君臣和睦的假象，此乃大臣未盡到輔君爲善而補君不足的大過。以至於「朝廷以不親細務爲高，以不察姦吏爲賢，……不拔有罪，郡縣靡然成風，儒者頽馳，權歸於吏，貪者縱恣，毒加於民，四方嗷嗷，幾於無告。」〈欒城集卷三十九轉對狀〉這是無道之君的作爲，也是朝政腐敗的肇端。

蘇轍於熙寧九年（一〇七六）〈自齊州回論時事書〉，對於當今的神宗皇帝有批評有建言，但神宗卻吝於改過，蘇轍說：

「陛下獨遲遲而不決，意者己爲之而已，廢之恐天下有以窺其深淺耶？」於是蘇轍引《論語・子張篇》：「君子之過，如日月之蝕焉，過也，人皆見之；更也，人皆仰之。」規勸神宗做到「上惡如棄塵垢，遷善如救饑渴。」蘇轍是針對當時雷厲風行的新法發表諍言。

四、愚君脅君是君子之所不忍

人君不能皆賢，君有不能而屬之大臣，是朝廷施政的王道，政事出於正道則成多敗少；若不出於正道，則成少敗多。不可不愼。況爲人臣，其爲臣之道，在於「因天下之治，以安其成功；因天下之亂，以濟其所不足。不誣治以爲亂，不援亂以爲治，援亂以爲治是愚其君也，誣治以爲亂是脅其君也。愚君脅君是君子之所不忍，而世俗之所儌幸也。」《欒城集卷十九新論上》是以人主之德在於知人，知人而善用，若己之有能，可以做到堯舜一樣的平治天下，若是自恃多才而自用，雖有賢臣無所復施，就僅能自立而已。

因此，人君治理天下，應培養重臣的威勢，使天下百官有所畏忌，而在國事緩急之間，能有所堅忍持重而不可奪取。如果畏忌大臣而使他人乘其隙，不在外戚，必在宦官，外戚宦官更相屠滅，至於外兵繼而內侵，國事危殆了。

人君治理天下，必須注意「天下之變，常服於其所偏重而不舉之處，故內重則爲內憂，外重則爲外患」。《欒城應詔集卷二唐論》蘇轍更進而說明內憂外患的原因：

「昔者聚兵京師，外無強臣，天下之事，皆制於內，當此之時，謂之內重。」至於外患，則是「古者諸侯大國，或數百里，兵民以戰，食足以守，而其權足以生殺，然後能使四夷，盜賊之患，不至於內，天子之大臣有所畏忌，而內患不作，當此之時，謂之外重。」（同上）是時諸侯割據，王命不行，甚而舉兵叛變，國且不保。是以內重的弊害在於「奸臣內擅而外無所忌，匹夫橫行於四海而莫之能禁，其亂不起於左右之大官，則生於山林小民之英雄。故天下之重，不可使專在內也。」（同上）而外重的弊害在於「諸侯擁兵，而內無以制。」由此得到治理天下的結論：「則天下之重，固不可使在內，而亦不可使在外也。」

「內重」、「外重」容易有「內憂」、「外患」的弊害，為除去內憂外患的弊害，蘇轍的解難辦法，主張：「古之君子專一而無侈心」，官吏在職，從一而終，避免五日京兆，遷調職務，「益治鳥獸，棄治稼穡，夔治鐘磬，羲和治曆，皆以聰明睿智之才而盡力於一物，終其身而不去。」《欒城集卷二十河南府進士策》接著指出當代的政事廢弛情況：「當此之時，天下之事無畢舉，今者四方既平，非有勤勞難治之政，而當世之務，每每廢墜而不理：蓋鐘律之不和，河之不循道，此一二事者，百有餘年而莫有能辨之者，是豈非務於速進而恥於一物自盡之過歟？」（同上）朝廷官吏「老於小官，終身而不厭」，則能認眞負責，做好自己的工作，心無旁騖，而能百廢俱興，朝廷施政必無遺策，提高推行政策的績效。然就事實論之，蘇轍主張「一官定終身」，利弊有待商榷。

其次，蘇轍對於特使制度，亦不贊同，〈制置三司條司論事狀〉：「國家養材如林，治民之吏棋布，海內興利除害，豈待他人」，既然栽培諸多人材，官吏人數衆多，以此處理事務已經足夠，不須另派特使，因另派特使，徒增地方官吏困擾：「今始有事，輒特遣使，使者一出，人人不安，能者嫌使者之侵其官；不能者畏使者之議其短。客主相忌，情有不通，利害相加，事多失實。」而於特使自身，心態亦有可議：「使者既知朝廷方欲造事，必謂功效可以立成，人懷此心，誰肯徒返為國生事，漸不可知。」如此，特使並不能發揮特使功能，達成任務，而「徒使官有送迎供饋之煩，民受更張勞擾之弊，得不償失。」所以解決之道，蘇轍認為勢便衆安，莫若責求職司治民，雖有賢不肖的顧慮，稍加選擇，足以有爲，「是以古之賢君聞選用職司以責成功，未聞遣使以代司治事者也。」

至於台諫一職，蘇轍兄弟識見一致，非常重視，蘇轍在〈論台諫事留中行狀〉，指出台諫的用事及其功能：「即諫者不過二事，言當則行，不當則黜，其所上封事，除事干機密，人所當獨聞，須至留中外，並須降出行遣。上所以正朝廷之紀綱，使無廢職業；下所以全人臣之名節，使無負公議。若當而不黜，則上下苟且，廉恥道廢，風俗衰陋，國將從之。」台諫猶今日的監察委員，對於朝廷官員行爲，有糾正彈核薦舉貶降的權力，振朝綱，厲風氣，揚名節，除邪惡，功能既彰，則國家政治清明，享國久遠；功能不彰，則國家政治敗壞，享國日淺。對於國家命脈，至關重要。

蘇轍文集卷二十五〈上神宗皇帝書〉，述及宋太祖建隆以來，對於台諫的優渥與尊重：

「觀其委任台諫之一端，則是聖人過防之至計。……而自建隆以來，未嘗罪一言者，縱有薄責，旋即超升，許以風聞，而無官長，風采所系，不聞尊卑，言及乘輿，則天子改容；事關郎廟，則宰相待罪。故仁宗之世，議者譏宰相，但奉行台諫而已。」台諫的糾彈，天子丞相均爲聳動，大義凜然，令人敬畏，此乃「聖人深意，流俗豈知？蓋擢用台諫固不能皆賢，所言亦未必皆是，然須養其銳氣，借其重權者，豈待然哉！將折姦臣之萌而救內重之弊也。」

總而言之，台諫官員的特徵，歸納有三：一是舉劾論奏的主要對象是人，而不是事。二是台諫官員爲達到罷免大臣的目的，先反覆上章彈奏，稍不如意，則「家居待罪，以辭職相要挾，直至從之乃已。」如英宗治平的濮議之爭。（註四）三是台諫官員在論奏時，動輒採取聯合一致的行動，一旦有目標，則群起攻之，不達目的決不罷休——病態的政治性格，爲北宋黨爭創造適宜的氣氛。

至於台諫官員的擢用，其經歷之規定，須實歷通判一年。由於得才不易，蘇轍提議宜放寬任用資格，以免員額久闕不補，造成閒置而功能不彰。〈用論舉告台官箚子〉：

諫官御史並用，實歷通判一年，則無分別。今來人才難得之際，若台官獨拘苛法，必至闕官。況自立法以來，前後本台及兩制官，並不曾舉到實歷通判可用一人。……足見此法難以久行。……免至言事之官，久闕不補，於體不便。

第五節　強練明達，嫻熟制度

一、提高三省行政效率

宋朝官制，因襲唐代舊法，布列三省，使出入相鉤較，文理密察，得古代遺法。但當時施行不當，效率不彰，蘇轍認爲「參考之意未見，而迂滯之害先見，見今三省文書節次留礙，此官制未行以前，頗覺其弊。」若能「略加疏理，務令清通簡變。」〈論三省事多留滯狀〉，蘇轍提出改進條件如後：「凡事都是中書取旨，門下覆奏，尙書施行」，這是愼重的處理。如果是國家大事及事已成者，依照辦理是可行的。若是日常小事以及正在研議的事，都是依此辦理，就有迂緩的弊端。所謂日常小事，例如百官給假，有司請給器用之類。所謂研議的事，就是臣僚陳情興革廢置，朝廷未究本末，欲行勘當之類。至於批狀每有一事，輒經三省謄寫，勞苦過多，勘當既上，小有差誤，重復施行，又經三省循環往復，無由了絕。又有疆埸歲車，河防要切，一切都依如此辦理，要求速辦不可得。因此，蘇轍以爲「復批狀之法，以使日生小事及事之方議者，惟國之大事者及小事之已成者，然後歷三省，則事之去者過半矣。」〈論三省事多留滯狀〉爲減輕三省的工作量，提高速辦流程，「國家大事及事已成者」必經三省的「取入」「覆奏」「施行」，其餘則不必，而恢復批狀之法，行政效率自然提高。

二、戶部復三司，以健全組織

戶部體制既殊，利害相遠，若合隨事措置，以塞弊原，恐有弊害發生：一是分河渠案以爲都水監。二是分胄案以爲軍器監。三是分修造案以爲將作監。以上三監皆隸屬工部，那麼戶部的管轄縮小，所剩無幾，而出納損益，制在他司。最近司馬光秉政，知其爲害，遂收攬諸司利權回歸戶部，用意頗善，但當時所收，不得其要，因此，三案之事猶爲諸司所擅，殊爲可惜。應將其正本清源，回歸設立戶部基本面，才能使戶部發揮應有的功能。

三、擢才濟用，不得緣故

官吏出闕，員額補人，必有除授辦法，以免人情世故，以致用人欠當。〈論堂除太憲劄子〉：

近歲監司以上員數，至多而猥，更擢人以至衍益，所擢未必勝舊，徒使監司闕額不足，以應副來者而已。至於知州以下舊人未減，新人日增，蓋由干謁成風，除授無法，雖稱以才擢用，其實未免緣故。」蘇轍堂除新進人員，必具「功譽顯著，然後得差」，因爲用人之法，但求「員額相當，未聞無閑添人，謂之權才濟用者也。

四、徭役差役及保甲法

天子治理國事，有朝廷事務，有地方事務。地方事務比朝廷事務更爲複雜瑣細，確是天子日理萬機，鞭長不及之處。是以委諸地方官長代天子行使職權，由於事務繁重，千頭萬緒，細如秋毫，掌管不易。但是地方事務是朝廷施政基礎，基礎不堪，則國本動搖，敗亡無日。蘇轍嘗從地方事務，對於地方事務甚是嫻熟，尤其是徭役、免役、差役等地方治安組織與民力運用，有其慧眼識見，詳述如後：

㈠**徭役**，古代力役之征，議論多方，莫衷一是，蘇轍在〈制置三司條例司論事狀〉：

「徭役之事，議者甚多，或欲使鄉戶助錢，而官員自雇人；或欲使城郭等第之民與鄉戶均役；或欲使品官之家與齊民並事，此三者皆見其利不見其害者也。」

役人不可不用，而鄉戶及士人有四者，不可不用，「鄉戶是一鄉中有恆產者之稱」《宋史食貨志》：固其無逃亡的憂患，且樸魯少作，無欺謾的憂慮，現在捨此不用，而用浮浪不根之人，蘇轍憂心「掌財者必有盜用之姦，捕盜者必有竄逸之弊。」

況且雇人捕盜，其弊立見，「盜賊縱橫必自此始」，因雇人捕盜，雇人相繼逃亡，鄉戶猶能扛起責任。若另立庸錢，以備官雇，鄉戶舊法革去無餘，雇人責任，官所自任。蘇轍提出解決徭役困難方法，其時天下郡縣上戶則便，下戶實難，顛倒失宜，未見其可。「蓋見今諸路，每年所以坊場、河渡錢，共計四百二十餘萬貫，所費只用所入三分之一。縱使所費亦不過所入之半，而免卻民間衙前最重之役，其爲利民，不言可見。」〈乞令戶部役法所會議狀〉

當時人民納錢免役，以爲終身免役，不必擔任徭役。所謂免役，就是免除徭役。宋眞宗治平年間，以舊役法病民，詔制置條例司講立役法，凡常役者，得依役之輕重，民之貧富，分別等第，出錢入官，雇役自代，己身即得免役，其所出錢名免役《宋史食貨志》雖納錢免役，但是捕盜則爲耆長、壯丁，催稅則爲戶長、里正，巡防則爲巡兵、弓手一人而服三役，人民的痛苦，將何以堪？而使地方治安更加惡化，因爲「巡兵弓手也，一保甲之中，丁壯既出，老弱守分，盜賊乘間如入無人之境，而其上番之期，又不過旬日，坐作進退，未能知也。代者既至，相率而反，往來道路，勞弊何益？至使盜賊縱橫，官吏蒙責，嘯衆群黨，攻剽州縣，未必不由此也。」〈自齊州回論時事書〉：「丁壯充役，老弱守分」，盜賊橫行，家園不守。此乃罷免役，行差役之弊。

至於充役的市井小人，家力既不富厚。生長習見官司，官吏雖欲侵漁，無所措手。但耕稼農民，性如麋鹿，一見官吏，已自害怕，且家有田業，官吏若不廉潔，誰不動心？而民被差役之苦，如遭寇虜。爲解決上述弊端，蘇轍提出方法是「應系自前約束官吏侵擾役人條貫……令一切如舊出榜州縣，使民知之。仍常督察，有犯不赦。」（同上）監司長吏應負大責，「有犯不覺察，致因事發露者，重其坐。庶幾民被差役之利，而無差役之害。」（同上）

㈡**差役**，宋代課役之法。「據唐宣宗大中九年，詔以州縣差役不均，自今每縣據人貧富及役輕重，作差科簿。國初循舊制，衙前以主管、里正（里長）、戶長、鄉書手以課督賦稅，耆長、弓手（善射箭之官，役捕盜）、壯丁以逐捕盜賊，承符人力、手力、散從官以奔走驅使。太宗太平興國三年（九七八），京西轉運使程能上言，諸州戶供官役，素無等第，望品定爲九等著於籍以上四等，量輕重給役，餘五等免之，後有貧富隨所升降，望人之本路施行，俟稍便宜，即領於天下，詔令轉運使躬裁定之。」《文獻通考職役考》

差役既然行之久遠，在當時卻出現諸多弊端，蘇轍〈三論差役事狀〉：

「近日諸縣曹吏有因差役致富，小民被差充役，初參上下，費錢有一二十千者。州縣官吏亦有以舊雇，役人慣熟，多方陵虐，所差之人，必令出錢，作情願雇募，又有以新差役人，拙野退換，別差必得慣熟，如意而後止者。」而官吏貪婪者衆，是以民被其害，如遭湯火。就觀察得知：改雇役爲差役，實得當今除弊之要，若差役之弊不除，其害人未必減於免役。蘇轍有見於此，對於推行差役舊法而騷擾百姓，敗壞良法，其人可誅，遂有〈乞罷蔡京開封府狀〉、〈乞罷章惇知樞密院事狀〉等，認爲蔡京、蔡朦、章惇等人破壞差役法，害於聖政，予以罷除。

蘇轍在〈論差役五事〉中，指出熙寧之前，差役的勞苦，最爲人詬病者有科犯、科配是按戶口田畝或區域，責令人民攤派臨時稅捐《宋史食貨志》，有散從弓手、手力等役人接送的勞苦。而爲免除衙前之害，遂創立免役法，「勾收、坊場，官自出賣，以免役錢雇役名人，以坊場錢爲重難酬獎及召募官員軍員押綱，自是天下不復知有衙門之患。」〈論差役五事〉，坊場，政府所設立市場，「元祐元年，侍御史劉懿言：今天下坊場，官收而官賣之，歲可緡錢，無慮數百萬。」《宋史食貨志》，坊場是商稅酒稅所出之處，陸游〈村居書喜詩〉：「坊場酒賤貧猶醉，原野泥深老亦耕。」然其時有苦於免役法者，乃是莊農之家，歲出役錢不易及出賣坊場，許人添價，爭剗，至送納不前的缺失。爲紓困免役法之缺失，蘇轍以爲「官自出賣坊場一事，自可了卻衙前色役有餘，其餘役人且依舊法，則天下之利，較然無礙。」〈論差役五事狀〉

宋朝保甲的設置，始於仁宗，其時在河北、河東初置義勇，至英宗時，及推行其法漸及陝西，以上諸地皆因接近胡羌，有守御防備的需要。每歲冬教一月，民雖以爲勞苦，而邊防之計有不得已。熙寧中，更置保甲，使京畿三路之民，日夜教習。其弊叢生，「民始嫁母贅子，斷壞支體，以求免丁，及其既成，子弟挾縣官之勢，以邀其父兄，擅弓劍之技，以暴其鄉黨，至今河朔京東之盜，皆保甲之餘。」〈民敘賦〉後來神宗、哲宗臨朝，知其不便，率皆罷去，民得歸秉耒耜，盜賊因此衰息。

蘇轍對於保甲員額的招訓，自有見解：「臣願取三十萬貫爲招軍例物，選文武臣僚有才幹者一二人，分往河北，逐路於保甲中，招其強勇精悍者爲禁軍，隨其人才，以定軍分，本州無闕，則自近及遠，或押上京，不過一二萬人，則河北豪傑略盡矣。」〈乞招河北保甲克役以消盜賊狀〉至於武藝絕倫的人，以前用來補班，押赴朝廷試驗得實，就用以補內六班之闕，或補本貫及鄰近闕額軍官。同時，嚴賜指揮候了日當遣人覆接，有不如法，重坐官吏，蘇轍主張保甲法可用，前提是寓兵於農，漸漸減少禁軍員額，以節省公帑。

五、整治黃河水患

蘇轍任職右司諫時，對於水利、人民、國家三者相互的關連性，在〈制置三司條例司論事狀〉中，有精闢的闡釋，目睹「天下水利雖有未興，然民之勞佚不同，國之貧富不等；因民之佚，而用國之富，以興水利，則其利可待。」反之，如果「因民之勞，而乘國之貧，以興水利，則其害先見。」因此，確實明白「生民之勞役與國用之貧富」，則水利的廢興，就不言而喻了。

其時，特派使者以求知水利情況，蘇轍認爲難得眞象，是荒繆的作法，理由是「事起無漸，人不素講，未知水利之所在」，使者乃臨時差遣，缺乏對水利的認知和經驗，是以「使者所至，必將求之官吏，官吏有不知者；有知而不告者，有實而無可告者。不得於官吏，必求於民，不得於民，其事將求於中野興事。」（同上）使者因「不在其位，不謀其政」的前提下，對於水利是毫無所悉，是以乞罷河司之議。

黃河是中國的母親，是中原文化的發源地。自古以來，水患頻仍，重創人民，傷害至深。〈送轉運判官李公恕還朝〉：

黃河東注竭昆侖，鉅野橫流入州縣。民事蕭條委濁流，扁舟出入隨奔電。

蘇轍有〈論黃河東流劄子〉，以歷史的史實來驗證：「大河行流，自來東西移徙，皆有常理。蓋河水重濁，所至輒淤，淤填既高，必就下而決。」水患的原因，說得透徹。接著，又以「往事驗之：（黃河）皆東行至太山麓，則決而西行，歷行至西山之麓，則決而東。向者天禧之中，河至太山決而西，於今僅八十年矣。自是以來，避高就下，至今屢決；始決天台，次決龍門，次決王楚，次決橫隴，次決商胡。」（同上）黃河潰決次數之多，令人憂心，而每次河決，朝廷態度又是如何？「及元豐之中，決於大吳。每其始決，朝廷多談閉塞，令復行故道，故道既高，復行不久，輒又衝決，要之水性潤下，導之下流，河乃得安。」（同上）治河的根本道理，在於疏導，不在於故道閉塞。何以河行故道不可？原因是「故道一帶，堤內直高一丈上下，而堤外直高二丈有餘，架水行空，最爲危事。……自來河決，必是下流淤高，上流不快，然後乃決。」（同上）河床高過堤岸，架水行空，水患自然到來。蘇轍〈和子瞻自徐州移湖〉：「我昔去彭城，明日洪流至。不見五斗泥，但見二竿水。」水患禍害至深，「農畝分沉埋，城門遭板築。」

朝廷不能坐視水患不治，治水方案，應時而起，「有黃河西流議復故道，事之經歲，役兵二萬人，萬聚梢樁等物三千餘萬，方河朔災傷困弊之餘，而興必不可成之功，使民竊觀，勞苦已甚。」〈論開孫村河札子〉眞是勞民傷財，於事無補。又有議者，「固執開河分水之策，雖權罷大役，而兵工小役竟未肯休。如此，則河北來年之憂，亦與今年何異？今者小吳決口，入地已深，而孫村所開，丈尺有餘，不獨不能回河，亦不能分水。」（同上）蘇轍對於黃河水性，有過人的見解，「急則通流，緩則淤淀，既無東西皆急之勢，安有兩河並行之理？」（同上）主張分水之策者，有三種理由：一是御河堙滅，失饋遠之利。二是恩冀以北，漲水爲害，公私損稅。三是河徙無常，萬一自北界入海，邊防失備。蘇轍以爲萬萬行不得，因爲河決西流，勢如建瓴；引之復東，勢如登屋。所以上述三項議論，皆未必然。並有具體詳細的駁辯：㈠是御河堙滅已一、二百里，無由復見，御河之說不足聽。㈡是河水在西，遠爲堤防，不與之爭。比之故道歲省，兵夫稍芟，其數其廣，故道已退之地，桑府千里，稅完得利，不貲安用？逆天地之性，移西流之憂，爲東流之患，此恩冀以此漲水爲害之說，不足聽。㈢是虜中諸河，自北南注，以入於海。地形是北高，河流沒有遷徙的道理，而海口深浚，勢無徙移，則知河入虜界，邊防失備之說，不足聽。蘇轍提出解決水患的對策：

「急命有司，且徐觀水勢所向，依累年漲水舊例，因其東溢引入故道，以舒北京朝夕之憂，故道堤防壞缺之處，略加修完，免其決溢而已。」〈論黃河必非東決箚子〉強調必須以經驗原則爲基礎，累年觀察漲水情況，再順水流東溢，引進故道。同時堤防缺處修完，水患可除，而北京之憂可去。「至於開河進約等事，一切不得興功，仍不許奏，辟官吏，調發夫役，候河勢稍定，然後議之。」如此，不過一月之後，漲水自落，而西流之勢，決無移理，是以各種議河的論見，不攻自破。

治河之策，除水患之患外，還有行政缺失，人謀不臧的弊端，原本河夫差役，改爲雇夫，改變原因是「曹村非常之例」遂爲「諸路永久之法」，這是一大錯誤的決策，而都水使者吳安持等因緣朝旨，造成弊政。民間付雇夫納錢，負擔過重，苦不堪言。蘇轍〈論雇河夫不便札子〉對雇夫有詳細的記敘：「七百里以上不滿七百里，每夫納錢二百五十文者，七百里至一千里以上，每夫日納錢三百文省，團頭倍之，甲頭火長之類，增三分之一，仍限一月，過限信納。是歲東京一路，差夫一萬六千餘人，爲錢二十五萬六千餘貫。因此，民間見錢幾至一空，差人搬運累歲不絕。推之他路，概可見矣。」百姓膏血，豈可輕用？

京東轉運使范鍔，支持蘇轍的識見，論雇河夫的不便，乃針對吳安持等方略變法，於是罷團頭，火長倍出雇夫錢。又得到工部的支持，罰錢立限至六月以前，稍減苦虐。蘇轍建議，民間出雇夫錢，不論遠近，一例只出二百三十文省，如此，可解民間倒懸之苦。

至於吳安持、李偉都水監差役，因其欺罔之罪，皆令罷去。〈乞罷修河司札子〉同時，乞求「特選骨鯁臣僚及左右親信，往河北計會逐處安撫，轉運提刑州縣及北外監承司官同共踏行，詳具圖錄，開述利害。」蘇轍講求腳踏實地的做法，先決條件是重用人才，落實記錄。其終極目標是「役使所貴，河朔及鄰路兵民早獲休息，國家財富不至枉費，有豐足之漸，則天下幸甚，天下幸甚！」〈論黃河東流箚子〉

第六節　蘇轍政治思想述評

縱觀蘇轍仕宦生涯，自嘉祐五年（一〇六〇）二十二歲在京參加應制舉，次年於於崇政殿仁宗皇帝御試，賢良方政，能直言極諫科策四等次，步上從政仕宦的門檻。迄英宗治平二年（一〇六五）二十七歲任大名府推官始，至神宗元豐七年（一〇八四）改績溪令，計二十五年，只任地方輔佐官吏，並無政績可言。哲宗元祐元年（一〇八六）四八歲，回京除右司諫，擢起居郎，中書舍人、戶部侍郎，翰林學士、知制誥，摺吏部尚書，御史中丞，並奉使契丹，短短五年期間，青雲直上，最爲風光，施展抱負，忠於職守。徽宗紹聖元年以後（一〇九四）復貶知汝州，再貶袁州、筠州，遷循州，徙永州、岳州，元符三年（一一〇一）六十二歲，退居潁昌，不再復出。其時政治迫害極爲嚴苛，蘇轍只有遠離京畿近地，以免除迫害。「索居非謫地，垂老更窮途。去住看人意，幽憂懶我無。」（索居）蘇轍的垂垂老矣，臉上的驚恐怖懼之情，躍然在詩中，令人唏噓！

一、為政家法

蘇轍〈徑進東坡文集事略〉：「爲政亦然，見得未破，不要下手，俟了了而後行，無有錯也」，蘇轍以此言爲爲政家法。嘉祐五年蘇轍在京參加應制科，呈交楊畋〈進論〉、〈進策〉各二十五篇，上兩制書：「今年春，天子將求直言之士，而轍適來調官京師。舍人楊公不知其不肖，取其鄙野之文五十篇而薦之，俾與明詔之末。」二十五篇〈進論〉，分爲三大部分，一是上自三王而下至五代的歷代論十二篇，多借古諷今之作，具有強烈的現實對照性；二是論周公、五經和老聃的文章共八篇，是針對儒道兩家觀點論述，對中國文化影響深遠；三是五篇論蜀、北狄、西戎、西南夷、燕趙的文章，是研究民風和民族問題的資料。而二十五篇〈進策〉亦分爲三大部分；一是君術策五篇，研究君王如何才能「明於天下之情而後得御天下之術；二是臣事策十篇，探討君王如何進用文臣武將，各盡其才；三是民政策十篇，探討宋代科舉，兵制、田制、勞役等與民政有關的問題。

蘇轍提出〈進論〉、〈進策〉計五十篇，探討問題深入，觀點純正，雖直斥仁宗施政的偏頗，自以爲鄙直樸拙之人，但仁宗仍許爲直言之士，並不擯棄。這些理論，對元祐朝政，多被接納實施，影響很大。（註五）在〈上曾（公亮）參政書〉：「轍，西蜀之匹夫，往年偶以進士得一命之爵，今將爲吏崤澠之間，閑居無事，聞天子舉直言之士，而世之君子以其山林樸野之人，不知朝廷之忌諱，其中無所隱蔽，故以應詔。」蘇轍在政治上的成就，過於蘇軾，是做到「見得未破，不要下手，俟了了而後行」的家法，斑斑可考。

熙寧二年（一〇六九）二月〈上神宗皇帝書〉論治國有先後秩序，〈上皇帝書〉主張去「三冗」，（註六）神宗批付中書：「詳觀疏意，知轍潛心當世之務，頗得其要。鬱鬱下僚，使無所伸，誠亦可惜。」〈孫汝聽潁濱年表〉神宗雖有「誠亦可惜」，但終神宗之朝，仍是「鬱鬱下僚，使無所伸。」

《欒城集跋語》：「見公入朝之始，揆事中遠，如漢賈誼，議河流邊事茶役法，分別君子小人之黨，反復利害，深入骨髓，竊比之陸宣公贄。」對蘇轍稱許有加。以爲兼具賈誼陸贄的長處，洵非溢美之辭，張耒說：「其平生見人多矣，惟見蘇循州不曾忙。……雖事變紛紜至前，而舉止安徐，若有

處置。」《明道雜誌》

二、聖人以禮御物

在《論語・先進篇》，有子路、曾晳、冉有、公西華侍坐的記載，孔子問及如何治國？在子路等人各自暢談治國理念以後，子路、冉有、公西華三人先行走開，曾晳最後，遂問孔子，何以笑子路，孔子回答：「爲國以禮，其言不讓，是故哂之。」至於爲政篇孔子以爲「生，事之以禮；死，葬之以理，祭之以禮。」乃孔子用禮以節制人情；正心，終結行爲的規範。而泰伯篇出「恭、愼、勇、直」雖是內在的美德，及其表露於外，而不得其正，不以禮約束，則失其美而反爲不堪了。所以，荀況以爲「禮是外在行爲的強制執行，透過禮的活用，上至治國，通於自然之時序；下至修身齊家，達於精微之瑣事，皆因禮而治之。」《拙著荀子政治思想研究頁九四》蘇轍〈私試進士策問〉：「三代聖人以禮樂治天下，動容貌，出詞氣，逡巡廟堂之上，而諸侯承德，四夷向風，何其盛哉！」由於禮的維繫，君臣之間，秩序井然，國家得治，而四夷靡然狥從，以禮治國的成效。所以禮是儒家治國的核心，治辨之極，強國之本，功名之總。不以禮治國，則國亡之；不以禮治身，則身亡。蘇轍在〈禮以養人爲本論〉：

今夫冠禮，所以養人之始，而歸之正也；婚禮，所以養人之親，而尊其祖也；喪禮，所以養人之孝，而爲之節也；祭禮，所以養人之終，而接於無窮也；賓客之禮，所以養人之交，而愼其瀆也，鄉禮，所以養人之本，而教之以孝悌也。

蘇轍將論語的「生事之以禮，死，葬之以禮，祭之以禮」的理念，詳盡的闡述，並於日常生活中，透過禮的實踐，做爲百姓所恃而得養，反之，則百姓失恃而不得養。所以蘇轍有著正確的結論：「故古之聖人，不用財，不施惠，立禮於天下，而匹夫匹婦莫不自得於閭閻之中，而無所匱乏，此所謂知本者也。」知本者，就是知道禮是立國之本，然而，蘇轍的禮論，乃得之於孔子，在〈歷代論王衍〉：「聖人之所以御物者三道：道一也，禮二也，刑三也。……蓋曰：君子上達，小人下達，君子由禮以達其道，而小人由禮以達其器。由禮以達道，則自得而不眩；由禮以達器，則有守而不狂，此孔子之所以寡言道而言禮也。若其下者視之，以禮而不格，然後待之以刑辟三者具，而聖人之所以御物者盡矣。」雖然御天下者有三：禮、刑、道。刑道皆繫之以禮。此乃不刊的論。論語爲政：「道之以政，齊之以刑，民免而無恥。道之以德，齊之以禮，有恥且格。」正是德治勝於法治的最佳寫照。

三、聖人之為天下，不務逆人之心

孔子與弟子論行己處世之道，最重仁字。仁者從二人，猶言多人以恩情相處。人生不能不與多人相處，自其內在而言，則人與人相處所共有之同情曰仁心。自其外在而言，則人與人相處所公行的大道曰仁道。凡能具仁心而行道者曰仁人。施之於政，曰仁政。蘇轍是仁政的實踐者，在〈臣事策下四〉有言：「聖人之爲天下，不務逆人之心。人心之所向，因而順之；人心之所去，因而廢之。故天下樂從其所爲。」就近代民主政治的趨勢，以民意爲依歸，人民是頭家，民心的向背，民意的堅持，決定國家的命運。因此，《大學》有云：「民之所好好之，民之所惡惡之，此之謂民之父母。」說明君王治理天下的基本綱領，順從民意，不逆人心，是古今施政的不變的基調。《論語．雍也》有子貢與孔子的對話：

子貢曰：「如有博施於民而能濟衆，何如？可謂仁乎？」

子曰：「何事於仁？必也聖乎！堯舜其猶病諸！夫仁者己欲立而立人，己欲達而達人，能近取譬，可謂仁之方也已。」

「博施濟衆」是仁政實踐的具體目標，唯聖人治天下唯能之。其實就仁字而言，人心不能無好惡，且好惡並不相遠。若但知己之好惡，不知人之好惡，是自私之徒，不仁之人。以我的好惡，推知他人同我的好惡，是仁人。試觀不仁的人，徒求滿足一己的好惡，而不知他人的好惡，爲求滿足一己的好惡，其勢不能不有求於他人，有求他人的緣故，遂不敢將一己的好惡，示之於人，而務外爲虛詐以求媚於人，窮究其極，人受其害，己無其利，故不仁者，人己的好惡兩失。反之，同理推論，則仁者人己的好惡兩得。故仁者人我之見不敵好惡之情，不仁者好惡之情不敵其人我之見。蘇轍〈進策、民政上第三道〉：

臣聞聖人將有以奪之，必有以予之；將有以正之，必有以柔之。納之於正而無傷其心，去其邪僻而無絕其不忍之意。有所矯拂天下，大變其命，而天下不知其爲變也。釋然而順，油然而化，無所齟齬，而天下逆至於大正矣。

君王治理天下，予奪的分際，柔正的引導，皆因自然而爲，矯拂而化，這是積極的行仁，利於天下而行，利於百姓而行。故克伐怨欲不行，苦心潔身之士，孔子不取。不如因己之欲，推以知人之欲。即己之不欲，推以知人之不欲，絜矩取事不難，而仁德已至。絕己之欲，而不能通天下之志，非所以行仁。仁者乃自然之體，孔子謂之「安仁」，智者知仁爲美，故利而行之，孔子謂之「知仁」。此聖人治天下，不可須臾分離。孔子論爲政之本，欲去兵去食而存信，曰：「自古皆有死，民無信不立。」因爲仁者具有眞性情，眞性情出於內心的眞誠，內心的眞誠，就是仁心的體現了。

四、君子學道則愛人，小人學道則易使

百官、士大夫「君子」「小人」並存各自有黨，互不相容，是攸關北宋朝政盛衰的要點，就史實而言，從堯治天下，即有朋黨的存在，堯斥退共工等四凶，進用伯奮等八元八凱天下平治。歷代都有朋黨的競爭。迄至唐代後期，自唐文宗至唐宣宗，垂四十年間，朱李二黨的相互排斥，官僚士大夫或懼朋黨之名而避開，或用朋黨之名加諸對方。《全唐文·卷七〇九》：「今之朋黨者，皆依倚倖臣，誣諂君子，鼓天下以養交游，竊儒家之術以資大盜（倖臣）。」在李德裕、李宗閔各有朋黨，互相擠援，使唐文宗感歎：「去河北（藩鎮）誠易，去朝廷朋黨難」，朋黨已是朝廷施政棘手的難題了。

北宋的士大夫力矯從前君子無黨的觀念，而提出君子有黨的新見解，最早撰文提出的是宋初眞史館的王禹稱。《小畜集》卷十五：

「君子常不勝於小人，是以理少而亂多也。夫君子直，小人諛，諛則順旨，直則逆耳，人君惡逆而好順，故小人道長，君子道消也。」

「君子」、「小人」各有朋黨，且君子因直而逆耳，故道消；小人則諛而好順，故道長，君子、小人的勝負，已是昭然易判。其後歐陽修〈朋黨論〉，抒論最爲周備：

大凡君子與君子以同道爲朋，小人與小人以同利爲朋，此自然天理。然臣謂小人無朋，惟君子則有之，其故何哉？小人所爲者利祿也，所貪者財貨也，當其同利之時，暫相黨引以爲朋者，僞也。及其見利而爭先，或利盡則交疏，則互相殘害，雖其兄弟親戚不能相保，故臣謂之無朋，其暫爲朋者，僞也。君子則不然，所守者道義，所行者忠信，所惜者名節，以之修身，則同道而相益，以之事國，則同心而共濟，始終如一，此君子之朋也。

歐陽修指出君子與小人自結爲朋黨，是自然之理，換言之，君子小人是不可能交差爲朋黨，因其存念的不同而難與結黨，而「同道」與「同利」遂成爲君子小人的分辨準則，與孔子「君子喻於義，小人喻於利」的說法，不謀而合。而小人的結黨僞也，暫引爲黨，是歐陽與衆不同的卓識，別具慧眼。

蘇轍更進而指出君王應分辨邪正而用人，宜親近君子，斥遠小人。〈潁濱遺老傳下〉：

莫不謂親近君子，斥遠小人，則人主尊榮，國家安樂。疏外君子，進任小人，則人主憂辱，國家危殆，此理之必然，非一人之私言也。

蘇轍明白用人政策的重要性，關係著國事治亂之幾，朝廷的安危。若從周易的泰卦卦象研判：「

方泰之時，外安小人，使無失其所，則天下之安，未有艾也。惟恐君子在位，因勢陵暴，小人使之在外而不安，則勢將必至於反覆。」如果小人之於內，譬如怕盜賊劫財，卻又引至寢室；知道虎豹愛吃肉，而用虎豹去牧守牛羊，這是自欺欺人的事，誰會去做呢？況且君子小人，勢同冰炭，同處必爭，本義是君子在朝，小人在野，因其在朝唯求義，不求俗民之利，以免有風行草偃的仿效。君子小人的區別，傳統的內涵是淵源於《論語．里仁篇》：「君子喻於義，小人喻於利」的義利之辨，但在北宋因新舊黨爭的相互擠壓攻擊，君子小人的內涵已不同於此，宋舊大臣（反對新法）者以君子自居，而激進厲行新法者被貼上小人的標籤，已脫離才德素養的範疇，而以新舊黨爭的賦予新義，蘇轍在〈乞責降韓縝第七狀〉：「臣聞天下治亂，在君子小人進退之間耳。冰炭不可以一器，梟鸞不可以共極，共鯀皋繇不可以同朝，顏回盜跖不可以並處。」君子小人壁壘分明，水火不容，有君子則無小人，有小人則無君子，君子進，則治，小人進則亂，治亂之間，繫於君子小人的進退罷了。況且君子易欺，易危，易問，是以易去。「小人則不然，竊用威福，以布私恩，交通左右，以結幼主，頑鈍無恥，臭詬無節，故其合也易，而其去之也難。」「幼主」之所以易狎近小人，是因其「未嘗更事，而履大任……小人悅之舞色犬馬，縱之以馳騁田獵，侈之以宮室器服。志氣已亂，然後入之以讒說，變亂是非，移易白黑，紛然無所不至。小足以害其身，而大足以亂天下〈歷代論漢昭帝〉」為輔佐幼主，只有「當得篤學深識之士，日與之居，示之以邪正，曉之以是非，觀之以治亂，使之久而安之」（同上）如元祐更化的朝政，哲宗趙煦（一〇七六—一一〇〇），時年十歲，以神宗母宣仁太后高氏臨朝，尊為太皇太后。時司馬光罷官居洛陽已十五年，起知陳州，加守門下侍郎。光個性倔強，力主廢新法，以爲王安石新法，爲天下害，於是起用呂公著、劉摯、蘇軾、蘇轍，罷去蔡確、韓縝等擁護新法的人臣。

五、蘇轍與兄軾進退出處無不相同

「轍與兄進退出處無不相同」《宋史・蘇轍傳》，這句評語就論蘇轍兄弟的政治仕宦生涯，是爲的論：在仁宗朝，兄弟同科進士及第，同應制試科入等。但蘇轍因直言不遜，而入四等。在神宗朝，同因反對王安石新法，先後離開朝廷，蘇軾歷任密州、徐州、湖州地方長官，蘇轍只擔任幕僚，並無政績可言。因烏台詩案同遭貶謫。元祐年間，同被起用而青雲直上，哲宗親政後同被遠謫嶺南。然而，兄弟之間在性格上，蘇軾的豪放不羈，鋒芒畢露，蘇轍的沖和淡泊，老成持重，從小就已大異其趣，在政績上的造就也就各自不同。

從應制科試始，蘇轍的政治主張遠比蘇軾尖銳激烈，但是遭受政亂的迫害反比蘇軾少。王安石以蘇轍寡言鮮欲，對他素有敬心，任制置三司條例司檢詳文字。且在元祐之政，蘇轍比蘇軾爵位高，官至門下侍郎，爲六執政之一，位同副相。蘇軾則位至知制誥兼侍讀，元祐六年六月到京，八月即出知潁州。貶謫時蘇轍僅貶至雷州，蘇軾遠謫海南島。徽宗朝，元祐黨人多被外徙，蘇轍獨免。去世得贈大中大夫，並與三子恩澤，奸佞蔡京「以子由長厚，故恤典獨厚。」朱弁《曲洧舊聞》

蘇轍在地方政績幾無可言，主要政績表現在元祐年間朝廷任職，南宋何萬在〈蘇文定謚議〉：「

（元祐）九年之間，朝廷尊，公路闢，忠賢相望，貴倖斂跡，邊陲綏靖，百姓休息，君子謂公之力居多。」對元祐之政雖有過多美化，但對蘇轍在元祐任職的表現，卻是十分肯定的。蘇轍政治才幹在元祐時得到適度空間的發揮，呂公著讚歎道：「只謂蘇子由儒學，不知吏事精詳如此！」〈欒城遺言〉張耒也說：「某平生見人多矣，惟見蘇循州不曾忙。……雖事變紛紜至前，而舉止安徐，若素有處置。」《明道雜志》總之，就政治仕宦生涯表現，蘇轍是優於蘇軾，這是「性沈靜簡潔，爲文汪洋澹泊，似其爲人，高處殆與軾軋。」豈其然乎！豈其然乎！

【註釋】

註一：容齋五筆卷三：嘉靖四眞：富公眞宰相，歐陽永叔眞翰林學士，包拯眞中丞，胡瑗眞先生　。

註二：唐有青苗錢，爲計畝加稅之法。而宋之青苗法，乃常平倉法之變相，故當時官文書，皆稱爲常平新法，頗有類似近代的農民貸款，欲嘉惠農民。

註三：秦始皇西前二四七立位，二二〇崩，漢武帝西前一四〇—一〇四，梁武帝五〇二—五四八年，隋文帝五八九—六〇四，唐玄宗七一三—七五五。

註四：英宗即位，原以仁宗無子，乃以從兄濮安懿王允讓之子趙曙入承大統。當廷議追崇所生時；侍御史范純仁議稱皇伯，呂誨和其議。歐陽修即主張必稱是考，乃引〈喪服大記〉云：「以爲爲後人者，爲其父母降服，而不設父母之名」。有韓琦等和其議，帝卒從其議。呂、范因而罷黜，朝臣水火，黨爭乃烈。此所謂「濮議案」

註　五：南宋何萬〈蘇文定公謚議〉：（元祐）九年之間，朝廷尊，公路闢，忠賢相望，貴倖斂跡，邊陲綏靖，百姓休息，君子謂公之力，居多焉。呂公著讚歎道：只謂蘇子由儒學，不知吏事精詳如此。〈欒城遺言〉

註　六：蘇轍〈上神宗皇帝書〉陛下誠擇人而用之，使與二府皆久於其官，人知不得苟免而思長久之計，君臣同心，上下協力，磨之以歲月，如此而三冗之弊乃可去也。

第四章　蘇轍軍事思想述評

第一節　北宋中央集權的軍事制度

經過五代十國的動亂之後，在西元九六〇，宋太祖趙匡胤統一了中國，到欽宗靖康二年（西元一一二七）靖康之難，金兵直驅汴京，徽宗（趙佶）在倉皇中下詔罪己，讓位於欽宗，金兵渡河圍攻汴京，俘虜了宋徽宗、欽宗（趙桓）以及宮廷中的后妃、宗室、貴戚等約三千人，還軍北方。宮中庫藏金銀、絹帛、珍玩、寶器、圖籍、天文儀器、儀仗等，幾乎被刼一空。

就中國歷代王朝中，版圖最小，國勢最弱當屬宋朝，尤其是北宋在北遼西夏強虜環伺之下，屢戰屢敗，割地賠款，屈辱以求存，乞和以求活。究其原因，北宋軍事中央集權的政策，埋下禍端，這是宋太祖始料不及的事。

一、以天下之治安，冗官，薄廢天下之武官、武舉

宋太祖的取得權位，是經由親信趙普、石守信等人的策劃，發動「陳橋兵變」，為鞏固皇權，防止類似陳橋兵變的重演，在建隆二年（九六一）主導「杯酒釋兵權」。趙普更提出三大措施：㈠是收

奪節度使在地方上的政治權力，㈡是沒收地方財權，㈢是收回兵權。同時，宋太祖改派文官管理各州郡的政治和軍事，以文臣代替武將。而且這些文官都由皇帝指派，地方軍事必須聽命於朝廷。天子軍事集權更加鞏固，而地方軍事權力日漸式微。蘇轍指陳〈臣事策第三道〉：「今天下有大弊二：以天下之治安，而薄天下之武臣；以天下之冗官，而廢天下之武舉。」蘇轍認爲廢武舉，輕視武官的政策，是一大錯誤，將使國家不得平治，而且武官後代子孫往往轉而進士，長久以後，朝廷何來良將？國必積弱不振，因爲「將者，國之輔也，輔周則國必強，輔隙則國必弱。」《孫子・卷三謀攻》因此，蘇轍主張恢復武舉，重視武官，而且「天子時亦親試之以騎射，以觀其能否而爲之賞罰。……要以使之知上意之所悅，有以自至而爭盡其力，則夫將帥之士，可以漸多矣。」

蘇轍乃一介文臣，卻能以國家平治爲導向，具有前瞻性的看法，強調武官制度的重要，應興應革，提醒天子參與武舉的考校，提高將帥武力，培養威武的將帥，蘇轍耿耿忠心，誠誠悃悃，令人動容。

二、北宋兵制的改革

北宋的兵制分爲四類，最具實力精銳的是禁軍，禁軍的重要任務：一是挑選全國最精壯的人充任；是國王的人馬，貼身警衛，除駐守京師以外，並輪番屯戍地方，俾集精銳於內，兵不爲將有。這是北宋作戰力最強大的士兵，也是北宋唯一能夠抗敵的部隊。其次是廂兵，這是地方（州）兵，是禁軍挑選剩餘的老弱殘兵，僅能維護地方治安，不堪擔當作戰任務。其次是鄉兵，選自民籍，爲民兵性質，猶民防部隊。其次是番兵，是塞下內附的部族兵。

宋太祖時期，全國兵額大約三十八萬。其中禁軍占了一半有餘。趙匡胤以十萬禁軍駐紮汴京，另外十萬在外郡守衛。宋太宗時期，全國兵額大約六十六萬，其中禁軍也占一半有餘。凡是派駐外地的禁軍，規定定期換防。有兩年一換，有三年一換，個別地區有半年一換。輪換的目的是使士兵們「習勤苦，均勞逸」；更重要的是禁軍不長駐紮一地，可防止與地方勢力結合而反抗中央朝廷。況且禁軍的家屬妻子都在汴京，事實上是不敢也不能反抗。而且爲防止統帥擁兵自重，禁軍的統帥由天子任命，經常調動，造成「兵常無帥，帥常無師」，禁軍的調防、權力也在於皇帝的掌控。蘇轍察其弊端，在〈臣事策上第四道〉：「兵安其將，而樂爲用命」，若是兵將離心離德，不能成爲一個向心力堅強的團隊，蘇轍認爲「然今世之人，遂以其亂爲戒而不收其功，舉天下之兵數百萬人而不立素將」，造成「將兵者無腹心親愛之兵，而士卒亦無附著而欲爲之效命者」。故命將之日，士卒不知其何人？皆莫敢仰視其面者，夫莫敢仰視，是禍之本也。如此，上下疏離，不知姓名，何來敵愾同仇？遑言同心同德？上下不同欲，每戰必敗，潰不成軍，所以北宋鮮有內亂，外患頻仍，導致亡國。蘇轍〈楊樂道龍圖哀辭〉：「其爲將，能與士卒均勞苦，飲食比其最下者，而軍行當處其先，以此得死力。」

蘇轍對於國家兵源的主張是：兵民合一，並不贊同募兵制度。〈私試進士策問〉：

「五家爲比，比有比長；五比爲閭，閭有閭胥，四閭爲族，族有族師；五族爲黨，黨有黨正；五黨爲州，州有州長；五州爲鄉，鄉有一正卿。」這是平時地方鄰里組織，層層節制。等到戰時，就利用原有組織，而成爲一個實質的戰鬥團體。「及有軍旅之事，則以比長爲伍，閭胥爲兩司馬，族師爲卒長，黨正爲旅師，州長爲師帥，鄉爲將軍。」至於兵力來源，「起軍之法，自五口以上，家以一人爲兵，一人爲役。」至於兵力宜出於民，兵戰於車，車馬介胄都是民力，是故民之於兵非常勞苦，三時務農，一時講武；以鋤耰錢鎛的人，驅之以干戈戰事，是非常生疏，但是這種寓兵於農的古制，卻使人民安定，四夷賓服。反觀近代兵民分離，實施募兵制度，募得士兵，兵器皆由官出，旦暮教戰，四時不擇，可謂既逸且習，但是欲安萬民而威四夷，卻不如古制。古制適用，何以不用？隱兵於農，是爲上策。

三、養兵與用兵

綜觀歷代治理天下的君王，莫不以富國強兵爲職志。在北宋因中央集權的專制統轄，實行募兵制度，其缺失時時顯現。蘇轍〈上神宗皇帝書〉：「方今宿遷之兵，分隸堡障，戰兵統於將帥者，其實無幾，每一見賊，賊兵常多，我兵常少，衆寡不敵，每戰輒敗。」以往將帥失利，常以寡不敵衆做爲藉口。因此，蘇轍反駁其藉口的不當，「祖宗之兵至少，而常若餘；今世之兵至多，而常患於不足」，此二者的差別不可不明察，推究其原因，歸諸於「三軍之事，莫親於問賞，莫重於間，間者三軍之司命也。」這是今昔兵多兵少的眞正關鍵。接著蘇轍提出養兵的辦法，希望天子能夠「擇任將帥而厚之以財」，重賞之下必有勇夫，「武吏爲之擇金披革，習其戰陣攻鬥之事，而使天下不敢犯，勞其筋力而罄竭其思慮，甚者捐首領，暴骨肉於原野而不知避，阿者？食其祿也。」〈臣事策第五道〉還要「多養間諜之士以爲耳目」，耳目既明，雖有強敵而不敢近，強敵不敢近在恃吾有以待之。《孫子卷三謀攻》：「知己知彼，百戰不殆。不知彼而知己，一勝一負，不知彼不知己，每戰必殆。」間諜之士是知彼滲透的要件，蘇轍頗有計籌策於帷幄之內，致勝於千里之外的神機妙算的軍事謀略家。用兵之妙貴在得其死力，得其死力，則能以少勝多，以一當十。

蘇轍〈上神宗皇帝書〉：（李漢超、馬仁瑀）等十四人者，皆富厚有餘，「視棄財如棄糞土，賙人之急如恐不及」，因死力之士貪其金錢，爲將者能不吝賞賜，死力之士願捐軀命，冒犯難，深入敵國，刺其陰計而效之。是故「每月有入寇，輒先知之故」，所備者少，而兵力不分，「敵之至者，舉皆無得而有喪」，此乃不恃敵之不來，而恃吾有以待之。其時備邊之人，「兵多者不過萬人，少者五六千人，以天下之大而三十萬兵爲之用。」而能以少勝多，以寡擊衆，皆在於「爲間」的大用。反觀今日爲間者，皆不足恃聽，「得聞之言，採疑似之事；其行不過於出境，而所間不過於熟戶得有藉口，以欺將帥則止矣。」由於爲間者不知敵之至情，敵情不知，則常多在衆兵以備不意之患，是故以百萬之兵而常患不足，乃爲間者的欺惘將帥而已。

蘇轍主張用兵以義爲準繩，合於義而有戰力，則出兵；他說：「用兵之難，有怵於外而動者矣，力之所及而義不可，君子不爲也。」若是合於義而戰力不足，則不出兵，「義之所可而力不及，君子不強也。」是故「用兵之道，先勝後戰，量敵論將，故舉無遺策。」〈歷代論三卷九賈詡下〉蘇轍以為「王者之兵，不貴詐謀奇計」，但是不打沒有把握的仗，因此「敵國相圖，必審於知己，將強敵弱，則利於進取；將弱敵強，則利於自守」〈祖逖〉，在在顯示良將乃勝負關鍵，〈郭綸詩〉：蘇轍自注：綸本河西弓箭手，居戰有功不賞，自聚州都監官滿貪不能，歸權嘉州監稅。

「郭綸本蕃種，騎鬥雄西戎。……自言將家子，少小學彎弓。長遇西鄙亂，走馬救邊烽。」敘述郭綸的身世，專長，而立功西戎。郭氏擅用丈八長矛，是一個民兵，由於身手矯捷，與大寇苦戰，取其首級，提升士氣，迅速的打敗敵人。但是戰勝後的論功行賞，卻因其是「蕃種」，就不信郭氏忠勇，歷盡九死一生的脫困歸來。又因南蠻的叛變，立即徵召前往，苦戰有功，但是「元帥多異同，有功不見賞。」言之令人氣憤，「予不識郭綸，聞此為斂容。一夫何足言，竊恐悲群雄。此非介子推，安肯不計功？郭綸未嘗敗，用之可前鋒。」

蘇轍激賞郭綸的忠勇，而將帥的偏頗私心，對待屢建奇功的郭綸，眞是薄待，如此優秀將才（前鋒），卻不曾得到封賜，違背了「罪疑者從輕，功疑者從重」的刑賞原則，這些賞罰不公的情況，是北宋軍人士氣低落的主因，而素質良莠不齊的將軍是元凶。

將帥心術端正，可以帶兵，更要懂得作戰策略，《欒城集卷二十私試武學策問》：

「古之善戰者必以兩擊一，既為之正又為之奇，故我之受敵者一，而敵之受敵者二，我一而敵二，則我佚而敵勞，以佚擊勞，故曰三軍之眾，可以使之必受敵而無敗。……今世用兵之將，置陣而不知奇正。」將帥置陣奇正相生相成，而又以佚待勞，則戰無不勝攻無不克，此乃為將之道。孫子曰：「善用兵者，譬如率然（相應之容易）。率然者，常山之蛇也，擊其首則尾至，擊其尾則首至，擊其中首尾俱至。」

蘇轍是個精打細算的財經專家，在財政上又大力主張節流，因此，對北宋的冗兵冗費看得清清楚楚，以他的觀察：「今世之彊（強）兵莫如沿邊之土人，而今世之惰兵，莫如內郡之禁旅，其名愈高其廩愈厚，其廩愈厚，其材愈薄。」正是以億萬之財，養無用之兵，在西邊用兵時，禁軍不堪役使，當羌人出兵，聞多禁軍，則舉手相賀；聞多土兵，輒相戒不敢輕犯。就實際比較禁軍與土兵，土兵一人，其材力足以當禁軍三人；而禁軍一人，其廩足以贍土兵三人。使禁軍萬人守邊，其用不能當三千人，而常耗三萬人之蓄。是以蘇轍建議：土兵可益而禁軍可損，且禁軍在內郡者不得戍邊，及其老死者不再補充，如此，十年以後，冗兵之弊可去，冗費之財可免。軍費在朝廷歲出總額中一般占半數以上，戰爭期間高達十之六七，甚至更多。（註一）

北宋實行募兵制，爲籠絡招來的「失職獷悍之徒」，物質待遇頗爲優渥：中等禁軍每人約料錢五百，月糧兩石五斗，准例六折；春冬衣綢絹六匹，綿十二兩，隨旅錢三千。以陝西爲例，宋仁宗時駐軍約三十萬人，宋英宗時爲四十五萬餘人（不包括義勇鄉兵）〈長編卷二○八治平三年五月乙丑〉按四十萬人計，（廂軍俸錢低些，但土兵俸錢比禁軍高，平均以禁軍計），則每年需料錢二百四十五萬貫，糧食七百二十萬石，綢絹二百四十萬匹，綿四百八十萬兩，隨衣錢一百二十萬貫，三年一次郊賞共六百萬貫。還有戰馬約五萬匹，需草一千餘萬束，料一百餘萬石，加上器物費（製造維修），陝西每年約需二千萬貫左右，整個北方軍需，成倍增加。

由於軍費的負擔不貲，導致國家財政的困窘，遂有銷兵之說，蘇轍認爲不當，但見兵多之累，未見兵少之患，此乃不作久治長安的短視，不宜採行。

在用兵與養兵的分際，蘇轍在養兵的觀察，不只是有形物質的充足，更需要養氣。《應詔集卷七臣事策上第五道》：

「天下之勇士，可使用兵而不可使主兵；天下之智士，可使主兵而不可使養兵。養兵者君子之事也，故用兵之難，而養兵爲尤難，何者？士氣之難伏也。」

前述郭綸事跡，蘇轍以爲可以充任前鋒，並不是良將，郭氏只是勇士而已，可使之用兵而不可主兵，是有獨特的識見。氣是軍隊的靈魂，無所不在，蘇轍說：「舉兵而征，行三軍之士，其心在號令，而其氣在戰；息兵而營，三軍之士，其心在壘壁，而其氣在御陣；兵而遇敵，三軍之士，其心在白刃，而其氣在勝。氣之所在，毒之所向也。」因此，「兵在外，士氣在敵而不在其上，不在其上，是故撫之而易悅，尋之而易足，誅之而易定，動之而易使」，在上的將帥以勇治軍，以智驅馳，雖是百萬之衆，亦能掌控自如，無所顧慮。將帥要做到掌控自如，必須經常役使，使士卒有戰勝慾望，有戰勝慾望，就能安於殺伐斬刈之際而不懾，惟得士卒親附的將帥者能得其死力，用兵如神。〈論渠陽蠻事劄子〉：「古今名將必因已試之效，內爲兵民所信，外爲蠻夷所畏，威名已著，故功效可期。」況且在戰勝戰敗之間，士兵的勇氣相對的提升或索盡，厥爲重要。〈北狄論〉：「夫戰勝之民，勇氣百倍；

敗兵之卒，後世不復。蓋所以戰者，氣也；所以不戰者，氣之蓄也；戰而後守者，氣之餘也。古之不戰者，養其氣而不傷。今之士不戰，而氣已盡矣。此天下之所以大憂也。」養氣是軍中的靈魂，氣盛則將士勇壯威武，敵人望之生畏；氣盡，則將士疲弱畏縮，敵人反而意志昂揚。是以曹劌論戰的作戰策略，「夫戰，勇氣也。一鼓作氣，再而衰，三而竭。彼竭我盈，故克之。」是爲上上之策。

第二節 北宋與遼國的和戰

富國強兵，是歷代君王治世的目標管理，若是「患國之不富，而侵奪細民，患兵之不強，而陵虐鄰國」，則富強之利終不可得。

蘇轍治國理念，仍是以信義爲主軸，對於夷狄的蠻陌之邦，亦不改其初衷。〈論西邊商量地界箚子〉：「善爲國者，貴義而不尚功，敦信而不求利。非不欲利也，以爲棄義與信，雖一快於目前，而歲月之後，其害將不可勝言者矣。」「功利」是治國追求的目標，需以「信義」爲基礎，若不守信義，則功利可棄。若不守信義，而獲致「功利」，只是短暫當前的快意而已，以晉文公攻原三日佐證，信義是治國的要件，更是放諸四海而皆準的道理。是以「利人土地貨實者，謂之貪兵，貪兵者破」，顛撲不破的眞理，昭然若揭。

一、遼的勃興

我國北方古老的遊牧民族——契丹族，是勤勞勇敢的民族。在五代後梁末帝貞明二年（九一六）耶律阿保機（八七二—九二六）創建遼國，阿保機就是遼太祖，定都臨潢（熱河林西），年號「神冊」，統一契丹各部落，對契丹社會的發展，作出了卓越的貢獻。

遼太祖的政權，是以奴隸占有制度爲基礎的軍事政治聯合體。太祖爲人有勇略，在位期間，又西取突厥故地，東滅渤海國（今吉林、安東一帶），擴地數千里，擁兵三十萬，成爲北方的一大強國，後唐莊宗至以叔父之禮事之。

德光（九〇二—九四七）繼位，是爲太宗，爲人機巧，不但助石敬塘建立後晉，取得燕雲十六州，而後消滅腐敗的後晉，夢想做中國皇帝；雖因漢人反抗不果，但中國北方的國防線卻因此洞開，影響中國以後的安危至鉅。再傳至景宗，正值趙宋統一中國，南北兩個大國，積不相容，衝突因而產生。

二、宋遼的和戰

宋太祖開國，著重保境安民，不想生事，宋遼間二十年沒有嚴重衝突。至太宗太平興國四年（九七九）消滅北漢，全國統一，欲乘勝收復燕雲十六州失地，乃對遼發動戰爭，較重要的有兩次：

㈠**高梁河之役**：太平興國（九七九），太宗御駕北征。遼景宗乾亨元年，派兵接戰，在高梁河（

京兆宛平縣西）打敗宋軍，太宗爲流矢所傷，僅以身免。次年再戰，北宋有楊業及夫人折氏率領精兵助陣禦敵，勇敢善戰，氣勢洶洶，在雁門關大敗遼軍。後因統帥潘美等爲爭功而有嫌隙，楊業（老令公）終於在浴血苦戰中，受傷被俘，堅貞不屈，絕食三天壯烈身亡。

㈡**岐溝關（河北易縣）之役**：遼景宗去世，幼主聖宗繼位，由蕭太后臨朝親政。太宗雍熙三年（九八六），宋以遼女主當政，有隙可乘，於是兵分三路：東路曹彬出雄州，朱信走西北路，田重進定州路，直攻幽州挫敗，敗於涿州（河北涿縣）西南的岐溝關，死傷慘重。從此，宋爲遼人所輕，不敢北伐。

其後遼在蕭太后主政下，選賢任能，勤課農桑，頗得漢人擁戴，國勢達於鼎盛，於是謀宋益急。宋眞宗景德元年（一〇〇四）遼兵大舉南侵，直抵澶淵（河北濮陽西南），距首都汴京僅三百里，朝野震驚，紛議遷都求和，惟宰相寇準力主親征，眞宗一到前線，宋軍士氣大振，擊潰遼軍前鋒。雙方均有和平的意願，乃遣使議和，訂立澶淵之盟。宋歲輸銀十萬銀，絹二十萬匹，約爲兄（宋）弟（遼）之國，兩國以白溝河（河北拒馬河）爲界。是我國拋開傳統的大中華意識，與周邊部族國家建立對等關係的開始。而後一百多年，雙方沒有重大軍事衝突，彼此貿易迅速發展，得到莫大助益。

三、蘇轍出使契丹的觀察與評言

宋神宗熙寧九年（一〇七七）派蘇頌出使遼國，親眼看見遼國人民放牧的情況，「契丹馬群，動以千數，每群牧者僅二、三人而已。」而且牧羊以千百為群，縱其自就水草，無復欄柵，而生息快速。亦可見遼國畜牧發達，國力強盛。

宋哲宗元祐四年（一〇八九）八月十六日，蘇轍被命為賀遼生辰使，出使契丹，子蘇遲隨行。於十二月十日南歸，在遼停留十日，觀察敏銳的蘇轍，提出心得，建議哲宗，以供施政資材。〈二論北朝政事大略〉

㈠**政經概況**：遼道宗已是六十歲的人，但是「舉止輕健，飲啗不衰」，身體硬朗，健康良好。「在位既久，頗知利害。」由於宋遼和好多年，「蕃漢入戶，休養生息，人人安居，不樂戰鬥。」這是漢胡文化交流，疏離泯滅，和平共處，厭惡戰爭。況且「其孫燕王幼弱，頃年契丹大臣誅殺其父，常有求報之心」，而萌生依附漢人，託附本朝，為自圖之計。但是蘇轍觀看燕王骨氣凡弱，瞻視不正，雖是心似向漢，「未知得志之後，能彈壓蕃鎮，保其祿位否耳。」

契丹人每冬月南下避寒燕地，收放住坐都在荒地之上，不敢侵犯，稅土兼賦役極輕，漢人供應容易。只是每有「急速調發之政」，就派遣使者帶銀牌於漢戶，「須索縣吏，動遭鞭箠，富家多被強取，玉帛子女不敢愛惜。」燕人最苦，而法令不明，受賕鬻獄，習以為常，這是夷狄之人的習慣，其實朝廷郡縣也有法令，尚能維護秩序，不致於彼此結成仇隙。

㈡**佛教傳播**：北朝皇帝愛好佛法，並能親自講述佛經，每年夏季，在京師召集僧徒及群臣，皇帝擔任講師，宣揚佛理。各寺院度僧甚衆，因此，「僧徒縱恣放債營利，侵奪小民，民甚苦之。」佛教對於契丹人的心靈改革，產生極大的作用，誦經唸佛，殺心稍悛。就北朝而言是巨蠹，卻是北宋的利多。

㈢**交易活絡**：蘇轍在〈論北朝所見於朝廷不便事〉：目睹北朝別無錢幣，公私交易，甚是活絡，「本朝銅錢沿邊禁錢條法，雖極深重，而利之所在，勢無由止。」這是銅錢走私貿易，宋朝每年鑄錢百萬計，但是常有不足的現象，散入夷狄之勢猖獗，不可不遏止。

㈣**文化交流**：〈蘇轍論北朝所見於朝廷不便事〉宋朝印刷術頗爲發達，文字傳播超越前代，蘇轍使遼，看到宋朝印本文字，多已在遼境流傳，尤其是「臣僚章疏及士子策論，言朝廷得失，軍國利害，蓋不爲少。」而小民愚陋，惟利是視，利之所在，「印行戲褻之語，無所不至」。可能造成負面的影響：⑴是洩漏國家機密；⑵是取笑夷狄，都是不便。

因爲這些文字，「販入虜中，其利十倍。人情嗜利，雖重爲賞罰，亦不能禁。」爲了杜絕文字流傳此界的禍害，只禁絕人民不得擅開印行文字，令民間每欲開板，「先具本申所屬州，爲選有文學官二員，據文字多少立限看詳定奪，不犯上件事節，方得開行。」若已開板，而犯上述不法情節，並令破板毀棄。蘇轍對於出版業的嗜利印行，遺害國家情事者，予以嚴厲管制，觀察入微，洞見分明。

蘇轍爲北遼賀使，是不辱君命，在〈神水館寄子瞻兄〉：「誰將家集過出都（幽州），逢見胡人問大蘇。」可見宋遼之間文字傳播快速，而大蘇的詩文是遼國人民最喜愛的，大蘇已名滿北遼。對於北遼蘇轍提出「至誠」相待，「異類猶應服至誠」〈贈石蕃趙侍郎〉，而以和爲貴，「圖霸先和戎」

〈虜帳〉，至於燕雲十六州的收復，必須「從本帝王師，要在侮亡亂。攻堅甚攻玉，乘瑕易冰泮。中原但常治，故勢要自變。會當挽天河，從此生齒萬。」〈燕山〉

蘇轍對於北遼的風俗民情，政經大計等概況，在〈出山〉詩中，有著詳細的描敘：

燕弦不過古北闕，連山漸少多平田。奚人自作草屋住，契丹駢車依水泉。
橐駝羊馬散川谷，草枯水盡時一遷。漢人何年被流徙，衣服漸變存語言。
力耕分穫世為客，賦役希少聊偷安。漢奚單弱契丹橫，目視漢使心淒然。
石塘竊位不傳子，遺患燕薊逾百年。仰頭呼天問何罪？自恨遠祖從祿山。

蘇轍看到遼國生活豐富，又看到滿坑滿谷的橐駝羊馬，財富雄厚。但是漢人形單勢孤，寄人籬下的苦楚，使蘇轍於心不忍，感到憂心。種下這些苦難的元凶禍首，就是後晉（九三六—九四六）的石敬塘，將燕雲十六州割給契丹，稱臣「兒皇帝」，禍及子孫，令人慨歎。

第三節　北宋與西夏的和戰

一、西夏的崛起

黨項是我國古代羌族的一支。大約在西元七世紀，生活在今四川西北和青海一帶的黨項人，還處於氏族社會趨向解體的歷史階段。以姓別為部，大的部落萬餘騎，小的也有幾千騎。互不統屬，過著遊牧狩獵生活。

唐僖宗乾符元年（八七四）黃巢叛亂，西入長安。唐朝利用黨項人的首領拓跋思恭，協助平反，黃巢失敗後，唐封拓跋思恭為夏國公，統治夏州，綏州（陝西綏德）、銀川（陝西米脂西）。宥州（陝西靖邊西）和靜州（甘肅靜寧）五州之地，形成割據勢力。並賜姓李，表示和唐朝皇帝是一家人，以此收買黨項族的人心。

宋朝取得天下以後，於宋太宗太平興國七年（九八二），黨項首領李繼捧帶領族人歸附宋朝。宋太宗賞賜銀錢和絹帛，並封為彰德軍節度使。端拱元年（九八八）又賜姓趙，與宋朝皇帝同姓，並更名為「趙保忠」，要求忠於宋室。

宋太宗淳化四年（九九三）黨項首領李繼遷聯合四十二族，會盟於楊家堡，引兵一萬三千多人，進攻環州（甘肅環縣）的石昌鎮，劫掠居民，焚燒財物。至道二年（九九六）又圍攻靈州（寧夏回族自治區靈武），宋軍在戰鬥中必須按照宋太宗的佈陣行事，處處被動挨打。加上沙漠地帶交通阻隔，軍糧補給不足，大批士兵和民伕死於飢渴，損失十分慘重。

宋眞宗景德三年（一〇〇六），宋遼關係最為緊張的時刻。宋朝為了全力對付遼國的威脅，對黨項採取籠絡手段，以免兩面受敵。於是封李繼遷（戰死）的兒子李德明為平西王，授以定難軍節度使的虛銜，又賞賜絹一萬匹、錢三萬貫、白銀一萬兩、茶葉兩萬斤。從此，宋朝與黨項保持了近三十年的和平局面。

宋仁宗寶元元年（一〇三八），元昊於興州（銀川市）稱帝，國號大夏。無論是官制、法制、兵制、學制、曆法和文化，都仿效宋朝。由於元昊仍接受宋朝的封號，名義上仍屬於宋朝舊臣。這個政權建立在宋朝的西北方，習慣上稱爲「西夏」。

二、宋夏的和戰

宋夏交兵的爭端，由來已久。當西夏政權強大的時候，宋朝企圖從經濟上加以牽制，採取禁止物質交流，割斷雙方邊界貿易。有甚者，宋朝一度下令關閉陝西和河東地區的貿易場所，取消保安軍的榷場。陝西官兵和漢人，不能自由和黨項人民進行交易，於是加深了當地的民族對立，引起黨項人的不滿和怨恨。

西夏統治者爲了滿足自身的無窮物質慾望，利用黨項人民對宋朝的怨恨，煽動人民，擴大矛盾，藉此發動武裝掠奪，宋夏的衝突自然產生了。

況且宋遼雙方早已訂立「澶淵之盟」，宋朝在軍事上的軟弱無能，暴露無遺。而遼夏之間彼此和好，相互奧援，西夏可以有恃無恐的大舉入寇，如遼國的獲利。因此，在宋仁宗康定年間以後，屢次發動大規模的襲擊，蹂躪漢族農業地區，擄掠漢人做爲農奴造成邊隙糾紛不斷，宋朝君臣憂心不已。幸賴范仲淹的「以和好爲權宜，以戰守爲實事」的策略，與韓琦力守，防禦始固。惟元昊雖是多次戰勝，掠奪了物質和人口，但兵員死傷已達半數，人力和物力均感缺乏。而在宋夏戰爭中，邊境貿易中斷，西夏人得不到茶葉、絲綢、糧食等生活必須品，痛恨戰爭，厭惡戰爭。元昊被迫於宋仁宗慶曆三年（一〇四三）派遣使臣，與宋朝和好。就宋朝而言，戰爭加劇內部的困難和矛盾，強迫徵調民兵和馬匹，調集到西北區的軍隊有二十多萬人，這些民兵離鄉背井，妻離子散，戰爭是場大災難，是一場令人恐懼驚慌的夢魘。

北宋和西夏雖是在慶曆三年（一〇四三）以後，雙方因長年戰爭，對國力的損害慘烈，不得不言歸於好，並不是從此不再有爭執，只是不再發動大規模的軍事衝突，但是邊境紛爭一直是時斷時續，鮮少安寧。當時是蘇轍童年時期，待到蘇轍任職御史中丞時，關於西夏邊境的情況，再三提出解決彼此和平共存共榮的方案，如四論熙河邊事，三論渠陽邊事，論蘭州等地狀，論西邊高量地界，乞罷熙河修質孤勝如等寨札子，對朝廷進盡諍言。

三、蘇轍對西夏的因應策略

〈論西事狀〉：「惟當今之務，以爲必先知致寇之端，由審行事之得失，然後料虜之所在，定制敵之長算。誠使四者畢陳於前，羌戎小醜，勢亦無能爲矣。」蘇轍對於西夏的攻守進退軍事策略，就此四個要件，抒論於後：

㈠**先知致寇之端**：蘇轍在〈新論中〉認爲夷狄之患，是中國的一病。欲和欲拒，各有對策，「拒之，則有拒之之具，和之，則有和之之費」，然而和拒之間，宜採速戰速決的定奪，以免天下共被其患。探究其朝廷束手無策，乃因「三事」之不立。三事爲何？「天下之吏，偷墮苟且，不治其事，事日已敗而上下不知使，是一不立也；天下之兵，驕脆無用，召募日廣，而臨事不獲其力，是二不立也；天下之財，出之有限而用之無極，爲國百年而不能以富，是三不立也。」「三不立」是北宋朝廷的內憂，吏事不張，兵力驕脆，財源窘困。蘇轍以爲「三事立」，先安內而後攘外，「賂之則爲漢文帝，不賂，則爲唐太宗」，攻守操之在我，致寇之端無由。

蘇轍自謂儒生，不習軍旅，妄以人情揆度，以爲熙河創於見非守把之地。修築城寨，「理既不直，必生邊患」。言未絕口，而夏國軍隊，已破城而歸。爲何？因熙河諸將，欲奪良田，收稼穫的利益，以守蘭州。於是不管夏國爭占的害處，「計其所得，不補所亡」，不待說明，事已驗證。

這是北宋的禦敵無方，事在守將——范育、种誼、种朴等三人，此三人皆輕敵自恃，貪功無謀，妄起事端，造成關陝邊境的憂患。惟另擇良將，以綏靖邊境，可免致寇之端。

范育，字巽之。第進士，爲洛陽令，屢次升遷，爲監察御史裡行。主張以大學誠意正心治天下。西夏入環慶，詔旨行邊，還言邊事，皆從之。後詔往郁延議界。元祐初，遷光祿卿，終戶部侍郎《宋史三百三傳》。

种誼，种諤之弟，字壽翁，以戰功累官西京使。元祐中，知岷州，一戰擒鬼章，徙知鄂州。時夏人犯延安，聞誼至皆潰去。《宋史三百三十五》

种朴，种諤之子，知河州時，至州僅二日，蕃部叛，師使出討，遇伏兵力戰死。《宋史三百三十

五》

「知己知彼，百戰不殆」的作戰原則，對於夷狄的習俗，亦須有透徹的認識，蘇轍〈西戎論〉：「戎狄之俗，畏服大种？而輕中國。戎強則臣狄，狄強則臣戎；戎狄皆弱，而後中國。」由此得知：戎狄一強一弱，是中國的憂患。因爲弱者不敢獨戰，爭附強國的餘威，而後無所懼。強者並率領弱者之兵，蕩然南下，而無反顧之憂，然後乃敢專力於中國而不去。這種強弱二者以勢相從而不可離間，是以中國的兵士，常不得解甲休息。

「故北狄強，中國不得厚西戎之君。而西戎之君，亦將自托於中國。」「厚西戎之君」，避其依附北狄而入寇中國，是分化敵人合縱的策略。只有西戎國大而好勇，其君欲區區自立爲王，而不畏北狄之衆，中國才可得而用。

戎狄之人，其種族愚陋而多怨，故可與之共憂。又因其強狠而好戰，是故可以激而壯。使之自相攻擊，而不能分出高下，其勢必走於中國，中國因而收之，而不服者，乃可圖也。

㈡審行事的得失：蘇轍曾對西夏民族有著深入的觀察，在〈乞罷熙河修質孤，勝如等寨箚子〉：「西夏輕狡，屢臣屢叛，爲患莫測。」由此可見宋夏之間的爭端，宋是被動以防，而西夏是主動以攻；時機不利則臣，有利則攻，「爲患莫測」，北宋朝廷棘手無策。在兩國外交亦伴隨著和戰，時續時斷。因地界彼此爭執不定的時候，以爲不可復議，「今者天誘其衷，使者（坤成）既已及境，而地界復議如故，方其未遽告絕，招懷之計，猶可復施，此實中國之利也」。其實宋修質孤，勝如等寨，是侵奪夏人御莊良田，因而使夏人猜貳，不受約束，怨毒邊吏，不信朝廷。這是中國的失信，不可責怪夷狄。

蘇轍主張「朝廷當權利害之輕重，有所取捨。況蘭州頃自邊患稍息，物價漸平，比之用兵之時，何止三分之一」？蘇轍的立場是緩修，不是不修，「若能忍此勞費，磨以歲月，徐觀間隙，俟夏人微弱，決不敢事，乃議修築。如此施行，似爲得策。」但是朝廷並不採納蘇轍建言，認爲曠日持久，夏人必叛，用兵以後，不免招來「勞恥」。如此，「敵人強梁則畏之，敵人柔伏則陵之」。不是泱泱中國應有的作爲啊！況且若貪圖蘭州小利，不以夏人逆順利害爲思考，因而喪失國家大計，實在得不償失。

至於西夏坤成來使，蘇轍以爲天賜契機，應予厚禮，不該徒手而歸，北宋西夏和平的一線曙光。但是「議者不深究本末，妄立堅守之議（蘭州），苟避棄地之名，不度民力，不爲國計，其意止欲利己自便，非社稷之利。」〈再論蘭州等地狀〉蘇轍力主蘭州之守，因爲「執政欲棄者，理直而禍緩；欲守者理曲而高速。」曲直遲速，孰爲利害，是需要審事得失而後謀定，以免禍害天下蒸黎。（註二）

蘇轍更積極謀求北宋西夏的戰爭平息，若朝廷以天地的大量，赦西夏的罪過；歸還侵占西夏的土地，厚其賞賜，通其和市，如此，「雖豺狼野心，能不愧恥。」縱然酋豪內懷不順，而國恩深厚，也不會激怒西夏人民。若啓邊隙，是「西戎背恩，彼曲我直，人懷此心，勇氣自信，以攻則取，以守則固。天地且猶順之，而況於人乎？」〈論蘭州等地狀〉

蘇轍綜觀古今歷史遭遞，對於治國天子，常患有好戰畏戰的缺失，在〈民政策下第四道〉：「天下有二病，好戰則財竭而民貧，畏戰則多辱而無威。欲民之無貪，則無疾夫無威，欲君之無辱，則無望乎財之不竭。此二患者，天下未嘗兼有也。」

君臨天下，不論其好戰或畏戰，都有過猶不及之弊。因此，蘇轍以謀略爲上策，以迴避好戰畏戰的缺點，「當今之計，禮之當加恭，得之當加厚，使者之往，無求以言勝之；而其使之來者，亦無求以言犯之，凡皆務以無逆之心，而陰惰其志，使之深樂於吾之賄賂而意不在我；而吾亦自治於內……以外見至弱之形，而內收至強之實。」中國古代兵法十分強調「以柔制剛」。懷柔之計是謀略的形式之一，它是一種軍事外交上的攻心之術，是最經濟最廉價的取勝之道。凡事皆自損強大之勢，而見衰弱之狀；使敵人安然無所顧忌，而日益怠傲。幾年以後，敵人日益無備，而自己日益充實，在敵消我長的情況中，縱然敵人「有無厭之求，彼怠而吾備，彼驕而吾怒，及此而與之戰，此所謂敗中之勝而弱中之強也。」

示形用詐是我國古代軍事領域中的熱門兵法，也是古戰場上最令人眼花撩亂的鬥智角逐。尤其是「伐謀」、「伐交」的相輔相成，「伐謀」的實現離不開伐交，而「伐交」的成功往往取決於「伐謀」。而虛則實之，實則虛之，虛而虛之，實而實之，用而示之不用，能而示之不能等兵法原則，蘇轍雖無藻詞，而取自老子的「將欲取之，必固予之」的體現，亦是活用古人智慧的讀書人。唯有「智能攻之以洗天下之大慚，不能攻之則驕之而圖其後，未有不能攻之，又不能驕之，拱手以望其成功者。」虛實互用，況且，謀非必奇而後可用，而在乎當否則已。蘇轍在謀略的膽識，已得堂奧了。

㈢**料敵之所在**：北宋與西夏的戍邊，惟賴熙河一城。待李憲守邊，乃違命而創蘭州，因言若無蘭州，熙河決不可守。取得蘭州又經過十多年，現在又要修築質孤，勝如二寨，因而侵害夏國良田，遂言無質孤，勝如，則蘭州亦不可守，輾轉生事，類皆浮言。本來邊防無事，將吏安閑，若不妄說事端，無以邀求爵賞。應乎軍人的生命在戰場，有戰爭才有希望，私慾作祟，好大喜功，杜甫的「一將功成萬骨枯」，道盡軍人的驕氣與好戰，戰爭的慘烈，歷歷在目。

李憲，宋祥符人，字子範。皇祐中補入內黃門。神宗時數論邊事合旨。哲宗時歷官永興軍路副都總管，憲以中人爲將，雖能拓地降敵，而罔上害民，終貽中國之患。《宋史四百六十七》

蘭州的棄守，誠爲對西夏攻守的焦點，蘇轍在〈論蘭州等地狀〉有明確的剖析。其時蘇轍由績溪令返京，於元祐元年（一〇八六）除右司諫時，「先帝（神宗）因夏國內亂，用兵攻討於熙河路，增置蘭州於鄜延路，增置安疆米脂等五寨。」衆議紛紜，不知所措，講求利害，久而不決。議論歸納兩大要點：⑴是蘭州五寨，所在險遠，饋運不棄，危而後棄，不如當今無事（動亂），舉而與之，猶足以示國家恩惠。⑵是此地皆西邊要害，朝廷用兵費財，僅而得之，聚兵積粟，爲金湯之固，蘭州下臨黃河，當西戎咽喉之地，土多衍沃，略置堡鄣，可以招募弓箭手爲耕戰的準備。若舉而棄之，熙河必有晝閉之警，所謂藉寇兵資盜糧，其勢必爲後患。蘇轍提出棄守三大要點，作爲衡量準則，其一時之可否？其二理之曲直，其三算之多寡。若是三者得失皆見於前，棄守之議，可一言而決了。

其一時之可否：若固守不與西戎，必至於爭，甲兵一起，呼吸生變。況陝西河東兩路，比遭用兵之厄，民力困匱瘡痍，兵事屢敗，外患不解，內變必相因而起，所以蘭州可棄而不可守。

其二理之曲直：令若固守侵地，惜而不與，負不直之謗，而使關右子弟，肝腦塗地，邊人自此有怨叛之志，所以蘭州於理可棄而不可守。

其三算之多寡：守之雖幸，但兵難一交，仇怨不解，屯兵饋糧，沒有休日。令守而不戰，歲費已三百餘萬貫，戰爭不止，戎兵必信，糧草衣賜隨著增加。民力不支，則土崩之禍，或不可測。棄之而守秦鳳（甘肅天水），易守民熟，難易十倍，但有守邊之勞，而無腹心之患，蘭州可棄而不可守。

若是朝廷決計棄蘭州，然後愼擇良將以守熙河，厚養屬國，多置弓箭手，往還要道，屯兵二三千人，以堵塞西夏入寇路徑。而在秦鳳以來，多置番休之兵，做爲熙河緩急救應的準備，明令繕完守備，可以無患了。

(四) **定制敵之長算**：蘇轍〈民政下第五道〉，對於戍邊之兵與內郡之兵，兵源的由來及其用兵之道，有著卓越的見解，試闡述如後：

「御戎有二道，屯兵以待其來，出兵以乘其虛。」北宋的外患，來自西夏北遼，邊隙時起，不得不屯兵以待。至於時人衆議認爲北宋沒有出兵的理由，蘇轍則就北宋與夷狄雙方對待的形勢分析，認爲雙方邊界一定會發生戰爭，因爲是「歛天下之財以奉夷狄，彼求之無饜，則吾應之將有所不稱其意。大抵不過數十年之間，用兵之衅，不發於彼之不悅，則發於吾之不忍。此亦其勢之不可逃者也。」北宋奉之有限，而夷狄貪得無饜，戰爭的發生是必然來到，北宋豈能不出兵？

至於北宋平常無事必做的二件事：一是屯兵於邊，二是利用契機，以出兵攻擊夷狄。但是當前每年「發郡縣之兵以戍邊，此其未戰之謀」，並非「爲戰之術」。

夏商周三代古制，未有戍邊之役，戰國時代的燕趙最被邊患，只是「所以備胡者，安得戍卒用之？」但用「沿邊之民自爲卒伍，以制其侵略而已。」至於秦漢，乃有戍邊之謀，郡縣之兵，皆出於民役，它的辦法是「月爲更卒，已復爲正。一歲屯戍，一歲力役，以次相承，而迭相更代。」邊鄙之民不可使常爲兵，是以不得已而驅中原之民以戍邊，以捍寇虜。故戍邊之兵，歲初而來，歲終而去。如此，遂有諸多缺失，如「寒暑不相安，陰陽不相習，勇怯不相程，志氣不相企。上無顧於墳墓，而下無愛於妻子。」平居憂愁無聊，無樂國土的愛心，而緩急苟免，無死戰的情意，根本派不上用場。是以晁錯、陸贄等都有一針見血的議論。（註三）

宋朝實施募兵制，朝廷供給廩食，以終其身。由駐地供給，並無休罷更代的期限。而且多用中原之士而屯戍守邊，「雖無死傷戰鬥之患，而其心常自以爲出征行役，苦寒冒露，爲國勞苦，凡國家之所以美衣豐食以養我者，止爲此等事也。」所以士卒百萬，端坐而食，實不知行陣的勞苦，不見鋒刃的危險，但已自負，以爲有功於國，不必再爲國家擔當捍國保民的任務。這是用兵不得其道，而士卒皆已自負不可大用的弊病。況且士卒的可貴，在於有求報上的忠心，若無求報上的忠心，就不願「犯大難而涉大勞」。而銳氣不存，銳氣不存，豈能剋敵制勝？

蘇轍堅決主張：「內郡之兵，常常在內，而不以戍邊。戍邊之兵，常常戍邊，而不待內郡之戍卒。募兵郡之兵。其樂徙邊者，而稍厚之。不足，則邊民之樂爲邊兵者以足之。」用兵的策略是：平居無事則備邊；一旦出擊則獨發內郡之卒，使戍邊與內郡之卒各致勇力以報其上，用其銳氣，墮其驕氣，「屯兵歷年，而士無所怨其勞；出兵千里，而士無所憾其遠。兵入，則出者得以休息，而無乘塞之苦，兵出，則守著閑暇，而無行役之困。」內外之兵，交相爲用，如環之無端而不竭。如此，與現在竭天下之財以養兵，戍邊是這些士兵，戰鬥是這些士兵，未戰而士兵都已疲憊的情況。蘇轍的建言，應是改善兵力使用的良策。

四、北宋與西夏的貿易

宋眞宗景德四年（一〇〇七）在陝西邊境保安軍（陝西志丹）設置榷場，開放貿易。漢族人民以繒、帛、羅、綺等優美的絲織品和糧食等，交換黨項的駱駝、馬、牛、羊、氈、毯；又以瓷器、生薑、甘草等交換黨項人的蜜臘、麝香、毛褐、羚角、柴胡、肉蓯蓉、紅花、翎毛等。從此保此近三十年的和平局面，民間貿易十分發達，出現「商販如織」的盛況。在西夏政權建立之後，設立文思院，利用漢族工匠從事手工業生產，使手工業生產快速發展。同時開設許多定點集市，擴大各族間人民的商業貿易。北宋與中亞的貿易，陸路必須經過西夏地區，更促進西夏商業的活躍，西夏也設立通濟監，管理錢幣的發行，以適應市場流通的需要。

五、北宋文化的傳播

在漢族文化的傳播，黨項人通過西夏文研讀漢人古籍如詩經就譯成西夏文。黨項人用西夏文翻譯大批漢人著作，如《論語》、《孟子》、《孝經》、《孫子兵法》、《貞觀政要》等書，又譯《華嚴經》，《妙法蓮華經》，《波若波羅蜜多經》，《金剛經》等佛家經典，可見漢族文化與佛教思想在西北地區傳播迅速，影響深遠。西夏還建立大學，推崇孔子的儒家學說。而黨項貴族「尊行儒教，崇尚詩書」，還經常要求北宋朝廷頒賜圖書文籍。在在說明黨項人西夏政權漢化的趨向，是北宋王朝的對人類歷史的另一貢獻。

第四節　蘇轍軍事思想述評

一、北宋軍事中央集權的缺失

北宋王朝的中央集權，富國強兵爲統治者目標，實行軍事制度的指揮控制亦不例外，以文人帶兵，以募兵制招募兵士，素質不佳，遷調頻仍，遂造成將不識兵，兵不識將的疏離，上下不能同心，而諸將又貪功爭權，不與支援，形成一盤散沙，各自爲政。對於北遼、西夏屢戰屢敗，割地賠款厚賜，以求苟延殘喘而已。所以是中國歷史上國力最弱、版圖最小的王朝。

二、蘇轍主張寓兵於農的兵制

蘇轍主張實施「寓兵於農」的古制，無事則耕，有事則戰，安平之世，無廩給之費，征伐之際，得勤力之士。既解決兵士來源，又袪除冗費，是有其軍事財經策略的考量。如此，養兵不再是國家的經濟負擔。而用兵則首在尊崇良將，拔擢良將，以《孫子兵法》的「知己知彼，百戰不殆」，「不戰而屈人之兵」等謀略爲用兵原則，而戍邊之兵與內郡之兵，宜各有職守，不得輪替調動，以免往返費時費力，不合軍事財經的效益。

三、蘇轍推動國際外交，以誠信為原則

蘇轍在國際外交的策略，固守信義是最高原則，曾任北遼賀使，對於北遼的風土人情，觀察入微，十分熟悉，詩文籍籍。而大蘇詩文藉著北宋印刷術的發達，在北遼王國是家喻戶曉的知名人物，最值得蘇轍感到滿足與得意。至於北宋與西夏的和戰，蘇轍提出棄守的得失，說理圓熟，識見過人。論戰則以「理直」爲出師之名，論守則以「誠信」爲後盾，主張厚待，其時稱爲「賄賂」，今日稱爲「金錢外交」，殊無二致。

【註　釋】

註一：北宋於軍費及養兵支費在財政支出中所占比例簡表（汪聖鐸兩宋財政史頁七七一）

年代時期	議論者	言論陳述	文獻出處
仁宗寶元二年（一〇三九）以前	富弼	自來天下財貨所入，十中八九贍軍。	長編卷一二四。
嘉祐（一〇五六—一〇六三）治平（一〇六四—一〇）時期	蔡襄	一歲所用，養兵之費常居六七。	蔡忠襄公集卷一八，論兵十事疏
英宗治平二年（一〇六七）	陳襄	天下六分之物，五分養兵六分之財，兵占其五	同上書同卷，國修要目、強兵古靈先生集卷一八論冗兵札子，歷代名臣奏議卷二二〇。
仁宗至神宗時期	張載	養兵之費，在天下十居七八。	張子全書卷一三邊議。
仁宗皇祐以後	王銍	一歲所入……，耗於兵者常什八。	揮麈餘話及通考兵弓樞庭備檢。

註 二：潁濱貴傳下記載：「元祐六年（一〇九一）」六月，夏人十萬壓境，三日而退，不守誠信。蘇轍對呂大防說：「今欲議此事，當先議：欲用兵耶？不用兵耶？」呂大防：「如合用兵，亦不得不用」。蘇轍：「凡欲用兵，先論理之曲直。我若不直，則兵絕不可用。」建議：「以二十里爲界，十里爲堡鋪，十里爲草地。」

註 三：鼂錯論守邊備塞書：「今使胡人數處轉牧，行獵於塞下，或當燕代，或當上郡北地隴西，以候備塞之卒。卒少則入，入不救，則邊民絕望，而有降敵之心；救之，少發，則不足；多發，遠縣纔至，則胡又已去。聚而不罷，爲費甚大；罷之，則胡復入，如此連年，則中國貧苦，而民不安矣。」

陸宣公《翰苑集注卷十二》論遷幸之由狀：「自胡羯稱亂，遺患未除，朝廷因循久務容養，事多僭越，禮闕會朝。陛下神武統天，將壹區宇，乃命將帥，四征不庭，兵連禍結，行及三年，徵師四方，無遺不暨。父子訣別，夫妻分離，一人征行，十室資奉，居者有餽送之苦，行者有鋒刃之憂，去留騷然，而閭里不寧矣。聚兵日衆，供費日多，常賦不充，乃令促限，促限才畢，復命加徵，加徵既殫，又使別配，別配不足，於是催科設，率貸之法興。禁法滋章，條目纖碎，吏不堪命，人無聊生。」

第五章　蘇轍財經思想述評

第一節　財者爲國之命，而萬事之本

宋神宗繼位（一〇六八）年號熙寧，年富力強，銳意改革，王安石提出變法，應運而生，君臣所見略同，全力推動新政，欲挽狂瀾，力去沈疴。蘇轍也主張變革，主張財政中央集權，在求新求變的政治措施，理念是一致的。

一、方今之計，莫如豐財

熙寧二年三月蘇轍〈上神宗皇帝書〉，批評神宗施政之序，提出革新朝政的主張：「善爲國者必有先後之序，自其所當先者爲之，則其後必舉；自其當後者爲之，則先後並廢。」如此，何者爲先？何者當後？蘇轍認爲理財爲先，其他如此，何者爲先？何者當後？蘇轍認爲理財爲先，其他當後。接著又說：「財之不足，是爲國之先務也。……今者陛下懲前事之失，出秘府之財，徙內郡之租賦，督轉漕之吏，使備沿邊三歲之田，臣以此疑陛下之有意乎財矣。」財是萬物之所賴，但取之有道，取之有方，神宗取祕府之財不當，徙內郡租賦而民困，亦不當。蘇轍以爲「常使財勝其事而事不勝財，然後財不可盡而事無不濟。」如此，財不可勝用，而事無不成。蘇轍以此作一個比喻：「財者，車馬也，事者，其所載物也；載物者，常使馬輕其車，事輕其物，馬有餘力，車有餘糧，然後可以涉塗泥而事不僨，登坂險而馬不躓。」這比喻巧妙而恰當，蘇轍文章中比喻作法，屢見不鮮。若是理財不當，處事無方，就「譬如弊車羸馬而引丘山之載，幸而無虞，猶恐不能勝；不幸而有陰雨之變，陵谷之險，其患必有不可知者。」

神宗覽後，批付中書曰：「詳觀書意，知轍潛心當世之務，頗得其要。」即日召對延和殿。任三司條例司檢詳文字，蓋因神宗認同蘇轍對財政爲當今之先務，蘇轍說：「今世之患，莫急於無財而已。財者爲國之命而萬事之本，國之所以存亡，事之所以成敗，當必由之。」俗話常說：「有錢不是樣樣皆能，無錢則是樣樣不能。」是顚撲不破的眞理。

二、害財者三：冗吏、冗兵、冗費

蘇轍的任職三司條例是因對財政認知的理念，部分與宋神宗，王安石皆同。不到半年即去職，是豐財的理念大大的不同，尤其是靑苗法實施以後，蘇轍大肆撻伐，勢同水火。王安石主張「求財而益之」，即開拓財源，擴大稅基，這是個性積極力求績效的策略；而蘇轍個性積極卻內斂沈穩，較爲保守，又顧及人民的負擔，其豐財的策略是：「故臣深思極慮，以爲方今之計，莫如豐財。然臣所謂豐財者，非求財而益之也，去事之所以害財者而已矣。夫使事之害財者未去，雖求財而益之，財愈不足。使事之害財者盡去，雖不求豐財，然而求財之不豐，亦不得也。故臣謹爲陛下言事之害財者三：㈠曰冗吏，㈡曰冗兵，㈢曰冗費。」〈上神宗皇帝書〉

蘇轍主張節流以豐財，採取溫和保守的策略，其時反對新政者皆作如是觀。精減人事費、軍費及雜費，成效不一定立刻顯著，但一定無害，不會造成苛稅擾民的不安，不會急遽增加人民的痛苦指數。由此觀之，蘇轍的理財觀念，與王安石是背道而弛，而接近司馬光。

熙寧元年八月，王安石與司馬光有過激烈爭論。當時河朔旱災，國用不足，司馬光主張救災節用當從貴近始，要求郊禮勿賜金帛。王安石主張財用之所以不足，是因爲「未得善理財之人」，司馬光譏刺道：「善理財的人，不過是頭會箕歛，以盡民財」的人。《續資治通鑑卷六六》

財之事，包括冗吏、冗兵、冗費的「三冗」。上有官吏之俸（冗吏），下有士卒之廩（冗兵），外有夷狄之賂（冗費）。確是構成有宋財政困難的弊端，再加上外患頻仍，邊隙輕啓，戰敗賠款，浩費不貲。北宋朝廷財政的日益惡化，苛捐雜稅，百姓日以貧困，衣不蓋體，民不聊生，其來有自。

況且宋朝皇室的龐大支出費用，浪費國家公帑的不貲，形成國家財政的重大負擔。蘇轍〈元祐會計錄序〉曾有敘述：「宋眞宗封泰山，祀汾陽，禮亳社，屬車所至，費以巨萬。而上清、昭應、崇禧、景靈之宮相繼而起，累世之積，糜耗多矣。」

祭拜天地的巨萬金錢，皇室的大興土木，建造宮殿，國庫淘空，竟然不知節制。

蘇轍在〈元祐會計錄序〉曾詳細記載宋仁宗臨朝時，財政上已出現捉襟見肘、拮據不敷使用的情況，他說：

（仁宗）清心省事以幸天下，然而民物蕃庶未復其舊。而夏賊竊發，邊久無備，道令益兵以應敵，急征以養兵，雖間出內歲之積以求舒民，而四方騷然，民不安其居矣。其後西戎既平，而已益之兵遂不復汰，加以宗子蕃衍，充牣官邸，官吏冗積，員溢於位，財之不贍，爲日久矣。

三、淮南旱災，民間乏實

至於人民生活艱困，蘇轍任右司諫「乞以發運司米救淮南飢民狀」有詳盡的敘述：

淮南旱災，民食踴貴，朝廷令截留上供米三十萬石，以濟其急。不意今來旱勢益甚，夏麥無望，而秋收之期遠在百日之外。……恐未能遍及飢民。

淮南旱災，民間乏實，流徙道路，發常平倉及截留上供米，以濟其急，但飢民哀鴻遍野，難以一一救助，死傷失所，一片慘絕人寰的困境，朝廷亦無能爲力，可見朝廷財政的拮據，而有棄人民於不顧的情況發生。

北宋朝政的積弱不振，由來已久，冰凍三尺，非一日之寒，（因旱乞許郡臣面對言事札子）：

二年（哲宗元祐）以來，民氣未和，天意未順。災沴荐至，非水即旱，淮南飢饉，人至相食。河北流移，道路不絕。京東困弊，盜賊群起。……民力已困，國力已竭，而旱勢未止。……盜賊群起，勢有必至。」

人民在水災旱災的交相迫害之下，破家蕩產，父子流離，衣食不繼，有死而不可得者，甚而「人且相食」的野蠻世界，文明高度發達的北宋，人民生活的乏實，令人髮指。

第二節　制國之用，量入爲出

一、量民制官，量官求吏

北宋自趙匡胤「陳橋兵變」、「黃袍加身」以來，殷鑒不遠，彌自戒惕，遂有矯枉過正的趨勢，爲鞏固朝廷的總攬大權，削弱地方的反抗或犯上的力量，在政治上實施中央集權，路、州、縣的地方三級制度，各級長官均由朝臣兼任而非差遣。而政治、軍事、財政三權分立，卻重用文人實行文人領政，大量開科取士，累積快速增加官員人數，以幾何級數量算，根據蘇轍〈元祐會計錄收支敘〉所作統計，宗室任節度、觀察等使的人數，仁宗皇祐時爲九人，哲宗元祐時增至七十四人，各種官吏在景祐年間爲一千一百三十六人，元祐時增至六千七百零五人。有了人滿爲患的冗吏，就有入不敷出的冗費，蘇轍在〈乞裁損浮費札子〉提出官吏增加而稅收不增加的忠言，他說：「言者制國之用，必量入爲出。今者文武百官宗室之蕃，一倍皇祐，四倍景祐，班行（同列）選人（侯選官吏）、胥吏之衆，率皆廣增。而兩稅、征商、榷酒、山澤之利，比舊無以大相過也。」胥吏人數比仁宗朝增加四倍，但收入、稅收並未增加。所以蘇轍有「昔祖宗（仁宗）之世，所入既庶，所出既微，則用度饒衍，理當然耳。」肯定仁宗的財政措施，而對神宗的財政有所不滿。若「今時異事而奉行舊例，有加無損。今日天下已困弊矣。」展望未來國家財政賣官鬻爵，其收入不敷支出。平時已是如此困窘，「若更數年，加之以饑饉，因之以師旅，其為憂患必有不可勝言者！」為了減少朝廷負擔，減少冗費的支付，蘇轍提出解決辦法是「明詔有司，減去寺監不急之官，以寬不貲之費。」〈轉對狀〉

蘇轍對於官吏的任用，認為「置吏之意，有是民也而後有是官，有是官而後有是吏，量民而置官，量官而求吏，其本以為民而已。」〈上神宗皇帝書〉官吏因人民需要而設置，「為人設官，而非為官擇人」。因此，進用官吏，以官取人，遞補職缺的管道是「郡縣之職缺而取之於民府，寺之屬缺，而取之於郡縣。出以為守令，入以為卿相；出入相受，中外相貢，一人去之，一人補之，其勢不容有冗食之吏。」官吏的陞遷調職，有一定的管道；朝廷和地方聯成一氣，一個蘿蔔一個坑，卡位很緊，既杜絕「空降」「濫用」的管道，且依序升遷，重視官場的倫理文化，如此，「冗食之吏」，自然消弭，冗費減少，豐財可期。

蘇轍對當時官吏任用管道，頗不以為然，「近世以來，取人不由其官，士之來者無窮，而官有限極；於是兼守判知之法生，而官法始壞，浸淫分散，不復其舊，是以吏多於上，而士多於下，上下相窒。」由於「取人不由其官」的緣故，造成任用官吏的法度破壞，因不法管道而用人者多，遂有「僧多粥少」的弊端，也就是職缺有限，而進用官吏源源不絕，形成官吏員額大量的膨脹，朝廷無法消化過多員額，冗吏多而冗費高，人事管道阻塞不通，人事費用是重大的負荷。蘇轍感慨：「譬如決水於不流之澤，前者未盡，來者已至，塡咽克滿，一陷於其中而不能出。故布衣之士，多方求官；已任之吏，多方以求進；下慕其上，後慕其前；不愧詐僞，不恥爭奪；禮義消亡，風俗敗壞。勢之窮極，遂至於此。」（註一）

管仲〈牧民篇〉說：「國有四維」，四維是禮義廉恥，四維既張，國乃復興；四維不張，國乃覆亡。四維是立國根本，是安身立命的要件。而宋朝歐陽修目睹五代的朝綱不振，社會風氣頹廢，爲激勵官吏士氣，拯救人心，乃作〈五代史一行傳敘〉：「搢紳之士，安其祿而立其朝，充然無復廉恥之色者皆是也。」明末清初的顧炎武認爲不廉不恥，則無所不取，無所不爲，人若如此，禍敗亂亡，不日踵至，若身爲人臣如此，則國家必亂必亡，以此警示當時媚外漢人。所以君子仁人應保有「松柏後凋於歲寒，雞鳴不已於風雨」的操守，才是有爲有守的人臣。蘇轍當時官場文化如何？「近年貪刻之吏皆以成風：上有絲髮之意，則下有丘山之取，上有滂沛之澤，則下有涓滴之施。」奉上欺下，吏政頹敗，以億萬之財，養無用且有害之人了。

二、士兵可益，禁軍可損

北宋依兵立國，採募兵制，未能施以嚴格訓練，以致缺之戰鬥能力。但遼、夏寇邊頻仍，邊事吃重，又亟須武力，只好再增兵額，結果是竭天下之財，養無用之兵，兵愈多而國勢愈弱，財政愈困乏。

蘇轍在〈進策〉中有益士兵，損禁軍的建議，藉此節省公帑而增強兵力。他說：

「今世之強兵莫如沿邊之土人，而今世之惰兵莫如內郡之禁軍，其名愈高，其廩愈厚；其廩愈厚；其才愈薄。……土兵一人，其材力足以當禁軍三人；禁軍一人，其廩洽足以贍土兵三人。使禁軍萬人在邊，其用不能當三千人，而常耗三萬人之蓄。……以此權之，是土兵可益而禁軍可損。」

在英宗治平初年任三司使的蔡襄，曾進行詳細計算當時軍隊開支和財政歲入歲出的比例關係，大體如下表：

歲出入項目	錢（貫）		匹帛絹紬（疋）	
歲出入數	入	出	入	出
	三六八二〇五四一	三三一七〇六三一	八七四五五三五	七二三五六四一
軍隊開支	九九四一〇四七（南郊賞給不計在內）		七四二二七六八	
軍隊開支在歲出中所占比例	十分中　三分有餘		十分有餘	

歲出入項目	糧（石）		草（束）	
歲出入數	入	出	入	出
	二六九四三五七五	三〇四七二七〇八	二九三九六一一三	二九五二〇四六九
軍隊開支	二三二一七〇二二三		二四九八〇四六四	
軍隊開支在歲出中所占比例	八分		八分	

蔡襄由此得到結論：一歲所用養兵之費常居六七，國用無幾矣。《蔡忠襄公文集卷一八論兵十事疏》又蔡襄（國論、要目、強兵）：一歲總計，天下之入不過緡錢六千餘萬，而養兵之費約及五千，是天下六分之物，五分養兵，一分給郊廟之奉，國家之費，國何得不窮，民何得不困？

這是蔡襄概括的敘述，未必十分精確，但可見軍費開支，確是國家支出的重大花費。《汪聖鐸兩宋財稅史頁26》

其他尚有不入品的小吏，其人數比入品的官員更多，據《長編卷四九》記：咸平四年三司統計，由於眞宗即位後，遣使減省天下冗吏，結果諸路計省十九萬五千八百零二人，可見其人數確實不是少數。

其他宋朝在開支，尚有守邊將士、郊祀及供給皇室等費用，亦是冗費的重要支付。

三、富國有道，無所不恤者，富之端。

針對上述財政冗費的支付，蘇轍從節流的觀點，提出去冗費的具體可行方法，其一〈上神宗皇帝書〉：

故爲國者苟失其道，雖胡越之人皆得謀之；苟無其釁，雖無宗室誰敢覬者，惟陛下蕩然與之無疑，彼得以次居外如漢唐之故，此亦去冗費之一端也。

宋朝與北遼，西夏的攻防，一直是高度的軍事重鎮，以河北、河東、陝西爲前線，經常保有幾十萬大軍駐守，據景祐元年三司使程琳奏：「河北歲費急糧千二十萬，其賦入支十之三；陝西歲費千五百萬，其賦入支十之五，自餘悉仰京師。」《長編卷一一四》河北守邊軍需十分之七，陝西守邊十分之五，皆仰賴朝廷供給，是增加朝廷財政重大的支付。因此，蘇轍認爲治國者依其正道，則守邊大軍或未必全撤，但軍隊人數一定可以減少，朝廷財政可以減少支付，減輕負擔，是重要去冗費的策略之一。

其二宋朝建國以來，以唐重兵分於四方爲鏡，於是斂重兵而聚之京師。「然而轉漕之費遂倍於古。凡今東南之米，每歲溯汴而上，以石計者，至五六百萬。山林之木大於舟楫，州郡之卒弊於道路，月廩歲給之奉不可勝計。由於往返數千里，運米每每被侵盜，雜以他物，至京師率非完物。運費支付巨額，運米率非完物，得不償失。蘇轍認爲新法不良，採用舊法以補缺漏。其一募六道之富人，用其船漕運，免其過運商稅，完物運到京師，予以獎金。其二官自置場，於京師購買，駐守京師的士兵，得其完物，免付運費。此又去冗費之一端。

其三：

上皇帝書：

富國有道，无所不恤者，富之端也。不足恤者，貧之源也。從其可恤而收之，无所不收，則其所存者廣矣。從其无足恤而棄之，无所不棄，則其所亡者多矣。

蘇轍本著一貫主張從節流立論，對於開支，要做到「无所不憂者」，是誰該如此？世人以爲區區之用，應是有司的職責，蘇轍不以爲然，認爲應是天子的職責。而探究國家開支增多的原因：㈠是自嘉祐以來，冗官之累，㈡是治平京師的大水，河溯的大震，百役並作，㈢是郊祀之費有增不減，宗室喪葬費用，厚葬不貲。蘇轍提出建言：可恤而收之，无益之費就可漸減。此又去冗費之一端。

三冗既去以後，天下之財日生而无害，百姓充足，府庫盈溢，則天子所爲无不成，所欲无不如意。

第三節　中央集權的財經制度

一、善為國者，藏富於民

北宋王朝爲削弱地方勢力，鞏固中央政權，當太祖統一天下以後，於乾隆二年（九六四）接受丞相趙普的建議：「收其（地方）錢穀」，詔令諸州自今每歲受民租及管榷之課，除度支給用外，凡緡帛之類，悉輦車送京師。《長編卷五》。朝廷對財權的控制，其來有自。以唐爲戒，唐自天寶亂後，地方收入悉歸藩鎮，名曰「留州」或「留使」，上供甚少，以致國庫空虛。太祖乃命諸州除度支經費外，凡金帛悉送汴京，無得佔留。凡藩鎮出缺時，即令文臣取知所在場務。一路財貨，置轉運使掌理，其他各使皆不得簽書錢穀之籍，故地方財權，乃歸中央。因此，北宋政治、財經的中央集權，是國家既定的政策，在專制政治的體制下，人臣豈敢有異議？蘇轍對於中央集權的財經制度是贊同的，但是也有不同的見解。〈潁濱遺老傳下〉：

財賦之原，出於四方，而委於中都。故善爲國者，藏之於民，其次藏之州郡。州郡有餘，則轉運司常足；轉運司既足，則户部不困。

蘇轍也認同財政的中央集權，但朝廷的集權有先決條件，就是藏富於民，這是儒家理財的重要主張，《論語顏淵篇》記載有若回應魯哀公的稅率問題，對百姓的賦稅十分之一勝於十分之二，哀公不以爲然，有若說：「百姓足，君孰（怎麼）與不足？百姓不足，君熟與足？」

蘇轍眉山的老家，是小康家庭。而後赴京參加科舉應士，得到歐陽修的青睞，曾任大名府推官，是來自基層，從事地方基層工作的人，對於人民艱困的生活，是深刻而同情，〈和子瞻開湯村運鹽河雨中督役〉：「久雨得晴唯恐遲，既晴求雨來何時？今年舟楫要平地，去年簑笠爲裳衣。……東都十日營一炊，西鄰誰使救汝飢？海邊唯有鹽不旱，賣鹽連坐收嬰兒。」嚴重的乾旱，使得舟楫委地，因生活貧固無著，將簑笠暫作裳衣，十天作飯一頓。如此乾旱的天災，蘇轍在詩裏表現的是民胞物與的襟抱。

二、戶部不得總領天下財賦，帳籍不盡由戶部

宋朝的財經行政體系，一本於唐代。尤其是元豐新官制度更以〈唐六典〉爲依據，因而大概官制仿效唐代（註二）。尚書省爲政權最高執行機構，與之並行的中書省側重於立法，門下省側重於監審，合稱三省。尚書省下設六部二十四司，戶部爲六部之一，下設戶部左曹、戶部右曹、度支、金部、倉

部五司，左右曹可視同一司，即戶部，實際共四司。

宋人林駉《古今源流至論，後集卷二，三司》嘗記載三司的沿革，林駉說：「嘗觀三司沿革之由矣。度支本唐戶部之郎耳，由宰相兼判，系以使名，而度支之權始至，此其一變也。鹽鐵之權愈重，此其再變也。接於五代，鹽鐵、度支、戶部皆專使，總額曰三司，而鹽鐵又升戶部、度支之上，此三變也。」林駉敘述三變沿革，歷史淵源屬實，但鹽鐵說法並不十分正確。蓋發運使本唐時之場子院留後，以鹽鐵特運副使充任。廣明時，高駢奏改爲發運使，而鹽鐵轉運使變置曰：三司使而江淮沿唐置發運使。以總鹽漕茶務，實則唐轉運之職也。宋人吳曾《能改齋漫錄卷二》三司：

國初有鹽鐵、度支、戶部三司之職，蓋始於唐末天祐三年以朱全忠爲鹽鐵、度支、戶部三司都別置使，三司之名始於此。

三司實行財權集中於中央，是財權集中最重要行政機構。《古今源流至論後集卷二，三司》。

宋朝以宰相主民，樞府主兵，三司主財，國家大務莫重三者，故不得不專其職也。三司有正使一人，以兩省五品以上及知制誥雜學士充任，位亞執政，官稱省主，總鹽鐵、度支、戶部之事。有副使，副使以員外郎以上歷三路轉運及六路發運使充，爲實任主管，富有實際經驗的人。位亞待制者，稱省副；此外有判官，以朝官以上歷諸路轉運使提點刑獄充。其員有三，資序視轉運，有子司，其員有六，資序視提刑，通稱日省判。

宋朝立國之初，以宰相掌理民政，樞府掌理軍事，三司掌理財經，各司其職，是國家行政的三大支柱，各有專務。而對於財經的三司，總領國計，四方貢賦輸入，朝廷並未干預，一歸三司。而鹽鐵（註三），度支、戶部號計省，其位次於執政，目爲計相，官稱省主，其恩數、廩祿與參知政事、樞密等並齊。所以三司及三司使在宋朝財政上居於核心和主導位置，其財權的強大，正是北宋前期財政上集權化的表現。

蘇轍在元祐初，有〈論戶部乞收諸路帳狀〉對於司馬光意在「欲使天下財用出納卷舒之柄，一歸戶部」，蘇轍主張保留「元豐帳法」，「戶部不得總天下財賦，帳籍不盡由戶部」，改由轉運司以計帳申省，以免帳籍冗積於三司。至於驛料等帳，非三司國計虛贏所繫，故只令磨勘架圖。況且轉運司與本部州軍，因地理不遠，取索文字近而易得，且「文帳數目不多，易於詳悉，自是內外簡便。」蘇轍在財經節流的思想與司馬光理念相似，但在行政措施系統架構上，仍有很大的歧異。

三、事權分，則財利散，雖欲求富，其道無由

對於三司的建立，蘇轍深表贊同，以爲是「參酌古今之道」而建立的，也就是淵源有據，捨短取長的好制度，所以「領天下事幾至大半」，權任吃重，非他司可比。

由於三司是財政機構的核心，爲達到中央集權的重要機制，若「事權分，則財利散，雖欲求富，其道無由」。政務事項由三司統核，事務事項由轉運司襄助，使三司減少業務工作量，又能集中財權。蘇轍用比喻說明分工合作的情形：國家的財政，就像人的飲食一樣，飲食的道理：嘴管食物的出納而胃

稱量的多少，消化吸收以後，分布氣血，以養百骸，耳目賴之以爲明，手足賴之以爲力。如果不專任口腹，而使手足耳自得分別治理，雖然想求一飽，不可得到，欲求安身長壽，亦不可得到。蘇轍是以朝廷的戶部比喻口腹，其他各司就像身體各部，而以口腹總司其職。〈請戶部復三司諸案札子〉若「權利一分，則財無益」，因其他各司以辦事爲效，則不恤財之有無。戶部理財，不管事務工作，各司其職，其勢不復相知，雖使戶部得才智之臣，亦無益於財政的預算核算了。因此，必施於早救，以免後患無窮。

至於三司之制，內部職務分類，大概如後：

鹽鐵七案：兵案、冑案、商稅案、都鹽案、茶案、鐵案、設案。

度支八案：賞給案、錢帛案、糧料案、常平案、發運案、騎案、斛斗案、百官案。

戶部五案：戶稅案、上供案、修造案、麴案、衣糧案。

其附屬機構則有：都磨勘司、都主轄收支司、拘收司、都理支司、都憑田司、開折司、發放司、催驅司、受事司等。

宋朝皇帝爲參與各項重要制度的制定，親自主持重要會議，過問財計的盈虧虛實，太宗淳化三年（九九三）特下詔規定：

「自今三司，每年具見管金銀錢帛軍儲等簿一本以聞。」眞宗、仁宗、英宗三朝進一步命三司使主持編定「會計錄」，詳錄有關財計的重要數計，俾使皇帝全面了解財政運作情況。

四、案牘積而吏多，則欺之者衆

北宋由於政治、軍事的高度中央集權，財經也就實施高度集權，在外患頻仍、動蕩不安的社會裡，三司取代了戶部四司，反映禁榷的收入在朝政中有著不可或缺的地位，三司的地位也跟著水漲船高。地位高和責任大是成正比，三司的業務範圍擴大，吃力繁重，國家財計之事無所不從，又管理省財計，干預地方財計，不但管理，並負有監督出納，除財計事務外，還要負責土木建築，軍器製造、水利工程及一些民政事務，原本三司的理財是以一體化、一統化爲其特色，但是如此龐雜繁重的業務中，已不是一體化，一統化的三司所能完成的一貫作業，弊病叢生，或許是權力容易使人腐化的應驗罷了。

對於三司掌控吃重的業務，發出憂心指正的聲音，有著不同的管道：

至道年中，太宗曾批評三司：「今三司但欲增置關防以塞奸幸，不知綱目既衆，簿書愈多，奸幸彌作。」《長編卷四〇》

太宗對於「奸幸彌作」，來自於「綱目衆」、「簿書多」的三司，而三司之所以如此，不能完成應有的責任，是來自宋朝中央集權制度。是制度不當，不是三司不好。其時三司官長陳恕也說：「封域浸廣，財谷繁多，三司之中，簿牒塡委。朝廷設法，督責尤嚴，官員吏人，救過不暇。」《長編卷四〇》陳恕指正當時三司處境的艱困，管轄過大，案件過多，極端忙碌，仍然避不掉苛責，三司的官吏，苦不堪言。因此，積習累積，官吏偷惰，案件不曾處理，在仁宗嘉祐年間，達二百一十二萬件，眞是駭人聽聞。蘇轍在神宗即位初曾上疏批評財計權力過分集中〈上皇帝書〉：

「吏冗……尤甚者莫如三司之吏，世以爲多而不可損，何也？國計重而簿書衆也。臣以爲不然。主大計者必執簡自處……今則不然，舉四海之大而一毫之用必會於三司，故三司者案牘之委也。案牘積則吏不得不多，案牘而吏多，則欺之者衆，雖有大利害不能察也。夫天下之財，下至郡縣而至於轉運使，相鉤較足以爲不失矣。世常以爲轉運使不可信，故必至於三司而後已。」

「案牘」、「吏多」、「欺衆」是三司的缺失，是三司運作吃力不討好的任務，其禍害仍是中央集權的遺毒。

《宋史卷一七九食貨志・會計》有言：

「凡貨財不領於有司者，則有內藏庫，蓋天子之別藏也。」說明內藏庫是不領於有司而直接受皇帝控制的貯財所，也是宋朝皇帝爲加強親自御財的能力，而內藏庫遂成爲皇帝的私財。但是私財的方便使用，並非只用在皇帝的自身，乃「待於邦國非常之用」，《長編卷六》曾記載宋太祖創設封粧庫，其目的在於「軍旅飢饉，當於爲之備，不可臨事厚歛於民。」「軍旅」之費乃指庫財將移作收復幽燕等十六州的軍費，而不加人民的負擔。而突發水旱災的變化，三司乏財急撥使用，內庫財的支援，就是現在的「動用預備金」了。

呂祖謙《類編皇朝大事記・卷一一仁宗、省財費》：司馬光上書仁宗：「祖宗置內藏以備饑饉兵革非常之費，非以供陛下奉養賜予之具也。」以此要求仁宗節用皇宮浮費。內藏庫的設立，其動機目的約可歸納下列三點：㈠是強制性儲存財款。㈡是直接控左右財計的權力㈢是有利於掩蓋皇室費財的眞象。《兩宋財稅史頁六〇二》其實內藏庫的財源，本來是「歲計餘積」，事實上固定的名目輸送，並不核算歲計的盈虧，如果眞是「歲計餘積」，三司何來向內藏庫借貨？「仁宗明道二年至景祐三年，才四年借貨錢帛凡九百七十萬二千有餘」，《長編卷一一〇》

五、上供不闕，無所獲利

宋初加強中央集權，州軍直達朝廷，全國約有二三百州軍，事事直達朝廷，朝廷的工作量過大而不勝負荷，於是應乎客觀上的需要，在朝廷與州軍之間設一組織，以代朝廷處理一些州軍不能或不便處理的事務，於是轉運使應運而生，既是分權或授權的管理良法，以減輕朝廷的工作量，增進工作效率，確有其必要。

蘇轍在〈轉對狀〉曾對轉運司的承上啓下做好溝通的橋樑，有高度的肯定，「上供之數……每有緩急，王命一出，舟車相銜，大事以濟。」所以庫藏之計，極爲豐厚，而且做到「歛散及時，縱捨由己」，至於不知本末之狀的人臣，欲求富國，卻先困轉運司，轉運司被困，則庫藏不得宣洩，上供不繼，戶部亦憊。若是，則庫藏雖「積如山丘，而要爲朽壞，無益於算。」由此可知：轉運司的功能，使朝廷與地方的財經，相互周濟，居功厥偉；若無轉運司的運作，則朝廷與地方的財經阻隔而不能流暢，雖是財利豐富，亦不足濟事。其實宋初轉運使的設置，乃基於軍需供應的需要，是臨時性差遣，其後宋與夏、金、交趾等交戰頻仍，遂爲常設，戰爭停止即罷職。自「太平興國二年（九七七）以後，將防邊、盜賊、刑訟、金谷、按廉之任皆委轉運司，自是轉運司擴權確定。但是皇帝有割據的顧慮，於是另設訊察漕司，處理公務，又以提點刑獄負責法紀與訴訟（憲司），轉運司權限遂被削減；僅改催科征賦，出納金谷、應辦上供、漕輦綱運等事。《長編卷一六六》記載在宋仁宗皇祐年間，葉清臣上疏以五個條件來考核轉運使：㈠戶口之登耗，㈡土田之荒僻，㈢鹽茶酒稅統比增虧遞年租額，㈣上供和糴與實物不虧年額拋數，㈤報應朝省文字及帳案齊足。由此可知，轉運司係三司的子司，三司欲求有效履行朝廷財經政策，則有賴於轉運司的配合與支持。葉清臣又指出：三司總天下錢穀，贍軍國大計，必藉十七路轉運司公共應付。因此，轉運司仍以財經爲任務主軸，其餘職權只是附帶而已。蘇轍在〈上皇帝書〉中，有更明確的看法：

「故臣以爲天下之財，其詳可分於轉運使，而使三司歲攬其綱目，既使之得優遊於治財貨之源，又可頗損其吏以絕亂法之弊。」

於是事務性工作減少，只是監督責成，而優遊治理財貨之源，轉運司的運作及發揮，是財經機構的承軸。地方州郡的財務報表盡滙於轉運司，亦可行使地方財政的監督權。綜合前述轉運使不但要負責調濟管內各州軍之間的餘缺，催督綱運，其自身也直接掌管一部分財賦的入出。時稱「漕計」。且對於宋朝西北的軍需多由東南諸路供應的情況，以東南諸路有餘以供上京及西北的不足，這些項目都是轉運司的事務性重點工作，蘇轍〈論發運司以糶糴米代諸路上供狀〉主張：「今後諸道轉運司出限不到米，依舊以發運司所入米代發上京，而不得於諸路貴取米價。俟諸道搬到米，依數撥還，據違限欠數，取勘轉運司官吏，要使上供不闕，而無所取利。」

六、州郡財經組織與支付

宋朝州郡財經的主管有三種官員：知州、通判、戶曹參軍。其職掌知州總攬財經大權，通判是財政的執行者，凡兵民、錢谷、戶口、賦役……之事，皆由通判裁決可否，而戶曹參又稱「司戶」，掌理戶籍、賦稅、倉庫受納等事務。由此得知：州郡財經最主要負責人是知州，通判是副手，協助知州執行而具有些微監督作用。

州郡是宋朝地方財經最重要的單位，不但要承擔州郡的官吏軍兵支費，而且路級官吏軍兵費也得支付。財政的收入，分配支付，其先後次序，一上供二留州三送使。這是宋朝地方州郡財經處理的一貫原則。

至於州郡的收入，主要是食鹽，食茶等所得少數利息，後來增加有榷酒、商稅、頭子、牙契等收入，但又有分隸制度的設立，收入部分歸於上司，另立帳簿，本州郡只有代管義務，沒有支配的權力。

《長編卷一一四》記載：景祐元年就有詔令將存留地方的財賦輦運京師。地方除經費外，其餘財賦全部輸送京師的規定，以加強中央集權的控制。而在景祐四年（一〇三八）修訂增加數額爲每年六百萬石，而後不斷的增加。爲了減少輾轉運輸的損耗及不便，乃有紙鈔的發行，核算後再輸入京師。

縣邑是宋朝財經制度最基層的單位，其主要責任包括三方面：㈠征收田賦、雜稅、商稅及官田租入，代理有關禁榷收入㈡依照規定窠名或定額向朝廷輸送財賦㈢支發當地或鄰近官吏、軍兵薪餉，並向上一級官府輸送一定數量的財賦。

縣邑財計的主要收入是：商稅、榷酒、苗米加耗及地方性雜稅、雜收入等。雜稅、雜收入包括酒稅、牛驗、醋息、及茶、麥、牙契、免丁、房賃，自可隨宜拘催，另有官吏有過而科罰者，人戶論訴理曲，合與斷罪，乃以修造爲名，各罰錢若干入官。

縣邑財政主管者是縣令（包括知縣）、縣丞和主簿，其中縣令是爲決算人，縣丞有監督作用，主簿屬負責收支帳簿。

七、北宋朝財政制度的結論

㈠宋朝財政收支，最主要是上供

宋朝的地方財政收支，賦稅結構，最主要是上供，是提供西北地區和京師的軍事費用，是北宋經濟問題的焦點。耗費巨大稅款，從事軍事的人事費用及裝備，經費來源是兩浙、京東、淮南等地區的援助，兩浙等地區自行消費不多，而生產量高，遂有餘力贍給朝廷。

就人而言，北方勞動人口少於南方，而勞役需求孔急，就勞動量的總數並未減少，但勞動人口的結構有了變化，用於生產人口數相對減少了，因此，必須仰賴東南地區的贍給。

就物而言，可以強化刺激北方的糧食生產，南方的商品經濟也得到強化刺激，迫使將產品更多投入市場，將實物變爲貨幣或發展副業等商品生產。但爲南方帶來饑荒的不良後果。熙寧間司馬光指出：

「江淮之南，民間乏錢，謂之錢荒。而土宜秔稻，彼人食之不盡，若官不糴取以供京師，則無所發洩，必甚賤而傷農矣。」《宋史卷一七五食貨上三》

江淮之間，土壤肥沃，稻米盛產有過量之虞，生產過剩則物價低，物價低則害農耕。北方京師則糧食不足，有匱乏之餘，供給不足，物價哄抬，饑荒到來，盜賊四起，社會動亂發生了。但是錢荒的江淮，因無錢購買，購買力不足，更造成「百姓持銀、絹、絲、帛入市，莫有顧者，質庫人戶，往往晝閉」的現象。

㈡北宋的南財北運

如果多徵貨幣而過量超額，不但不能促進商品經濟，反而引起反作用而傷害了農業生產，造成商業危機。因爲根據貨幣數量原理（The quanity theoy of Money）貨幣數量與貨幣價值成反比，而貨幣數量與商品價格成正比。貨幣的供給額必須管制，以免造成「物重錢輕」的通貨膨脹現象。總而言之，就宋朝的地方經濟的概況，東南的富庶與西北的貧困，其利害是殊塗同歸，對商業的發展都是不利的。

由前述得知：北宋的經濟是因政治、軍事的需要而發展，由東南物質運輸到北方的京師和西北的陝西守邊一帶，都是單向的流通。其實北宋的財政收入，大約六分之五是用於國防軍事開支，也是最大的經濟活動，其面積佔全國總面積百分之三十五，人口佔全國總戶數百分之三十四的北方地區，這是南財北運或西北的北宋特有的經濟活動。

㈢北宋的行會制度

由於北宋的商業發達，商業都市興盛，各業「行會」制度因應而生，確立體制。說明經濟社會的分工，益趨細密。當時已有「七十二行」之說。（至清代有三百六十行的說法）。行會林立，行道各有師承傳接，都各有「幫口」「祖師」「行規」。並以尊師重義為商業道德的根本。設如削碼、詐騙，必為同行所不容。其制度頗為嚴謹，非今日職業教育可以比擬。

㈣北宋的工藝機械業

北宋除商業鼎盛之外，工藝、機械的成就亦有可觀：火藥、印刷術的發明，使人類文明邁前一大步。而絲織品、瓷器的技術進步，提高生活品質，尤其是瓷器，如北方的定窰、汝窰；南方的龍泉窰、哥窰、景德窰等，都是名聞中外。況且漆器的技術精湛，如「沈舍」、「堆米」、「堆黑」等。時福建人楊塤與日法會製，生產新品，時稱「楊倭漆」，流傳中外，備受歡迎。

北宋在機械科學方面，如天文、曆算、醫學等，頗有成就。有錢樂之鑄「銅儀」，沈括作「渾天儀」「浮漏」「學表」三儀。蘇頌復製「儀象」，皆根據數理而成的精心傑作。而算術最為發達，設專科教誨。

第四節　農業與土地政策

一、立法明等，以平風俗

北宋的商業蓬勃發展，超越歷代，富商與官吏因勢利導，成為資本蓄積的分子，於是富商、官吏遂憑藉其雄厚的資本，投資土地的買賣，土地的買賣風氣一開，就無法遏止，而兼併的交易自然發生。富者以告身免稅的特權而益富，貧者以繳重稅及商業資本的侵蝕而益貧，結果，土地買賣額數迅速增加，土地私有制重復確立。（註四）

土地兼併所造成的弊害，對社會風氣的傷害，蘇轍在〈民政策上第五道〉有著睿智的看法：

「天下之人兼併而有餘，則思以為驕，奢驕之風行於天下，則富貴至於破其資畜；而貧者恥於不若，以爭為盜而不知厭，民皆為盜之心則為之，上者甚危而難安。故為之法曰：立制而明等，使多者不為過，而少者無所慕也，以平風俗。」

貧富差距不斷的擴大，來自於驕奢的追求，居官者貪得無厭，必納賄賂；貧民因追求財富而無恥，居鄉必盜。社會風氣的頹靡，自此濫行，不可遏止。蘇轍認為立法明等，俾使貧富差距不再擴大，以遏止「無恥」的社會風氣。

為了抑止土地兼併日益激烈的現象，造成貧富差距愈形尖銳，貧者無立錐之地，富者阡陌縱橫，貧者淪爲佃農，勞苦力作，食不溫飽，衣不蔽體；富者成爲地主，遊手好閒，食必珍奇，穿必錦繡。宋仁宗曾頒限田之詔，公卿以下，毋過三十頃，衙前將吏應復役者，毋過十五項。但是積重難返，未幾即廢。

宋徽宗政和年間，再度下詔，設限一品百頃，二品以次遞減至九品爲十畝，官愈高，田愈多。凡在限內之田，均免差科（賦役），限田之外，則須納稅。所以北宋中葉，凡賦稅不及之田，十居其七，強宗重臣，阡陌相望，皆爲特殊階級的莊田。如何改善農民生活的痛苦，蘇轍在〈進策民政下〉有著很好的解決之道。主張「可使郡縣盡貸而任之，以其土著之民，以防其逋逃竄伏之姦。」而貸款的實施是「春貸收斂繒帛，夏貸以收秋實。」

二、知農之可樂，不勸而自勵

人民的經濟生活，在物價的反應極爲顯著，僅就本價的高低貴賤，以檢視農民生活的富裕或貧困，當歉收產量不多時，物價必高，人民的經濟生活自然不好；豐收產量增多時，物價必低，人民的經濟生活自然美好。

北宋米價略表（摘自汪聖鐸《兩宋財稅史》）

帝號	年代	物品	重量	價錢	地區
宋太宗	太平興國五年	米	一斗	一〇餘錢	河東
宋太宗	咸平景德年	米	一斗	一〇餘錢	淮洛
宋眞宗	大中祥符元年	米	一斗	七餘錢	量價最低
宋眞宗	大中祥符二年	米	一斗	三〇貫	京師
宋仁宗		米	一石	六〇〇一貫	江浙
宋神宗	熙寧四年	米	一斗	一〇〇錢	
宋神宗	元豐	米	一斗	一〇〇〇錢	陝白八〇錢
宋哲宗	元符二年	米	一斗	五二〇錢	延安

由上表得知宋初米價偏低，宋眞宗時米價最低，宋神宗元豐年間米價最高，雖然各地區米價未必相同，有產量、運輸、市場等因素而異，卻可窺見北宋人民的經濟生活，米價過高傷民，米價過低則傷農、傷民則宜平出售，傷農則朝廷必予補助。

宋朝對於農民生活有抒困因應方法：如

宋仁宗嘉祐年間，曾鞏任越州通判，值歲大饑，農民生活困苦，乃出粟五萬石貸民爲種糧，使隨歲賦入官，農民賴以不乏。若是，可以做到「備養生送死工具，導之有方，而取之有法，則其民豐樂饒足，老死而無憾。」（民政策下第三道）

宋英宗治平中，河北人民流入京師，詔以糴使司陳粟貸民，每戶二石。時劉渙知澶州，因河北地震，農民乏粟，多賤賣耕牛，渙令發公錢收購耕牛。次年，民無耕牛，價值十倍，渙復出所市牛，以原價售與農民，農民得以復耕，公帑無虧。

宋神宗元豐間，趙抃知越州，採行救荒法，農民欠借貸無力償還利息，告富人寬限至稻穀收成後，官府做爲擔保人，責農民償還利息。

以上敘述曾鞏、劉渙、趙抃都是有守有爲的太守，蘇轍認爲爲政「生於太怯而誠於牽俗，太怯則見利而不敢爲，牽俗則自顧而愛其身，夫是以天下之事，舉皆不成。」曾鞏等太守都能因時因事因地而制宜，是不怯且不牽於俗的人了。

蘇轍對於農民的經濟生活，並無實際協助農民的具體可行方案，但是整體的農業政策，也有明確的指標，在〈制置三司條司論事狀〉：主張

「勸課農桑，墾闢田野，人存則舉，非有成法。誠使職司得人，守令各舉其事，罷非時無益之役，去猝暴不急之賦，不奪其力，不傷其財，使人知農之可樂，則將不勸而自勵。」

蘇轍提出農業最高指導原則：包括開墾荒地，增加耕種面積。因時因事因地而制宜的可行方案，不墨守成規。使民以時，以不害民而利於耕。減少農賦，使民富足。諸多指導原則，欲達到「知農之可樂，則將不勸而自勵」，如此，人人導於農事，農民富足而享富裕生活，養生送死無憾，是仁政的最佳典範。

三、常平法和義倉法

爲解決農民生活問題，在饑荒連年時最爲棘手，所以平時的儲積糧食，調濟盈虛，成爲救濟民食的第一要政。宋朝有鑒漢朝、隋唐以來的平倉、義倉兩制，是利民良法，沿襲實施，以爲增進農民經濟生活的良方。

㈠**常平法**　乃常平穀價，調節穀價，以免過貴或過賤，貴則傷民，賤則傷農，維持平糴，以安定民食。

太宗淳化元年（西元九九〇）京師貴糴，開廩賤糶，以惠恤人民。三年，京畿地區豐穰，物價賤甚，分遣使臣在四門廣場，增價收購，貯之於倉庫，曰常平，命常參官主事，在凶荒時減價糶與貧民。宋眞宗景德年間連年豐收，於是在京東、京西、河北、河東、江南、兩浙、陝西、淮南等各路普徧設置，制度確立。

常平制度是以縣戶爲單位，每一萬戶，一年收購一萬石稻穀儲存。萬戶以上的縣，以五萬石爲限度。三年以上舊穀出售時，則換新穀。每年夏秋，視市價加三五錢收糴，遇貴則減價三五錢出糶，但減價不得低於成本。收糴資金依縣內戶口的多寡，提供上供錢以外，剩餘皆歸司農寺管理，三司不得干涉，因此，常平制度由國家公款辦理，列歸行政系統。

㈡**義倉法** 宋承五代亂餘，義倉時復時廢。宋仁宗景祐年間，集賢校理王琪奏請復置義倉，辦法是五等以上戶，在夏秋納稅時，每二斗另納一升（水旱減稅時免納），各州縣擇便利之地置義倉儲存，領於轉運使，凶年出存，以賑恤飢民。這是以民間穀物，儲備以為救荒之用。而後曾下詔於全國各地設置義倉。尋廢，嘉祐二年（一〇五七）依樞密使韓琦奏請，全國各地設置廣惠倉，仍屬義倉性質，但領於提點刑獄。其後辦法時更有措，嘉祐四年（一〇五九）政隸司農寺，每州選幕職曹官各一人專監，主理出納。每歲十月，別差官吏調查受米者，凡老弱疾病，不能自給的人，籍定姓名，自十一月一日開始，施米一升，幼者半升，每三日一次，至明年二月止。若有餘米，則依縣大小而平均施給。其後名稱雖有更改，其義倉屬性仍然不變。

蘇轍〈乞賑救淮南飢民狀〉：

> 竊見頃立義倉，至今已將十年，所聚糧斛數目甚多。每遇災傷，未嘗支散一粒，民情深所不悅。臣竊乞指揮淮南官司，先將所管義倉米數，隨處支與闕食人户，并將常平米減價出賣，及取問鹽司州縣，因何并不曾申請擘畫。

這是蘇轍在哲宗元祐元年（一〇八一）二月北返京師，除右司諫時提出呼籲，以為義倉，常平等均未發揮賑災救民的功能，要求鹽司州縣必著手擘畫，以期實現立義倉，常平等實際效用。

四、北宋的農業制度

㈠設置農師

宋代重視民食，宋太宗鼓勵耕稼，勤勉督導，太平興國七年（九八二）詔令：

「兩京諸路，許民共推練土地之宜，明樹藝之法者一人，縣補爲農師。令相視田畝肥瘠及五種所宜，其家有田不種，其戶有丁男，某人有耕牛，即同鄉三老里胥，召集餘夫，分劃曠土，勸令種蒔，候歲熟共取其利。爲農師者，蠲稅免役，民有飲博，怠於農務者，農師謹察之，由州縣論罪，以儆游惰。所墾田，即爲永業，官不收其租。」《宋史卷一七三第一二六食貨上一農田》

農師，就如農復會的指導委員，負責指導農民的耕種、施肥、除草、除蟲、運輸、行銷等有關農業產銷問題。

宋朝的農師是官派農業官吏，不僅指導農業技術，田界介定，並負有監督農民勤惰的考核權，監督考核是其工作重心。這是一種創舉，可惜寬施不到二年即告停止。

㈡北宋田制

宋初以吏緣爲姦，稅不平均，由是人民失業，田多荒蕪，爲激勵人民開墾農田，增加耕作面積，乃詔許民闢土，州縣不得檢括，但只以現佃（代耕者）爲額，結果收效甚微。迄淳化五年（九九四）

再詔，再序人民利多，凡州縣曠土，許民請佃爲永業，免稅三年，四年以後令納三分之一。官吏勸民墾田，然耕地遲遲未有增加。

墾田可分爲營田與屯田皆屬官田。營田者，即開墾田土，修蓋屋舍，製造農具，招人耕作，皆置人以管理。屯田者因長屯而得名，故可戰可耕。營田者用民爲兵，然亦有雜用軍兵者，兩者大同小異無嚴格區分。

官田的主要來源：爲當代遺留的官有土地，原無人耕種的天荒地和公用地，沒收入官的土地，戶絕地及買捕坊場，催貸市易等錢無力償還的抵當土地，後數者又是官田增加的途徑。

北宋屯田總面積現存天禧末年登錄的四千二百餘頃；相當於全宋總墾田面積五百二十四萬餘頃的不足千分之一，此數是否含營田已無可考，即使另有與屯田一樣多的營田，其在全宋耕地面積中所占比重，也是微不足道。至於探究營田、屯田績效不彰的原因：或以侵佔民田爲擾，或以差借耕夫爲擾，歲入不償其費。於是不得不罷止，主要原因是：入不償費，擾民，軍不習耕，造成殘民。

㈢蘇轍嚮往井田制度

蘇轍對於宋代各種農田政策頒布實施，多不予認同，以爲弊多於利，在〈私試進士策問〉有言：

「三代以田養兵而取之以十一，其民盡力於耕則足以自養，上之人以時，平其政令，而民受其賜，既已厚矣。自戰國之禍，田制既壞，賦法隨弊，天下之民，仰困於租稅，而俯困於兼併，其害不可言矣。」

蘇轍對於夏商周的井田制度，認爲是最好的田制，其後壞井田，開阡陌，農民生活頓失依所，租稅付不出，農田被兼併，俯仰不足以蓄妻子，養父母，在在顯示對於宋代田制的傷民，尤其宋神宗時，爲防止土地兼併的慘烈，採用王安石的方田法《宋史卷三二七王安石傳》：

> 方田之法，以東西南北各千步，爲一方。一方合十一頃，六十六畝，一百六十步，（古者百步一方爲百畝之田，千步一方爲萬畝之田），歲以九月令佐分地計量，驗土地肥瘠，定其色號，分爲五等，以地之等均定稅數。

這是以定稅爲主要的農田制度，至哲宗時司馬光罷廢。徽宗時蔡京又蹈襲方田制。蘇轍對方田制度一直持反對意見，（別置三司條例司論學狀）：

> 嘉祐以來，方田之令，何異於經界，行之歷年，未聞有益，此農田之說，所以未諭也。

蘇轍的「未諭」，乃指北宋實施方田政策，何以故？因「方田之策」與「經界」類似，對於農業提振，農民利益，並未獲得良好績效，而以爲「民擾而不安」，蘇轍的主張是「三代之君，開井田，量溝洫，謹步畝，嚴版圖，因口之衆寡以授田，因田之厚薄以制賦，經界既定，仁政自成。」〈民賦敘〉

井田之制，才是最好的農田政策，「授田」、「制服」則人口衆寡，田之厚薄以定，三代的仁政自成，而蘇轍的嚮往儒家聖人之治，亟希望在宋代再次實現。況且不是空談，有落實井田之制的具體可行方案，蘇轍稱：

> 公邑爲井田，而鄉遂爲溝洫，此二者一夫而受田百畝，五口而一夫爲役，百畝而稅之十，一舉

而無以異也。然而井田自一井而上，至於一同而方百里，其所以通水之利者，溝、洫、澮三，溝洫之制，至於萬夫，爲地三十二里有半，其所以通水之利者，遂、溝、洫、澮、川五，夫利害同而法制異，爲地少而用力博，此其所以未知者一也。五家爲閭，閭有閭胥；四閭爲族，族有族帥；五族爲黨，黨有黨正；五黨爲州，州有州長，五州爲鄉，鄉有一正卿。及有軍旅之事，則以比長爲伍長，閭胥爲兩司馬，旅帥爲卒長，黨正爲族師，州長爲師帥，鄉爲將軍，故凡官之在鄉者，軍一起而皆在軍矣。〈私試進士策問二十八首〉

蘇轍對農業政策，堅持恢復三代的井田之制，認爲井田制度不但解決農民的農業問題，賦稅徵收問題，可以「收太平之稅」，免除「耕者窮餓，而不耕者得食以爲不便。」藉此井田制度的落實，亦可解除「民事大敗」，「兼併之民衆，而貪民失職，貧者無立錐之地，而富者連阡陌以勢相從」，剷平社會貧富差距懸殊不公的現象，而做到「限民以田，貴者無過若干，而貧者足以自養」，人民得生養的契機。

況且井田制度，是寓兵於農的田制，人民平時務於農事，戰時則編組成爲組織嚴密的軍系兵團，有伍長、司馬、卒長、族師、師帥、將軍等單位，在北宋的外患頻仍，北遼、西夏屢寇邊境的情勢中，壯大兵力，是朝廷要務，豈可輕忽！所以蘇轍的大聲疾呼，願天子得聞，但並未如願。宋神宗在位，卻接納王安石的青苗法，使蘇轍大爲不滿，不得不全力以赴的大肆抨擊，爲理想的實現而奮鬥。

王安石知道「衣食所以養人」，因此，既主張富國強兵，而富國強兵的根本，來自稅源，青苗法的實施，兼具增加稅源、賑救農民的青黃不接，在實行之後，卻由社會政策轉為財政政策。況且青苗法方案並不周密，青苗錢「散與人戶，令出息二分，春散秋斂」，二分利息本已嚴重，韓琦有言：

今放青苗錢，凡春貸十千，半年之內，便令納利二千。秋再放十千，至歲終又令納利二千。則是貸萬錢者，不問遠近，歲令出息四千。《宋史卷一百七十六食貨志上四常平義倉》

蘇轍在〈詩病五事〉批評王安石，以為「王介甫小丈夫也，不忍貧民而深疾富民，志欲破富民以惠貧民，不知其不可也。……及其得志，專以此為事。」王安石欲使社會貧富差距縮小，財產重新分配，本意雖好，實行青苗法，卻適得其反，而導致「青苗行，而農無餘財」，聚散取息，流毒天下，民不聊生。蘇轍〈陳州為張安道論時事書〉：

言者事論其不可，非一人也。百姓毀壞肢體，薰灼耳目，嫁母分居，賤賣田宅以自脫免，非一家也。……加之以小旱，繼之以饑饉，極憾之民奮為強盜，侵淫蔓延，滅而復起，英雄乘間而作，振臂一呼，而千人之眾可得而聚也。如此而勝，廣之形成，此所謂土崩之勢也。

蘇轍談到青苗法帶給人民的痛苦，盜賊四起，如水益深，如火益熱，並非誇大說辭。青苗法的實行，本來是「願取則與之，不願不強也」，但是官吏務以多散為功，不分貧富，強迫人民借用，且又使貧富相保，貧者散亡，富者破產。「議者皆謂富民借貸貧民，坐收倍算之息，至以富者日富，貧者日貧。今官散青苗，取息二分。……今官貸青苗，責以現錢，催隨二稅，鄰里相保，結狀請錢，一家不至，九家坐待，奔赴城市，糜費百端，一有逋竄，均及同保。貧富相追，要以皆斃而后已。」〈畫一狀〉甚至城市之內沒有青苗，官吏爲求多放，亦強與之。至此，青苗法已不是救窮民，而是以放債取息爲目的。人民因欠青苗，只有賣田宅，鬻妻子，投水自縊者，不可勝數。農桑之利完全破壞，富國強兵因之落空。

㈣蘇轍堅決反對青苗法

哲宗元祐元年（一〇八六）八月范純仁以國用不足，主張繼續實行青苗法。司馬光以爲「先朝散青苗，本爲利民，並取情願。後提舉官速要見功，務求多散。今禁抑配，則無害也。」司馬光贊同青苗法，只要「禁抑配」即可。蘇轍堅決以爲不可，〈三乞罷青苗狀〉：

> 自古爲國止於食租依稅。縱有不足，不過以茶鹽酒稅之征，未聞復用青苗放債取利，與民爭錐刀之末，以富國強兵也。

由此得之，青苗法的害人，不是只有「抑配之罪」而已，雖是「州縣奉行詔令，斷除抑配，其爲害人固亦不少。」蘇轍又強調：「近日朝廷責降呂惠卿，告命之出，首以青苗爲罪，天下傳誦，人人稱慶。奈何詔墨未乾，復蹈其改轍乎？」〈乞罷青苗狀〉

呂惠卿的責降爲青苗法政策錯誤而負責，天下人民競相奔走相告，以爲青苗害人可去，豈能再行？其實青苗法在宋神宗時代實施，並非全國通令而行，常因地而異，如四川地區，僅於成都路，其他三路初試即罷。《長編卷二一四熙寧三年八月》：

> 川峽四路與內地不同，力耕火種，民食常不足，至種芋充飢……蜀民輕侈，不知積蓄，萬一歲

儉，不能償官，適陷民於死地。

因此，免去梓、利、夔三路的青苗法。

蘇轍對青苗法的抨擊與攻伐，最爲激烈，任右司諫職責之所在，有〈論青苗狀〉，〈再論青苗狀〉、〈三罷青苗狀〉、〈申三省請罷青苗狀〉認爲「實行青苗，與民爭利」的前提下，有著「立法不善」的瑕疵，「向者，朝廷申明青法之法，使請者必以情願，而官無定額，議者以爲善矣。」但是付之實行，由於現實社會的條件未能充分配合，官貪民愚，造成「無知之民，急於得錢而忘後患，則雖情願之法有不能止也。侵魚之吏，利在給納而惡無事，則雖無定額有不能禁也。」如此，無知之民，其後患在於繳息二分；而官貪在於行政績效，強行借貸。「小民呻吟」，而「朝廷欽依舊放債取利」，青苗法的禍害，屠毒蒼生，蘇轍以爲其害有四：㈠是「及至納官，賤賣米粟，浸及田宅，以至破家。」㈡是「子弟縱恣，欺謾父兄，鄰里無賴，妄托名目，歲終催督，患及本戶。」㈢是「逋欠未納，清新蓋舊，州縣欲以免責，縱而不問。」㈣是「常平吏人，日行重法，給納之賂，初不能止。今重法既罷，賄賂公行，民間所得無幾。」

蘇轍對青苗法的禍患言之鑿鑿，對上有損仁宗、神宗二聖的仁聲仁政，其中官吏的貪贓枉法，農民的家破人亡，百無一利，傷國害民。其時「上自韓琦、富弼，中至司馬光、呂誨、范鎮，下至臣等輩人，未有一人以爲使者。」惟王安石、呂惠卿等人，積極厲行青苗法，因此，也引起對王安石等新黨新政有著嚴厲的批判。

《諸臣奏議卷四六陳襄上神宗論大臣皆以利進》：

陛下始用王安石參預大政，首爲興利之謀，先與知樞密院事，陳升之同領制置三司條例司。未幾，升之用事遷爲丞相，而絳又領之，曾不數日，今又以（韓）絳參預政事。則是中書選任大臣，皆以利進，自古至治之期，未有此事也。

陳襄指陳神宗用王安石、陳升之、韓絳等人，都是以「利」爲著眼點，並不是國家長治久安之計。

《長編卷二六九熙寧八年十月》張方平有言：

大抵新法行已六年，事之利害，非一二可悉。今習俗奔競，偷弊成風，交黨相傾，勢利相軋，攻訐起於廟堂，辯訟興於台閣，非所以昭聖化也。

呂公著的〈上神宗論王安石姦詐行事〉更是不留情面的指謫：

大姦似忠，大詐似信，外示樸野，中藏巧詐，驕蹇慢上，陰賊害物。臣究王安石之迹，固無遠略，惟矜必作，立異於人，徒文言而飾非，將罔上而欺下，臣竊憂之，誤天下倉生，必斯人也。

呂公著批評王安石人既一無是處，十分「鄉愿」的小人作爲，用字用詞，至爲苛刻。

王安石的主政期間，時局的多難，令蘇轍有「感時花濺淚，恨別鳥驚心」的悸動，在〈初發彭城有感寄子瞻〉詩：

秋晴卷流潦，古汴日向乾。扁舟久不解，畏此行路難。

此行亦不遠，世故方如山。我持一寸刃，巉絕何由刊！

對於時局的憂心，卻是「一寸刃」，何能刊削「巉絕」？書生咄咄，徒呼奈何！

第五節　北宋的經濟發展

一、「榷」的源流考

漢武帝實行酒的國家專賣，是天漢三年（西元前九八年）二月，《漢書卷六武帝記》有「初榷酒酤」的記載。「榷酒酤」也簡稱「榷酤」。漢昭帝時，賢良文學之士主張廢止鹽鐵和酒的專賣，是很有見地的思想。因此，在桓寬〈鹽鐵論〉裏，屢次提到「酒榷」、「榷酤」等名詞。至於漢武帝實施酒的專賣，何以稱「榷」，《漢書武帝紀榷酒酤》注中有：

如淳曰：榷音較。應劭曰：縣官自酤榷賣酒，小民不復得酤也。韋昭曰：以木渡水曰榷，謂禁民酤釀，獨官開置，如道路設木爲榷獨取利也。師古曰：榷者步渡橋，《爾雅》謂之石杠，今之略彴（音酌）是也。禁閉其事，總利入官，而下無由此得，有若渡水之榷，因立名焉。

韋昭，師古皆以「榷」義爲獨木橋，蓋取其只有一人可渡，不得兩人並行，這和禁止人民製酒販賣，由官方獨賣雷同。

如淳，三國魏馮翊人，官陳郡丞，曾注《漢書》。

應劭，東漢汝南人，字仲遠。博學多聞，靈帝時拜太山太守，拒黃巾有功。獻帝立，拜爲袁紹軍謀校尉，時始遷都於許，典章湮沒，劭乃著《漢官禮儀故事》、朝廷制度，多取則焉。又撰《風俗通》、《中漢集序》等書。《見後漢書七十八》

韋昭，字弘嗣，三國吳雲陽人（梁丹陽縣）。生於東漢獻帝九年（西元二〇四）卒於晉武帝泰始九年（西元二七三）年七十。史爲晉改曜。少好學，能屬文，歷遷太子中庶子，承令爲〈博奕論〉，爲時所稱。孫皓立，爲侍中，領國史，以持正，不肯替皓文和作本紀，被誣下獄處死，著有《孝經論語注》、《洞記》、《官職訓》、《辯釋名》等書。

宋朝的禁榷收入與兩稅收入數量接近，二者構成財政歲入的主要財源。而禁榷又是歲入中貨幣的主要來源，在財政中占有獨特地位。

禁榷有廣狹分類：狹義禁榷是指官府對某些商品實行的專賣。廣義禁榷是除包括專賣外，還包括由專賣衍生出來的官商合營分利形式，及對某些商品，在嚴峻法令和嚴密措施保證下征收高額產銷稅的制度。後二者的收入與專賣的專利收入相當。

二、榷茶的起源

蘇轍〈論蜀茶五害狀〉：五代之際，孟氏竊據蜀土，國用褊狹，始有榷茶立法。而李壽則以爲榷茶始於唐，《資治通鑑長編卷五乾德二年八月辛酉條》：自唐武宗始禁民私賣茶，自十斤至三百斤，定納錢決杖之法。於是令民茶折稅外，悉官賣。民敢藏匿而不送官及私販鬻者沒入之，計其直，百錢以上者杖七十，八貫加役流。主吏以官茶貿易者，計其值，五百錢流二千里，一貫五百。及持仗販易私茶，爲官司擒捕者皆死。

茶爲官方專賣，禁止私販，始於唐武宗，立法嚴峻，嚴刑重罰，專制蠻橫，無以復加。宋承大唐，茶葉已成爲人民生活的必需品，《李覯集卷一六富國策》：「茶，君子小人靡不嗜也，富貴貧賤靡不用也。……茶不可一日無也，一日無之則病矣。」食茶已是全國人民不分富貴貧賤，人人皆嗜，不可一日或缺。

三、北宋茶法沿革

北宋茶法沿革可劃分爲三個階段：北宋前期的禁榷和以茶爲入中抵償物的時期。嘉祐年以後的通商（茶部分賣給商人）時期。崇寧年間恢復禁榷，行合同場法。

宋初榷法大略：園戶「歲課作茶，輸其租，餘官悉市之。其售於官，皆先受錢而後入茶，謂之本錢。又有百姓歲輸稅者，亦折爲茶，謂之中折茶。太祖乾德二年（九六四）詔：「而凡民茶折稅外，匿不送官及私販鬻者沒入之，計其值論罪。園戶輒毀敗茶樹者，計并出茶論如法。」由於種茶區域遼闊，故民輸茶於官，官府組織人力搬運至榷貨務或官茶場。其時規定，凡民鬻茶者皆售於官，其給日用者謂之食茶，出境則給劵。商賈之欲買易者入錢若金帛京師榷貨務，以射六務十三場茶，給劵，隨即所射與之，謂之交引。

《資治通鑑長編卷六乾德三年九月己卯條》有：以度支郎中蘇曉爲淮南轉運使。曉建議：「榷蘄、黃、舒、廬、壽五州茶，置十四場，籠其利，歲入百萬緡。」

關於三說、四說法與三分、四分法，見於沈括《夢溪筆談．卷十二》，認爲：

入中按比例支償現錢，香藥、茶（後又有鹽）者爲三分、四分法。三說法乃指博糴、便糴、直便三者爲一體的入中法。仁宗天聖、慶曆年間於河北實施。其優點在於將榷茶、榷香，有時包括榷鹽，直接與邊糴聯繫，官府免除運輸糧草、鹽、茶、香的麻煩，手續較爲簡便。主要缺點：在於糧草的獲得，茶、香、鹽的出售，全依靠商人，尤其是大商人。大商人往往尋隙敲官府的竹槓，設法左右糴價和控制入中，藉以牟取暴利。況且宋朝遼夏連年入寇，兵燹不息，戰爭頻仍，糧草需索愈多，官員偷惰成性，令商人徑赴產地請領，商人爲賺取利潤，壓低茶價；商人又與官員勾結，抬高茶價。朝廷出錢多，糧草到者少。《宋史卷一八三食貨志、茶》丁謂：「邊糴才及五十萬，而東南三百六十餘萬茶利盡歸商賈。時人稱爲至論。」

有時沿邊糴買所支鈔引數多，茶貨不敷支給，持鈔引領不到茶貨，停滯等得，鈔引價格大跌，沿邊抬高糧價或無人入中，形成惡性循環，造成通貨膨脹。

《續資治通鑑長編卷一〇〇》：記載現錢法的主要內容是：「商人入急粟塞下者，隨所在實估度地理遠近增其值」，「一切以緡錢償之。」願得茶貨等，以其錢數另行折算給引，「大率使茶與邊茶各以實錢出納，不得相爲輕重，以絕虛估之弊。」

現錢法就是現金交易法，又有點射法的配合：以茶買賣本息並計其數，罷官給本錢，使商人與園戶自相交易，一切爲中估，而官收其息。然必輦茶而入官，隨商人所指而予之，給劵爲驗，以防私售，故有貼射之名。此法減少朝廷榷茶事務，減少因經營不善的不合理茶價，又增加茶商自由經營，有利於茶葉貿易。

嘉祐至崇寧復榷東南茶時期概述：

嘉祐四年（一〇五九）宋朝頒行通商茶法。其法：「以三司歲入茶淨利實錢六十四萬餘貫之半，三十餘萬貫均攤於園戶，按歲輸納。茶租錢與諸路買茶本錢，悉以儲待邊茶，直接歸朝廷調用，不入地方財計。唯福建茶禁如舊，餘茶肆行天下。」四川省除外，每年可得茶販運稅七八十萬貫，與茶租合計，歲可得百萬貫收入。宋廷可撤消因禁茶而設置的大批機構，解除大量繁瑣事務，苛峻的刑禁及相應的大量開支。

茶既是經濟作物中的要項，其生長條件具有特殊自然環境，如濕度、溫度、地質等，形成地域特色，因茶樹性宜溫潤，故幾乎全在南方特區，遍及南方各路。（註五）福建何以茶禁如舊？元豐七年（一〇八四）福建路轉運使王子京言：「建州歲（產茶）不下三百萬斤，南劍州亦出二十餘萬斤」《長編卷三四九》二州產量總數較其他各州總數八倍之多，且五州產量未列入統計，福建產茶不只量多且品質最上乘，尤以建州茶爲佳。其中北苑茶專供上貢朝廷，號稱「天下第一」。

四川省的茶葉何以不能外銷？其實川茶品位最下：「蜀茶之細者，其品視南方以下」，有個別精品者，「但產量甚微非江、建比也。」《宋史卷一八四食貨下六》然四川產茶量佔全國總產量的百分之五十六，賈大泉：《宋代四川經濟述論，第八九頁》，這是東南歲課數與四川產茶總量相比的結果。宋神宗時呂陶言：「川陝四路所出產，比東南十不及一。」《宋史卷一八四食貨下六》，這是較爲正確的實情。另一原因是四川茶與北遼鄰近，遼人亦需大量茶葉，商人遂鋌而走險，冒高風險而獲取高利，私自銷售。《繫年要錄》：「詔私販川茶至僞界，十里內捉獲犯人，並從軍法。」以此可證，其時已有國際貿易走私的情況，朝廷遂嚴厲禁止川茶外銷。

蘇轍〈論蜀茶五害狀〉：「將蜀茶立法分爲四個階段：㈠是藝祖平蜀之後，放罷一切橫政，茶遂無禁。㈡是淳化年間，牟取之臣始議掊取，大盜王小波、李順等，因販茶失職，窮爲剽劫，凶焰一場，兩蜀之民肝腦塗地，久而後定。㈢是朝廷繼淳化之後，民間販茶，量行收稅，商賈流行，爲利自廣。㈣是近歲李杞初立茶法，一切禁止民間私買。」

又說：「蓋造立茶法皆傾險小人，不識事體，但以遠民無由伸訴，而他司畏憚，不敢辨理，是以公行不道。自始至今，十餘年矣。」因而造成「五害」：一害是興元府三泉縣人戶，種茶爲生，自官榷茶以來，以重法脇制，不許私賣，抑勒等第，高秤低估，遞年減價，今只得舊價一半。又有「牙錢」、「打角錢」等名目，收息五分以上，園戶虧損纍纍。二是川茶本法只於官自販茶，其法已陋。而官吏緣法爲奸，遂又販布、販鹽、販瓷器等，爲害不一。三是官自販茶，致使量出稅錢，不及商旅自由買賣的十分之一，且息錢由茶官歲課，公行欺罔。四是蜀道難行，搬茶至陝西，人力最苦。元豐初有廂軍數百人，不一二年，死亡略盡。茶官遂令州縣和雇人夫，和雇不行，即差稅戶，搔擾人民，苦不勝言。五是陝西民間食茶，數量有限，茶官貪求羨息，搬運過多，出賣不盡，遂爲虧損。「五害不除，蜀人泣血。」蘇轍強力主張「榷茶可罷，灼然易見。」

如何解決川茶五害而獲利呢？蘇轍〈申本省論處置川茶未當狀〉：

朝廷若罷盆、利路榷茶之法，只榷陝西路邊諸郡，不許客旅私販，仍將沿邊每歲合用盆、利諸場茶色及斤重配在諸場，令及時立限和買。官買數足，方許私下交易。除沿邊所榷地分外，一任客人興販。」則有五利：㈠是盆、利茶戶，不被官場以賤價大秤抑勒收買。㈡是牙茶、早茶、晚茶、秋茶四色復採。㈢是運茶減半，茶遞役兵及州郡雇腳，皆得減輕。㈣是陝西茶商既行，岐、雍之間，民皆食賤茶。㈤是盆、利諸州百貨通行，酒稅課利自倍。

蘇轍對於川茶的販售、榷禁，都有很好的識見，於公於私兼顧備至。且一再表示乞求罷茶官陸師閔，而朝廷派任黃廉，蘇轍建議黃廉定位在專使按榷茶，而不自領茶事，避開自身利害，澤被天下。（註六）

至於水磨茶法，只在神宗、哲宗、徽宗時期。官營水磨茶法始於神宗元豐年間，時俗尙領末茶，水磨爲加工末茶重要工具，官水磨加工末茶，隨即禁止在京茶戶私制末茶及以外路販運末茶入京，民間末茶一律赴官購買。蘇轍從經濟得失觀點，提出〈乞廢官水磨狀〉，認爲官水磨不但浪費民力，花費不貲。蘇轍說：「近歲京城外創置水磨，因此汴水淺澀，阻隔官私舟船。其東門外水磨下流，汗漫無歸，浸損民田一二百里，幾敗漢高祖墳。」水磨堵塞河道，侵損民田，且高祖墳墓幾遭破壞，這是水患。爲了挖掘疏通河道，用人四萬，五天爲單位，一個月完工，每天雇錢二百錢，一月之費，共計二百四十萬貫，年年都得挖掘疏通。而訪聞水磨收入，一年不過四十萬貫，如此，與民爭利，宜應迅速革去。

四、北宋榷茶的經濟效益

榷茶的淨利，一般只有二至四倍。太宗時大臣張洎曾在上奏中說道：

訪聞湖南山色每斤官中榷買用本錢二百二十文，輦遠支費約破錢一百文，宮中於地買出賣，計收錢九百六十文，除算出本錢并纏裹錢共三百二十文外，合收淨利錢六百四十文。其淮南、兩浙、江南等道茶貨雖出賣價例小有不同，其所收淨榷茶貨利大約不逾於此。（《國朝諸臣奏議卷一〇八上太宗乞罷榷山行放法》）

由此得知：淨利爲本錢兩倍，賣價爲實價四倍。張洎對榷茶賣價有高估現象，因品類地區買賣價錢各自不同，如淮西上號買價每斤二十六文四分，眞州賣價每斤五十六文；中號買價十九文八分，賣價四十五文五分；下號買價十五文四分，賣價三十七文一分。依此類推，買賣價錢相比，約爲一比三較爲接近。北宋仁宗嘉祐通商以前數年，是榷茶收入最少時期，《長編卷一八九》記載：「嘉祐二年茶課才及一百二十八萬緡，又募人入錢，皆有虛數，實爲八十六萬，而三十九萬有奇，是爲本錢，才得子錢四十六萬九千而已。其葦之費、喪失與官吏兵夫廩給雜費又不與焉。如此，朝廷忙亂一場，所得無幾。

五、北宋榷鹽產區及經濟效益

宋代鹽產大致可分爲三個地區：北方顆鹽、四川井鹽、東南一帶末鹽。其中以淮浙產量最高，北方次之，四川最少。朝廷榷鹽的收入，以此類推。

北方顆鹽以山西解鹽爲代表。解州（今山西運城一帶）二池，《雲麓漫抄卷二》：「蓋河勢屈曲回抱，而中有鹽泉。水性至曲而折，鹽性至折而聚。……積千里之潤，去海既遠，是以伏脈地中，聚而作鹹。此鹽水之所自由也。」池東西五十里，南北七十里，條件得天獨厚，引水曬鹽。曬鹽不昃日光，而是「鹽南風」。《太平寰宇記卷四六》記載：「每風出，吹沙飛石，樹木皆摧，俗謂之鹽南風。」風力資源使製鹽降低成本，減少煮鹽燃料費用的支出，官方徵調本州及鄰州三八〇戶爲畦戶，每戶出二人，就有七六〇人爲鹽工，形成一個很大的官營鹽場。《宋史卷一八一食貨下三》且鹽質居全國之冠，除供應陝西之外，東京、京東、京西等北方廣大地區，皆食用解鹽。

川西四路，皆產井鹽，以梓州路最盛，利州路最弱。川鹽的特色是味淡價高，因價高，有利可圖，歸正忠義之人與逃亡惡少之徒，乘邊備不嚴，多自金人盜販解鹽私入川界，侵射鹽利。因此，嚴厲規範，以解鹽自售及相互餽贈，不論斤量多少，必當重寘典憲，無赦。

宋初四川總共有六三二井。官方在井地設監，監則官賞，井則民作，經營方式：國營和民營並行，但限制川鹽不得出陝。《宋史卷一八三食貨下五》：「鹽井最深，鬻鹽極苦，樵薪益貴，輦之甚艱，加之風水之虞，或至漂喪。」井鹽的成本高，運輸難，地下水脈多變等，都是井鹽發展的不利條件。而民營者多至二十井，工人四、五十人，若業主與工人不合，常群起鬧事，猶今日的罷工抗爭事件，勞資糾紛層出不窮。

淮浙鹽在宋代產量最高，行銷區最廣，也是榷鹽收入的主要來源。《通考卷一六征榷鹽鐵》，呂祖謙說：

> 宋朝就鹽論之，惟是淮鹽最資國用。方國初鈔鹽未行，是時建安軍置鹽倉，乃今眞州，發建在眞州，是時李沆發運使（宋史本傳不載，李沆爲發運使事），運米轉入其倉，空船回皆載鹽散於江浙湖廣。諸路各得資船運，而民力寬。此南方之鹽，其利廣，而鹽榷最資國用。

北宋時，淮浙鹽以官搬官賣爲主，利益歸於朝廷和地方。但官營弊端頗多：如質次價高，盜食盜賣、摻入雜物、克扣勒索等，更甚者在銷路不暢時，抑配於民，坑害百姓。所以，鹽法嚴酷，令人慘不忍聞，蘇轍詩：「海邊唯有鹽不旱，賣鹽連坐收嬰兒。」（次韻子瞻吳中田婦歎）道盡鹽戶生活的痛苦。

蘇轍〈龍川略志〉有與王安石一段對話：

> 轍說：利之所在，欲絕私販，恐理難也。

王安石：法不峻。

轍說：今私鹽，法至死，非不禁也；而終不可止，將何法以加之？

王安石：村百家皆販私鹽，敗者一二，故販不止；若二十家至三十家敗，則不敢販矣！

轍說：如此，誠不販矣。但恐二三十家坐鹽而敗，則起爲他變矣！

從此得知：王安石以爲嚴刑峻法，可以禁制私販的弊病。蘇轍則以爲「利之所在，欲絕私販，恐理難矣」，就人性貪婪謀利而言，識見更爲正確，只可惜不見其替代方案。

總之，榷鹽乃是一種變相的人口稅，只不過以買賣爲形式，易於掩人耳目。爲了多取權利，官府往往採取變換鹽法，提高鹽價及拖欠，克扣鹽民鹽本錢等爲法，從食鹽者、生產者及商人三方面刮取錢財。有時爲了維持官銷售價，甚至採取強迫停產等措施，對於鹽業的生產，人民的消費，以及商品的經濟正常發展，都有嚴重的破壞作用。

六、北宋榷酒生產、酒法及經濟效益

㈠北宋釀酒業概述：

釀酒與鹽業相比，因受地理自然環境的限制較少，各地都可釀酒。《宋史卷一八五食貨下七》：「凡醞用秔、糯、粟、黍、麥等及四法、酒式，皆從水土所宜。」釀酒的質量優劣多寡，決定條件在於原料氣候水土等相關因素。

宋代釀酒業的重心，首推京師開封。京師釀酒產量多質量優。官方有兩個釀酒機構：法酒庫造酒以待供進及祭祀，給賜；內酒坊造酒，以待餘用。兩者量產都是官方使用，尤其是法酒庫採用陝西河中府的酒法，《侯鯖錄卷四》記載蘇軾以爲「他處縱有嘉者，殆難得其彷彿。」其餘北方各地的名酒有河東葡萄酒，品質佳，可久藏（一年）。陸游認爲「滑州冰堂酒爲天下第一」《老學庵筆記卷二》，襄州宜城縣以出產「宜城美酒」而頗有名氣。《太平寰宇記卷一四五襄州》。司馬光有詩云：「酒飲宜城美，歌聞白雪高。」《溫國文正公司馬公集卷一四答張伯常之郢州涂中見寄》，產量大，質量高，以「陽春白雪」作比。至於陝西名酒：雍都有酒海之稱，鳳州名酒元豐年間曾爲上貢。

南方地區以福建、廣西等地釀酒頗爲普徧，即私人自釀自給，買賣者少。其時家家釀酒，窮苦人家多如是，無力購買，是一種社會風氣。蘇轍七十歲時，曾抒〈釀陽酒〉：「家人欲釀重陽酒，香麴甘泉家自有。老奴但欲致村酤，小婢爭言試三料。我年七十似童兒，逢節歡欣事從厚。」爲迎接重陽佳節到來，釀酒原料自家就有，不必外取。而全家人一齊參與，老奴小婢，自己都滿懷心喜的努力工作著。貧困的蘇轍，沒有米糧，只吃豆；沒有牛羊，只吃魚。而招待的客人就是鄰居老翁，並無達官貴人，隱居潁州的蘇轍，酒興極高，「閉門一醉莫問渠，巷爭不用總冠救。」暢快淋漓，有「我醉欲眠卿可去」的灑脫襟懷。

(二)賣酒禁約嘉祐法和熙寧法

北宋對於私自賣酒有嚴苛的規章，蘇轍在元祐五年（一〇九〇）任職御史中丞時，有〈論禁宮酒劄子〉，在京師酒戶因「虧失元額」，遂改定宗室外戚的「賣酒禁約」，大抵採用嘉祐重法，限制「親事官等賣酒四瓶以上，並從違制斷遣，刺配五百里外本城，其餘以次定罪」，而皇親臨時奉皇帝命令，就准許提兩瓶以上，賞錢十貫。只爲了賣酒四瓶以上，居然丟官離城，刺死五百以外的貶謫，嘉祐舊法確實嚴苛。

後來採用熙寧法，限制每賣一斗，杖八十。一斗加一等，罪只杖一百。以酷刑替代遠謫，而且鼓勵告密逮捕：一斗賞錢十貫，最多可領到百貫，眞是無所不用其極。

元祐四年（一〇八九），規定刑賞與熙寧同，而有告無捕。元祐五年十月六日及十二月十八日皇帝頒令：刑從嘉祐，而賞從熙寧，既「兼用兩重」，及「並行告捕」，乃准許入沽販之家，而「取旨之法，兼及本位尊長」，因此，此法一行，人情驚擾。

蘇轍認爲何以立法如此嚴苛，執行浮濫，只爲酒戶經營虧損而已。因爲「宗室之間，有疏遠外住之人」，生活貧苦，無以自存，只好賣酒自給，而有告捕的規定，小人無知，以捕酒爲名，恣行凌辱，何所不至。況且逐位尊長，位高年老，連累宗子，卑幼犯酒，情何以堪？

㈢榷酒收入

北宋的全國總收款，榷酒的收入，次於兩稅，榷鹽居第三位。包括酒曲，《宋史卷一八五・食貨志・酒》：

對私造酒，曲者，要處以刑，而且官售酒，曲亦畫疆界，或相侵越，犯皆有法。

宋朝的榷酒大致有三種來源：㈠是城鎮官造賣，㈡是十城鎮及鄉村百姓買舖酒坊，㈢是四京等處所行官賣由民用，官造酒。在行銷的規定：有萬中法和不禁榷區，並不眞的純粹自由貿易，只不過將權利由百姓承擔而已。萬中酒法，是將榷酒課利分攤於百姓承擔，而允許民間自造酒出售的一種酒法。而官造酒、曲除官酒庫務自己出售外，還批發給腳店與拍戶等沽賣。尤其是小城鎮鄉村的酒坊場買舖在榷酒的收入中占有重要地位。坊場，馬端臨《文獻通考》認爲是：酒坊與稅場的合稱，就記載而言，宋人所言坊場多指酒坊場。至於買舖，是宋朝廣泛流行的一種制度，買舖酒坊場的辦法，大抵是：官府將某一地區造酒賣酒的專利給予某人，由專利人接官府規定的數額，按時繳納買名錢和淨利錢。買舖者除事先納買名錢外，還須以一部分財產作抵押，並找保人立據投狀，自宋太祖開寶九年（九八六）冬詔：「承買以三年爲限。」

就實務觀察，買舖法優點：一、糴買製造，因時制宜，里社通融，爲費已約。二、執役者非其子弟，即其僕廝，無佣資之費。三、家人婦子，更相檢察，無耗蠹之奸。四、工業業熟，釀造得法，省錢而味美。五、洞達人情，諳知風俗，發售容易。而且可以避免官商勾結的種種弊病。至於「實封投狀」者，則利害參半，並非一貫政策。（註七）

總之，茶鹽酒的禁榷制度，都是有地區分別的。如茶鹽分有禁區和通商區，禁榷區中又劃分不同的銷售區，這些政策的優惠之處，多行於四川、兩廣、福建。趙鼎《忠正德文集卷一論福建西川鹽法奏》：「朝廷於川廣福建之民，尤加優恤。以其疾苦赴訴去朝廷特遠，而變亂竊發遽難校正，故凡鹽、酒之利，與民共之，而不之榷。即說明四川不禁鹽，兩廣不榷酒、四川、福建的一些州郡也不禁酒。」

第六節　北宋的國際貿易

一、和則通商，戰則罷市

宋代的商業政策，朝廷以抽稅，增加國庫收入爲政策。由於水陸交通發達，對外貿易有來自陸地，有來自海上。陸地設官營的榷場封貿易抽稅，其實就是邊境上的貿易。對於遼、金、夏等敵騎壓境時，市場關閉；敵騎退出，市場開放，也就是「和則通商，戰則罷市」的敵國間貿易，因爲彼此在民生物質上都有迫切供應的需求，走私猖獗，多半是半公開合法的進行方式。朝廷爲「裕實國庫」的榷稅設官設使，嚴加管制。

蘇轍〈論西事狀〉：

「夏國頃自趙亮祚喪亡，先帝舉兵弔伐，既絕歲賜，復禁和市；羌中窮困，一絹之值，至十餘千。」這是「戰則罷市」的窘困，不只厚賜不予，並關閉市場，夏國物質缺乏，需求孔亟，商人哄抬物價，價高驚人。又說：「遂敕諸道歸臣，禁止侵掠。自是近塞之田，始得復墾。既通和市，復許入貢。使者一至，賜予不貲；販易而歸，獲利無算。」這是「和則通商」的寫照，不只重賞使者，貿易暢旺，獲利而歸。遂有「傳聞羌中得此厚利，父子兄弟始有生理。……故遣使出疆，授以禮命。金錢幣帛，相屬於道。」宋朝的民生物質豐饒，夏國短絀，是有求於中國。其實彼此貿易通商，是互利互補，各取所需。

北宋陸路對外貿易的開拓，分為兩方面敘述：即北遼與西夏。

一、宋遼貿易

中國自古以來即分為兩個自然經濟和文化習俗不同的實體，而長城是其分水嶺，長城以北是游牧社會，以南是農業社會，蘇轍有〈古北口道中呈同事二首〉：「日暖山溪冬未雪，寒生胡月夜無雲。明朝對飲思鄉鎮，夷漢封疆自此分。」由於游牧社會的生活不安定，少作物，蘇轍〈虜帳〉詩：「虜帳冬住沙陀中，索羊織葦稱行宮。從官星散依冢阜，氈廬窟室欺霜風。春糧煮雪安得飽？擊兔射鹿誇強雄。」描敘游牧民族起居作息的生活內容，生動豐富，這是蘇轍於元祐四年（一〇八九）八月十六日，時年五十一，奉命為賀遼生辰使，「千里使胡須百日」，實地觀察北遼人民生活情況的心得。至於長城以來的農業社會，生活富裕，作物多，與北遼國境的荒涼，草木不生的情況迥異。蘇轍〈木葉山〉：

君看齊魯間，桑柘皆沃若（茂盛貌）。麥秋載萬霜，蠶老簇千箔。餘粱及狗彘，衣被遍城郭。

宋遼貿易，太祖統一天下時，遼人已於邊城各地要求互市。至太平興國二年（九七七）：鎮、易、雄、霸、滄等州，已開始置有「榷務」，以茶、香藥、犀、象等與遼貿易。嗣後有時斷時續，商品交易堪稱熱絡。迄王安石厲行變法，且神宗有「收復燕雲之志」，以致貿易中絕。熙寧九年（一〇七六）詔曰：「禁止與化外人私行貿易，違者治罪。」後來蘇轍在北使還論邊事札子五道，一論北朝所見於朝廷不便事，向哲宗提出報告：

此見別無錢幣，公私交易，並使本朝銅錢。沿邊禁錢條法雖極深重，而利之所在，勢無由止。本朝每歲鑄錢以百萬計，而所在常患錢少，蓋散入四夷，勢當爾也。

蘇轍認爲朝廷每年鑄錢數以百萬計，但常使用不足，乃走私使然，雖有嚴刑峻法，而利之所在，勢無由止。

三、宋夏貿易

眞宗景德四年（一〇〇七）始於保安軍（今四川汶川縣地）置榷場與西夏貿易。天聖中，又置榷場於陝西。及西夏元昊反，詔陝西河東絕其互市。廢保安榷場，禁陝西及沿邊主官屬羌交易。慶曆六年（一〇四六），因元昊稱臣，復置榷場於保安、鎮武（今甘肅慶陽縣東北）二軍。嘉祐初，因西夏侵耕掘野河地，乃禁貿易。治平四年（一〇六七），夏人上表謝罪，復許互市。其後時禁時放，都以夏人的降叛而定。

元祐五年（一〇九〇）蘇轍任御史中丞，有〈乞罷熙河修質孤勝如等寨子〉：

熙河近日修質孤、勝如二堡，侵奪夏人御莊良田，又於蘭州以北過河二十里，議築堡寨，以廣斥侯。夏人因此猜貳，不受拘束，其怨毒邊吏，不信朝廷，不言可見矣。

蘇轍認爲宋夏因邊界的爭奪，而宋朝的積極擴建堡寨，以防夏人入寇，遂引發夏人的疑慮，「怨毒邊吏，不信朝廷」，宋夏處於敵對狀況，貿易自然中斷。如果「邊患稍息，物價漸平，比之用兵之時，何止三分之一。」宋夏和平共處，貿易總額大增，因此，蘇轍以爲「徒以歲賜至厚，和市至優，是以勉修臣節，其實非德我也。使之稍有便利，豈肯帖然不作過哉！」宋朝對夏人的態度，蘇轍認爲應做到「惟仁者爲能以大事小……樂天者也。」足以「保天下」《孟子梁惠王下》以免「敵人強梁則畏之，敵人柔服則陵之」，實在不是大國應有的態度。

蘇轍有一首戎州詩：

漢虜更成市，羅紈斬不遠。投氈揀精密，換馬瘦孱顏。

兀兀頭垂髻，團團耳帶鐶。夷聲不可會，爭利苦間難。

戎州，今四川宜賓。是漢人與少數民族雜居的地方，常常發生衝突，而衝突停止，各民族之間的貿易就興盛起來了。這首五古，從第五句引用，首先敘述漢人與夷人相互雜居的情況，彼此頗爲和樂。次則敘述彼此交易品類，各取所需。其次是描敘夷狄的裝扮模樣，髮飾、耳鐶樣樣俱全。最後因語言不通，討價還價難免有爭執了。

宋與西夏的貿易，以布、繒、帛、羅、綺等衣料，交易駱駝、馬、牛、玉、氈毯、甘草等。又以香藥、瓷、漆器、薑、桂等物，交易蜜蠟、麝臍、毛褐、羱羚角、硇砂、柴胡、紅花翎等高貴藥材。

宋與夷狄的貿易，夷狄獲利多而致富，改善生活品質，所以「盡死爭占而不已」。蘇轍〈論渠陽蠻事札子〉：「兵民屯聚，商賈出入，金錢鹽幣，貿易不絕，夷人由此致富。一朝廢罷，此利都失。」邊境貿易不只是商品交換、獲取利潤而已，文化交流，習俗互動，語言交會等，都是促成民族之間相互融和的契機，這就是利潤倍數不能錙銖計較的了。

至於位於中國東北的高麗，與北宋有著密切的文化交流。蘇轍有詩：「東夷從古慕中華，萬里梯航今一家。夜靜雙星生渡海，風高八月自還槎。魚龍定亦知忠信，象亦何勞較齒牙。屈指歸來應自笑，手持玉帛賜天涯。」〈送林子中，安厚卿二學士奉使高麗二首〉北宋與高麗和平相處，並無爭端，自古以來，受到中華文化「忠信」思想的薰陶，所以出使高麗，只是封賜，宣揚大宋國威而已。

四、海上貿易及海港管理

北宋海外貿易，以東南沿海爲最盛。早於太祖開寶四年（九七一），已於廣州置市舶司。並以知州兼使、通判兼判官，專司海外諸蕃來華貿易情事。

大食人自海道東來，始於唐武韋以後，多由波斯彎經印度洋繞馬來半島，以抵廣州。而越南交州、福建泉州、江浙揚州，亦爲大食人通商的要港。其他尚有波斯、錫蘭，中國商船亦經常來往於其間。迄北宋之時，航行南洋一帶的中國商船，已相當進步，殊非昔日可比。據北宋朱彧著《萍州可談》、及徽宗宣和五年（一一二三），由海邊前往高麗的使節徐兢著《高麗圖經》見《知不足齋叢書》，以及南宋吳自牧著《夢粱錄卷十二江海船艦記事》等著，對於中國商船的結構製造及航海技術，皆有具體的說明。

宋太宗時，貨榷置於京師，詔海外諸蕃，凡運輸貨物至廣州、交趾、兩浙、泉州者，必須稅給官庫。眞宗時，杭州與明州（浙江鄞縣）亦各置市舶司。哲宗時，泉州對外貿易亦極興盛。自元祐二年（一〇九四）置市舶司以還，對外貿易上所佔地位，日益重要，後且凌駕廣州之上。

宋徽宗時，廣州、泉州、杭州及明州各置「提舉市舶司」的事實。這是對外海上貿易發展神速，乃有此需要。《宋史職官志》：「掌器貨海舶徵榷貿易之事，以來遠人，通遠物。」提舉之職，既如上述，故商賈由海道出入者，須具報貨物名數及出產地名，不准携帶武器，或可造兵器的違禁物品，由官給劵以證明其合法程序。而擅自乘船出境者，治以罪刑。此與近代海關制度相似，惟於明代始臻完備。

至於海上貿易的物品，計有金、銀、緡、錢、鋁、布帛、瓷器等輸出品。香料、犀象、珊瑚、珠琲、鑌鐵、碡瑁、瑪瑙、車渠、水晶、貓眼、番布、烏楠木、蘇木等爲主要輸入。而往來貿易國家地區有日本、高麗。南洋有闍婆（爪哇）、三佛齊（蘇門答臘）。西洋有大食（阿拉伯）等國，交易於各司所轄的港區，熙來攘往，特爲繁盛。

而廣州、泉州等地以外商齊集，乃有「蕃坊」的設立，類似後日的租借地，也是海港都市管理的雛型。

第七節　北宋的稅法與貨幣

一、北宋的兩稅法——戶稅與地稅

唐朝初定兩稅法制，將賦稅分爲兩部：一是居人之稅，即戶稅，徵稅數及人戶土客定等錢數多少，爲夏秋兩稅，以錢爲額。二是田畝之稅，即地稅，應料解斗，以粟米爲主額。

宋初兩稅制仍沿唐制，戶稅只以錢、米兩項爲主額。眞宗初年，稅錢部分多折科絹帛而併入夏稅輸納。至於地稅，多以田畝數量、質量等爲基礎，北宋李昌齡《說郛卷八九引樂善錄》：「宋初兩稅立額，畝稅一斗，天下之通法。」《張方平樂全集卷一四食貨論》：「大率中田畝收一石，輸官一斗。」當時田稅是農地生產量的十分之一。

蘇轍〈民政策下第一道〉：「民之所以供上之令者三：曰租曰調曰庸。租者，地之所當出；調者，兵之所當費；庸者，歲之所當役也。」「租、庸、調」法，乃唐朝稅制：每丁歲納粟二石，是爲租；每丁歲服役二十日，是爲庸，每戶歲納綾、絹、絁（音ㄕ）各二丈，綿三兩，是爲調。安史之亂後，兼併益盛，戶籍散亂，田地的授還成爲具文，「租庸調」的制度遂遭破壞，德宗時，宰相楊炎創立「兩稅法」，規定政府量出爲入，依民戶的貧富等級課稅，每年分夏秋兩季徵輸，概以錢計，省其傜役。由於合乎簡單、公平的原則，宋朝乃因循兩稅法，蘇轍則欲恢復唐朝的「租庸調法」，其主張理由是：「

欲收游民之庸調，使天下無僥倖苟免之人，而且以紓農夫之困。苟天下之游民自知不免於庸調之勞，其勢不耕則無以供億其上，此又可驅而歸之於南畝。」蘇轍欲藉納稅的負擔，逼使游惰的人回到農地耕作，興盛農業工商衰息。而達到「使天下舉皆從租庸調之制，而去夫所謂兩稅者，而兵役之憂，可以稍紓矣。」最終目的，是「寓兵於農」的實現，不再實施募兵制，省去「冗兵」的沈重財政負荷。如此，則社會人人有業，農產豐收，兵員無缺，節省冗費，蘇轍欲將社會、兵源、富國的三大任務，畢功於「租庸調」法於一役。

其實兩稅的稅額，是田租、戶調、身庸合併起來，故兩稅的稅額和租庸調的額數相同，但租庸調是以田屬丁，以丁屬戶，以戶爲派徵單位的稅法，課稅的物件雖分別在丁在戶在田，而最終的稅本是土地。三者合併於兩稅之後，課稅的物件不再是丁與田，而是資產。所以，人民的納稅負擔更重。蘇轍的悲天憫人襟抱，仍是大聲疾呼，其來有自。

二、北宋的附加稅、度牒及工商稅制

宋朝的兩稅尚有附加稅：雜稅，是由「雜變」「沿納」轉化而來。主要項目有曲錢、鹽錢、牛皮錢、鞋錢、廢錢、腳錢等。正稅與附加稅中以錢爲額的部分，實際徵收時大部分不徵現錢而折徵實物，稱爲「折科」。稅錢的折科與一般折變不同。其入有常物，而一時所須則變而取之，使其值輕重相當，謂之「折變」。

「折變」，原本是為滿足官府多方面臨時需要，避免所收非所需，復行變換貿易所造成的麻煩而設置的變通辦法。然收支狀況惡化，政治腐敗，「折變」就成為變相增加稅額的手段。通常是高估本色低估折變物，從而增加實際稅收額量。

北宋尚有一種特殊的稅制，就是賣官鬻牒。度牒是官府發給想出家為僧，為道者的一種許可證。仁宗後期，財政困難，於嘉祐年間開始出賣度牒。神宗熙寧以後，出賣度牒逐漸正常化、制度化。歲有定額，價有定格，其收入占朝廷全年收入總額百分之一，是一筆可觀的稅收。至於賣官鬻爵，其收入不如度牒，用於籌措軍費和賑災。

另有工商稅，馬端臨《文獻通考卷一徵榷徵商》：

關市之稅，凡布帛什器香藥羊彘，民間典索莊田店宅馬牛驢騾橐駝及商人販茶鹽皆算。有敢藏匿物貨為官司所捕獲，沒其三分之一，以其半畀捕者。販鬻不由官路者罪之。有官須者十取其一，謂之抽稅。……行者齎貨，謂之「過稅」，每千錢算二十；居市者鬻，謂之住稅，每千錢算三十，大約如此，然無定制，其名物各從地宜而不一焉。

抽稅的物品，有動產、不動產，以及布帛什器等，無所不包。規定嚴厲：敢藏匿者沒收三分之一，為鼓勵捕者，從三分之一中取半做為獎勵；販賣不經由官路繞道不繳稅者，施以刑罰，以防止走私或私自交易，防止逃漏稅。

所謂過稅，就是商人長途販運過程中沿途各稅務、場所徵的稅收。官府於交通要道，各樞紐的地方都設有稅務、稅場，商人在販運中往往要通過幾處稅務、場，因而須繳納幾次或多次過稅。過稅規定徵收千分之二十，乃是一次的稅額，若經過多處稅務、場，則所徵稅額就要依次加倍。沿途稅務、場徵稅後，發給商人文引（又稱公引、關引）以資證明。

所過住稅，就是交易稅，不僅包括坐賈居市出鬻徵稅，也包括生產經營者（農民、手工業者、地主等），出賣產品徵稅和行商將取販來貨出賣給坐賈時的徵稅，總之，凡屬商品交易，都要在交易地納住稅。

「有官須者」，主要是竹，木。《祥符編敕》中明文規定：每木十條抽一條汔（接近），任販貨賣不收商稅。商人納稅有嚴格期限，逾期欠稅，加倍補納，稱爲加倍稅。

其他如方勝錢（徵商船載重量稅），事例錢（手續費）、河渡錢（渡口商旅稅）等等，不一而足。

蘇轍〈乞令戶部役法所會議狀〉，對於坊場，河渡錢的收支，有著很好的建議：「蓋見今諸路，每年收入坊場、河渡錢，共計四百二十餘萬貫，而每歲所費衙前支酬及召募押綱錢，共計一百五十餘萬貫，所費只用所入三分之一。縱使坊場，河渡價錢，別行裁減，不過比見今三分減一，則是所費亦不過所入之半，而免卻民間衙前最重之役，其爲利民，不言可見。」

蘇轍認爲朝廷宜使民休息，不宜再加重專差衙前以困民力，也不因邊費的需索，而挪用坊場錢。

三、貨幣的製作與功能

貨幣的製作與功能，自古有之，蘇轍〈乞借常平錢買上供及諸州軍糧狀〉：

自古經制國用之術，穀帛，民之所生也，故歛而藏之於官；錢幣國之所爲也，故發而散之於民。其意常以所有易其所無，有無相交，而國用足矣。

蘇轍認爲穀帛係農民力作生產，朝廷爲平衡市場需求，收購餘糧存於常平，以待不時之需。而收購時以錢幣，錢幣乃朝廷製作，如此使得農民的生產與朝廷的貨幣，有無交通，國用富足，這是先民對貨幣的功能作初步的詮釋，因爲蘇轍是經濟學家。但是蘇轍對於貨幣供給額與貨品的流通，是非常的重視，在〈私試進士策問〉中提問：

古者爲貨泉，以權物之輕重，今所在鑄錢數量日益多，制日益少，可謂錢輕矣。然而金帛米粟，賈日益賤，而錢之行於市者日益少，有錢重之弊。夫當者輕，而當輕者反重。

當錢幣供給額日益增加，「制日益小」，就是錢幣貶值；反之，錢幣流通滯礙，市場機能缺乏調節，產生供而不平衡，都是市場失序而經濟衰退的現象。蘇轍已經注意到國家總體經濟問題。

四、北宋貨幣的特徵

在中國貨幣發展史上，宋代是一個劃時代的階段。其特徵歸納如下：㈠區域貨幣行使。京東、京西十三路行使銅錢，成都等四路使用鐵錢，陝西、河東是銅鐵錢並用。北宋錢荒，銅幣比重愈小，雜貨愈多，形成惡幣充市，物價高漲。四川通行鐵幣，因笨重攜帶不便，而紙幣萌芽，發行交子。㈡銀由通貨進而爲法貨。因官府徵收，民間遂以銀爲量價比值。㈢確立年號錢制。太宗太平年鑄太平通寶起，隨後歷朝皆以年號鑄錢。㈣完成紙幣發行。東南用會子，四川用交子、錢引、湖廣用湖會，河池用銀會。㈤確立貨幣經濟時代。貨幣已成爲經濟社會交易的重要媒介，但有區域限制，不得全國通行。由此得知：宋代的貨幣有兩種：硬幣（銅、鐵幣），紙幣（交子、錢引等）

宋代的貨幣，因對外貿易發達，貨幣也無遠弗屆。馬觀《瀛涯勝覽、爪哇條》：「買賣交易，行使中國歷代銅錢。宋錢爲主。」《宋史卷百八十》記載：「錢本中國寶貨，今乃與四夷共用。」

而「交子」猶今日歐美紙幣的嚆矢所自，法國學者萊麥塞（Abel Remusat）著（Memoire Fromch Academy. Vil 428-419）書中有詳細說明：

鈔幣亦爲中國人之發明，由蒙古人而輸入波斯者。公元一四五〇年時（明景泰帝元年），義大利遊歷家巴巴羅（Josaphat Barbaro）在阿佐甫(AZOF)得遇阿拉伯人某，其人嘗奉使中國，告訴巴巴羅說：「中國每年印刷鈔票甚多。」宋朝的紙幣發行，有交子、錢引、關子等，因地域不同使用也不同，並沒有如今日的國家統一貨幣。分別敘述如後：

㈠交子：發行在太宗淳化至道年間，四川李順作亂，因戰亂民間錢少，私下以交子爲交易籌碼。設有交子務禁民私造。

㈡錢引：徽宗崇寧四年（一一〇五），改交子爲錢引，印刷精美。後因不蓄本錢，增進無已，信用破產，遂成不兌現的紙幣。

㈢關子：南宋高宗紹興元年（一一三一），因屯兵交通不便而創設，即今日的匯票。

㈣會子：北宋東諸路流行，後收權入宮。

宋代是貨幣經濟確立的時代，貨幣已成為社會交易不可或缺的一環。以往日因物確立以錢，宋代因錢權之以物，使官方大量印製，造成通貨膨脹。

蘇轍在〈乞借常平錢買上供及諸州軍糧狀〉：敘述當時朝廷是「官庫之錢，貫朽而不可較；民間官錢，搜索殆盡，市井所用，多私鑄小錢，有無不交，田夫蠶婦，力作而無所售。」由於朝廷錢庫存積，卻救不了百姓的飢饉，所以百姓鋌而走險，私鑄小錢，這是貨幣流通不暢，上下壅塞，「錢積於官，無宣泄之道；民無現錢，百物益賤」，人民的損失慘重，蘇轍以為「譬如飢人，雖已得食而無所取飲，久渴不治，亦能致死。」

蘇轍主張貨幣流通，針對常平現錢，有具體可行的辦法，欲使官庫貨幣能夠暢通，就宋朝財政系統應有的管道：指揮東南諸路轉運石，向各本路常平借錢，年豐則預買谷帛價錢三年上供米及本路諸軍三年衣糧，「限三年節次收糴，重立禁約，不得別作支用」。且在五年內，「收簇錢物，撥還常平倉司。」其次每年冬天，原借錢及所糴物及該還錢數，提刑司保明，申戶部點檢有無違法。若有違法，由提刑司覺察上奏。其目的是紙幣通行，鼓舞田民，流通百貨，倉廩充食，又可贍養軍隊，抗禦水旱。因而「上下皆足，公私蒙利」。

第八節　蘇轍財經思想述評

蘇轍是通才的政治家，在政治生涯中，有著卓越的識見，直言正諫，政治生命是多采多姿，十分豐富。當然，財經是政治施行的重要一環，所以有「今世之患，莫急於無財而已」，因爲「財者，國之命，而萬事之本」，財政的良窳，國家的貧富，攸關國家的存亡，蘇轍是睿智的經濟學家，早有體認財經是國家命脈，並就北宋時代的變遷與需求，提出財經的缺失，補救可行方案。救財經，就是救國家，由於官居要津，掌握朝政大權時間短暫，哲宗元年（一〇八六）除右司諫，迄徽宗紹聖元年（一〇九四）由門下侍郎轉知汝州，前後不到八年。且個性內歛，做事沈穩，不做大事更張、急功躁進。政治生命不曾大放異采，財經策略也隨著貶謫而告終止，這是蘇轍與其他學者不同之處，值得大書特書。

一、北宋財政枯竭在三冗

北宋朝廷財經的枯竭，來自「三冗」，蘇轍的豐財策略，首在袪除「三冗」量必爲出，採節流策略。與蘇轍識見相同者，如包拯，《長編卷一六七》：「今百姓困窮，國用虛竭，利潤已盡，惟有減用度爾」，這是節流的主張，而「冗兵耗於上，冗吏耗於下」，因此，「爲治其原者，在乎減冗雜而節用度。」包拯的主張，如同蘇轍的「制國之用，必量入爲出，使三年耕，必有一年之食」，而做到

「三十年之間，而九年之蓄可得而備也。」

二、北宋財政中央集權在三司

北宋財政徹底的中央集權制，朝廷最高財政機構是三司鹽鐵、戶部、度支。鹽鐵掌理鹽鐵及礦產，戶部掌理戶口稅賦，度支掌理財賦之收，制其有無，以為邦國之用。其次是轉運使，掌理一路的財賦，登耗有無，上供及郡縣之用。地方財政有州郡和縣邑，州郡掌理催督，均輸運轉（含上供、留州、近使）。縣邑乃一般核算單位。蘇轍提出「凡會計之實，取元豐八年，而其為別有五：一曰收支，二曰民賦，三曰深入，四曰儲運，五曰經費。五者既具，然後著之以見在，列支以通表，而天下之大計，可以畫地而談也。」〈元祐會計錄序〉

三、北宋的稅源有兩稅、榷稅及雜稅

北宋的財政收入，主要稅源來自戶稅田賦、榷茶、榷鹽、榷酒，其他雜稅：坊場稅錢、賣香礬錢、賣秤錢、額外鑄刻錢、銅鉛本腳錢、竹木稅錢、誤支請受錢、代支失陷賞錢、贓罰錢、戶絕物帛錢、披度錢等數十色。宋神宗時王安石厲行新法，其中青苗法，最被蘇轍等朝臣詬病，大力批判，形成水火不容的新舊黨爭，隨著北宋的覆亡而告終。在稅制蘇轍主張恢復唐朝的租庸調法，廢除兩稅法，田制則主張井田制度，以改善農村經濟。

四、北宋的國際貿易與發達

北宋的國勢衰弱，屢遭北遼、西夏等入寇，窮以應付，割地賠款，約為兄弟，造成朝廷財政的捉襟見肘，入不敷出。但是商業興盛，貿易發達，也超過歷代。尤其是對外貿易（今稱國際貿易）有鄰近北遼、西夏，「戰則休市，和則通商」，而日本、韓國、爪哇、印度、大食（阿拉伯）等，都有陸上海上的興盛的貿易往來。因此貨幣隨著商業的發達，應運而生，除硬幣的鐵幣、銅幣之外，更有紙幣、滙票的使用，尤其是紙幣更是開世界之先河，為人類商業活動，帶來最大的便利。

【附註】

註一　仁宗時包拯，神宗時曾鞏曾分別對入品管員數量作過統計：景德、祥符中，文武官總九千七百八十五員，今（皇祐元年）內外官屬總一萬七千三百餘員，其未授差遣京官，使臣及守選人不在數內，較之先朝，才四十餘年，已逾一倍多矣。《長編卷一七六包拯集卷一論冗官財用等》

註二　宋人吳曾《能改齋漫錄卷二》，三司：蓋發運使本唐時之場子院留後，以鹽鐵特運副使充任。廣明時，高駢奏改為發運使，而鹽鐵轉運使變置曰：三司使而江淮沿唐置發運使。以總鹽漕茶務，實則唐轉運之職也。

註三　我國鹽鐵設官早自漢代，不過自唐代始正式以劉宴為鹽鐵使，繼而鹽鐵與轉運成為一職《新唐書食貨志》

註四　宋制，入官者皆有職田，以官莊及遠軍逃亡之田土充之。馴至勢官富姓，占田無限，兼併冒偽，習以成俗。

註五　宋代茶產區分布：江東、江西、兩浙、湖北、湖南、福建、淮南、兩廣、成都、梓州、利州、夔州、京西等。

註六　蘇轍說：「茶之有榷與稅非古也，特就其使於今者言之，有以爲榷便，曰：凡所以備邊養兵者，皆出於榷。然江淮之間，以私茶死者，不可勝計，此則仁人之所不忍爲也。革之用，將何以共之？且夫稅之入，其不足以當榷之利，亦易見矣，而特以不忍驅民而納之陷阱，是以榷而爲稅，今欲復反其舊，昌行殺人之害而就，夫區區養兵之利，則何以爲仁？求生民而用，至於困乏則何以爲智？蓋將以生民而富國兼收仁智之實而並享之。」〈私試進士策問〉

註七　實封投狀，買鋪者者於狀內報願納淨利錢數，實封投送官府，官府將衆買鋪者狀開封後，擇錢數量多者交其承辦。買鋪者互相競爭認納課利錢數成信增加。初行，榷利增加，然而年景不常，遇有水旱災，即有欺闕之弊，往往逋欠，身陷刑禁，家族流散，榷利銳減。實封投狀，始於眞宗大中祥符元年，盛於神宗熙豐年中，而後與明狀並行。

第六章　蘇轍文藝思想述評

第一節　性格不同，文風迥異

一、父子三人共讀《使北語錄》

蘇轍從小讀書開始，與兄軾進退出處，無不相同。所以在學堂有「無人共吃饅頭」的聯句（註一）。當蘇洵遊歷天下，程氏則果敢負起「家累」，課讀教子，讀書不僅「以書自名」，「以名節自勵」，期勉兄弟二人，「汝果能死直節，吾無憾焉。」〈司馬光程夫人墓志銘〉

而蘇洵在「振鞭入京師，累歲不得官」的屢試不第，只好帶著沉重失望的心情，返回故里。於是只得「歸來顧妻子，壯抱難留建」，愛護妻子，教育轍軾，希望二子「能明吾學」，又「談是書，內以治身，外以治人，是矣！」蘇轍〈藏書室記〉做到「獨善其身，兼善天下」的進退合宜的君子。因此，以：「士生於世，治氣養心，無惡於身。推是以施之人，不爲苟生也；不幸不用，猶當以其所知書之翰墨，使人有聞焉。」〈歷代論〉要求蘇轍兄弟能夠不苟幸生，得志，施以人；不得志；著諸翰墨，俯仰無愧，文質彬彬。所以當父子三人研究「古今成敗得失」，共讀富弼《使北語錄》時，讚歎富弼「其言明白，切中事機」周煇《清波雜誌卷一》。

二、從心理學探究三蘇人格氣質與文章風格

從心理學解析個性：「個人全部特質（traies）組成的綜合體。」包括外現的行爲特徵、內在的心理傾向以及身體的生理特徵等等，如健康、能力、語言、思想、情緒以及行動等都包括在個性的範圍之內，集合各個屬性即形成一個人的個性組織。由此得知：個性的心理結構，是包含人的天性，人的習性，也就是一種歷時結構。所以個性與時遷移，從不同的情境中解放出來，新陳代謝，不曾終止。

由於每個人的個性都有其特質，遂形成不同的個人氣質，人以氣爲本，以氣體爲自己的基質，同化、整合外界的刺激。從古代醫學對於氣質的研究分析，中國在春秋戰國時代的醫學典籍《內經》，根據陰陽五行學說，把人的某些心理上的個別差異與生理解剖特點聯繫起來研究，分爲太陰之人、少陰之人、火陽之人、少陽之人以及陰陽和平之人，其分類說明較爲籠統（註二）。而西方將氣質解析，有體液、思維類型（巴甫洛夫）（Pavlov 1849-1936）、性慾（弗洛依德 S. Frend, 1856-1939），心理類型（榮格C. G. Jung,1875-1961）等四種說法。其中以體液說較被大家所認同。羅馬解剖學家兼醫生蓋倫（Galenus, 131-200）將氣質作廣泛分類，而以某種體液佔優勢的結果。有機體體液的混合以血氣爲主導的稱爲多血質，其特點爲熱忱、活潑、好動、敏捷、興趣廣泛，情感豐富且外向，蘇軾或稍近之。

蘇軾幼承庭訓，論事之言，有乃父之風，個性豪邁，口直心快，不畏權勢。然終因「不外飾」，以詩文譏諷朝政，貶謫下獄，自述官場九死一生：「九死南荒吾不恨，茲游奇絕冠平生」〈六月二十日夜渡海〉，在儋州三年奉詔北返，過金山寺訪老友參寥主持，時參寥得訊東坡已故，是以神龕上懸掛李龍眠早年東坡畫像，栩栩如生。東坡感觸深刻，於畫像題詩：「心似已灰之本，身如不繫之舟。問汝平生功業？黃州、惠州、儋州。」蘇軾屢瀕於死，而能化險爲夷，其於黃州以前得自莊子眞傳，登堂入室，而瀟灑自適。於黃州後得自釋佛禪性，推衍萬物死生存亡的道理，因而融合成爲高尚卓絕、挺立不屈的人生觀。林語堂先生在《蘇東坡傳》裏，形容蘇東坡：鮮明的個性永遠是一個謎。世上有一個蘇東坡，卻不可能有第二個。蘇東坡是一個不可救藥的樂天派，一個偉大的人道主義者，一個陌生的朋友，一個大文豪，大書法家，創新的畫家，造酒試驗家，一個工程師，一個憎恨清教徒主義的人，一位瑜珈修行者，佛教徒，巨儒政治家，一個皇帝的秘書，酒仙，厚道的法官，一位在政治上專唱反調的人，一個自夜徘徊者，一個詩人，一個小丑。但是還不足以道出蘇東坡的全部。一提到蘇東坡，中國人總是親切而溫暖地會心一笑，這個結論也許最能表現他的特質。

以黏液佔優勢的則爲黏液質，其特點爲沈靜穩重，遲緩、寡言，能忍耐，情感不輕易外露。蘇轍稍近之，轍身材細長，蘇軾〈戲子由〉：「宛丘先生長如丘，宛丘學舍小如舟，常時低頭誦經史，忽然欠伸屋打頭。」個性內向，思想活躍卻沈默寡言，類父親蘇洵的人。張方平〈文安先生墓表〉：「以節義自重，蜀人貴之。」東坡於潁州初別子由二首：「念子似先君，本訥剛且靜。寡辭眞吉人，介石乃機警。」綜觀蘇轍平生，概括其氣質特性：蘇轍是個堅忍內歛情操高尚的道德家，是詩文白描的文學家，就事論事不輕易妥協的政治家，不辱使命的外交家，養生煉丹的修道者，國家總體經濟的財政家，整治黃河的水利工程師，攘夷的謀略家。由於轍性內歛，才智似不如兄軾，以至於聲名不如乃兄風靡，不如乃兄為後人頂禮膜拜，但仍是有為有守的唐宋八大家之一。

蘇洵也是較接近黏液質的人，以散文大家名震京師，其策論博辯宏偉，讀者悚然想見其人，士子爭先傳誦其文，歐陽修目為荀卿，韓琦以為可以媲美賈誼。及先生歿，韓琦頗自咎恨，以詩哭之：「知賢而不早用，愧莫先生於余者也。」蘇洵是策論的名政論家，軍事理論家，史學家，不苟且，不隨便的道德家，教導有方的教育家，更是姓名學名家，禮學名家等。蘇洵在仁宗慶曆八年（一〇四八）四十歲時，曾作〈憶山送人〉：「少年喜奇迹，落拓鞍馬間。縱目視天下，愛此宇宙觀。山川看不厭，浩然遂忘還。」早年的蘇洵，豪情萬丈，不受拘束。亦在歐公面前，直陳王安石異時必亂天下。（註三）嘉祐三年（一〇五八）蘇洵五十歲，有〈答二任〉詩：

> 嗟我何足道，窮居出無車。昨者入京洛，文章被人誇。
> 故舊未肯信，聞之笑呀呀。獨有兩任子，知我有足嘉。
> 遠游苦相念，長篇寄芬葩。

另有混合中以黃膽汁佔優勢的稱為膽汁質，其特點為精力旺盛、動作敏捷、易於衝動、情緒強烈迅速地表現在言語、面部表情及姿態上，常常性急，有時暴躁，甚至有狂暴情緒暴發的傾向。至於在體液混合中以黑膽汁佔優勢的稱爲抑鬱質，其特點爲孤僻、落寞、行動遲緩、情緒體驗不活躍，但體驗深刻有力且持久，感情內向，善於覺察別人不覺察的細微事物。

有創造性的作家都有自己的個性，有自己獨特的氣質，創作特質是一個動態的概念，常常受到本身個性結構動態，以及環境變動的影響。三蘇早期的寫作表現與中、晚期的寫作風格截然不同，所以上述三蘇氣質特性的分類，僅是類似而已，不能生硬的套牢在某人身上。蘇洵早期的寫作爲科舉考試而作，聲律記問之學，不喜而爲，而在「舉茂材異等」不中之後，遂絕意功名，自托學術。導致二十七歲以後的閉門苦讀，經七、八年，胸中豁然開朗，而不能自制，大器晚成，以策論名家。

三、蘇轍早、中、晚年作品風貌

蘇轍兄弟，早期的寫作，天眞活潑，率然樸質，初好賈誼、陸贄書。後談莊子，以爲得吾心，且因鑽研佛老之旨，歷盡貶遷謫居，人命危淺，履蠻荒險境而復安，遭構陷囚禁而不死，其爲文遂行於所當行，止於不可不止的揮灑自如，不可羈握，各成一家之言。

嘉祐二年（一〇五七）蘇轍十九歲守母喪時作〈蜀州絕勝亭〉詩，詩中描繪登上蜀州絕勝亭所見秋天美景：秋水連空、長天落日、江吹曠野、漁艇縱橫，情景交融，不遜於杜甫〈登岳陽樓〉。（註四）

夜郎秋漲水連空，上有虛亭縹緲中。山滿長天宜落日，江吹曠野作秋風。

釁煙慘淡浮前浦，漁艇縱橫作鈎筒。未省兵陽何所似？應須仔細問南公。

元豐三年（一〇八〇）蘇轍四十二歲，因蘇軾的烏亭詩案牽累，兄弟俱遷，軾移黃州；轍坐貶監筠州（江西高安）鹽酒稅。子由赴貶所途中，過盱眙、高郵、揚州榭山房、青陽、廬山、磁湖等均有懷古詩作，在揚州作〈九曲池〉：

嵇老清彈怨廣陵，隋家水調繼哀音。可憐九曲遺聲盡，惟有一池春水深。
鳳闕蕭條荒草外，龍舟想像緣楊陰。都人似有興亡恨，每到殘春一度尋。

嵇老乃指嵇康（二二四—二六三），字叔夜，譙郡銍（ㄓˋ）（安徽宿縣西南）人，三國時爲魏詩文名家，少有俊才，豪邁不群。高亮任性，不修名譽。因不滿司馬氏控制朝政，爲司馬昭所殺。善鼓琴，以「廣陵散」被人稱道。臨刑時，索琴而彈，並感慨說：「廣陵散於今絕矣！」（晉書、嵇康傳）而隋煬帝的廣開通濟渠，自長安至江都（揚州），建離宮，植楊柳，乘龍州而幸江都，窮奢極慾，導至亡國。蘇轍於詩中有託意，借古諷今之鑒，躍然紙上。

政和二年（一一一二）蘇轍隱居潁昌十年之後，突然改變「不踏門前路」的決心，出遊西湖，作〈遊西湖〉：

閉門不出十年久，湖上一遊一夢回。行過閭閻爭問訊，忽逢魚鳥亦驚猜。
可憐舉目非吾黨，誰與開樽共一杯？歸去無言掩屏臥，古人時向夢中來。

其時政局不安，「非吾黨」道盡政風險惡，欲加之罪，何患無辭。蘇轍已如驚弓之鳥，蹈光隱晦，但求生活，遑論世事。潁川父老不識，魚鳥亦不識，只有明哲保身，與古人爲友，掩屏而臥，夫復何求？

四、蘇軾早、中、晚年作品風貌

嘉祐四年（一〇五九）十月，蘇軾二十四歲，蘇洵在梅聖俞以蘇軾兄弟的前途發展爲考量，再次攜帶兄弟及其妻次等全家赴京，自眉山順江南下，經過嘉州，太守設宴招待，蘇軾目睹秀麗的山河，淳樸的民風，不禁反問自己奔赴仕途的無奈。〈夜泊牛口〉：

人生本無事，苦爲世味誘。富貴耀吾前，貧賤獨難守。誰知深山子，甘與麋鹿友。置身落蠻荒！生意不自陋。今予獨何者，汲汲強奔走？

蘇軾自熙寧七年（一〇七四）離開杭州，在元祐四年（一〇八九），蘇軾因兄弟同時在朝位居津要，乃連章請郡，三月以龍圖閣直學士再出知杭州，時蘇軾已五十四歲，心中感受深刻，五味雜陳。〈與莫同年雨中飲湖上〉：

到處相逢是偶然，夢中相對各華顛。還來一醉西湖面，不見跳珠十五年。

元符三年（一一〇〇）正月，年僅二十五歲的哲宗崩逝，北宋最荒淫的皇帝徽宗繼位，展現新政，似欲大有作爲，詔求正言，起用直諫人臣，貶謫嶺南的元祐大臣逐漸內遷，蘇軾兄弟名列其中。蘇軾是紹聖四年（一〇九七）六月十一日渡海到儋州。元符三年（一一〇〇）六月二十日渡海北遷，整整三年。時已六十六歲的高齡了。〈六月二十日夜渡海〉：

參橫斗轉欲三更，苦雨終風也解晴。雲散月明誰點綴，天容海色本澄清。
空餘魯叟乘桴意，粗識軒轅奏樂飛。九死南荒吾不恨，玆游奇絕勝平生。

詩眼在「晴」一字，蘇軾老死儋州的心情，忽然「苦雨終風」，看到窗外有藍天的未來，因此詩中充滿歡欣鼓舞的情緒，所以有「不恨」的豁達，而有「奇絕」的欣喜。

以上列舉蘇轍兄弟詩三首，做爲青年、中年、老年三個不同階段的作品，並非蘇轍兄弟的各年齡層代表作品，目的在於說明文學創作，是因作家的個性、氣質而有不同的作品風貌，而創作特質是一個動態的概念，洵不誣也。

第二節　我年十九識君翁（歐陽修）

一、名動京師，文章擅天下

從中國文學道統觀點而言，推崇孔子爲至聖先師，孔子既歿而孟子生，孟子之後有荀卿；荀卿之後而揚雄出，雄之後，而韓愈繼；愈之後三百多年而歐陽修得其傳。宋人推崇歐陽修，以爲與唐韓愈並立。蘇轍有言：「公（歐陽修）之於文，天材有餘，豐約中度，雍容俯仰，不大聲色，而義理自勝，短章大論，旋無不可。有欲效之，不譏則俗，不淫則陋，終不可及，是以獨步，求之古人，亦不可多得。」

〈歐陽文忠公神道碑〉因歐陽修的爲文，論大道似韓愈，論事似陸贄，記事似司馬遷，詩賦似李白，集韓、陸、司馬、李白等名家擅長於一身，宋人宗之，以爲當代的韓愈。而清姚姬傳推究歐陽修的行文風格，而歸於陰柔之美的典範。（註五）

至於蘇軾則從文氣叙述歐陽修的特色，〈上歐陽內翰書〉：「執事之文，紆餘委備，往復曲折，而條達疏暢，無所間斷，氣盡語極，急言竭論，而容與閑易，無艱難勞苦之狀。」歐公文氣舒緩曲折，不斷如縷，條暢語達，不急不許，從容自得。蘇洵謙稱年邁，固非求仕，亦非固求不仕，以衰病自退，無意赴試。其〈上歐陽內翰第四書〉云：「始公（蘇洵）進其文，自丙申之秋，至戊戌之冬，凡七百餘日而得召，朝廷之事，其節目期限如此之繁且久也。」若洵即日治行，數月才到京師，再等待數年，「得試於所謂舍人院者，然後使諸公傳考其文」，又得一二年，「幸而以爲不謬，可以及等而奏之，從中下相府，相與擬議」，又須數年，「而後可以庶幾有望於一官，如此，洵固已老而不能爲矣。」求仕者至少有二途：一是足以行道；一是足以濟貧。而洵已年屆知命之年，科舉場中的辛苦若此，是以洵不願再受委屈了。蘇轍〈潁濱遺老傳〉：歐陽修對蘇洵說：「吾閱文士多矣，獨喜尹師魯，石守道，然意猶有所未足，今見君之文，予意足矣。」意有所未足，乃指文章生澀，意足是讚美蘇洵文章的流暢宏辯。

三蘇是經由張方平的大力推薦給歐陽修，而歐陽修在觀覽三蘇著論之後，以爲博辯宏偉，遂獎掖而傳遍諸大夫間，而名動京師。〈蘇君墓誌銘〉：

當至和嘉祐年間，與其二子軾轍偕至京師，翰林學士歐陽修得其所著書二十二篇，獻諸朝，書既出，而公卿士大夫爭傳之。其二子舉進士，皆在高第，亦以文章稱於時。眉山在西南數千里外，一日父子隱然名動京師，而蘇氏文章遂擅天下。」《歐陽文忠公集卷三十四》

三蘇在京師，一日竄起，遂名滿天下，三蘇的才智奇絕，爲文作詩，樸實無華，若無歐陽修的提携宣揚，亦難有攀附驥尾之光。蘇轍在〈歐陽文忠公神道碑〉，曾詳細記載歐陽修權知貢舉，冒天下的大韙，棄時文於不顧，而取詞義近古爲貴。

「嘉祐二年，權知貢舉，是時進士爲文，以詭異相高，文體大壞，公患之，所取率以詞義近古爲貴，凡以險怪知名者黜去殆盡。榜出，怨謗紛然，久之，乃服。然文章自是變而復古。」

其時士子因習作險怪的西崑浮剽文字而落第者，至爲譁然，聚衆起哄，圍攻歐陽修，如今日的遊街抗爭運動。尤有甚者，投書歐陽修，咒其早死。（註六）

蘇軾也說：「軾長於草野，不學時文，詞語甚樸，無所藻飾。」可見蘇轍兄弟的中式，都是不學時文而錄取。權知貢舉的歐陽修是關鍵。蘇轍對於中式有著眞實的說明：

「先君文安先生以布衣隱居鄉閭，聞天子復用正人，喜以書遺公，公一見其文曰：此孫卿子書也。及公考試禮部，亡兄子瞻以進士試，稠人中，公與梅聖俞得其程文，以爲異人。是歲轍亦中下第，公亦謂不忝其家。」〈歐陽文忠公神道碑〉

唐宋八大家之文，如長江大水，不曾歇息，而歐陽修是宋朝文壇領袖，由於歐陽修的文章，「有紆餘委備，往復百折，而條達疏暢，無所間斷，氣盡語極，急言竭論，而容與閑易，無艱難勞苦之態……遂成一家之言」〈蘇洵上歐陽內翰書〉在明允的「聽千曲而後曉聲，觀千劍而後識器」的自知品評，以為歐陽子兼有李翺的「味黯然而長，光油然而幽，俯仰揖讓」的文氣，有陸贄的「遺言措意，切近的當」的論辯。但是歐陽子又自有過人者，因為歐陽子之文不是孟子、韓愈之文，是歐陽子之文。

況且歐陽子「獎引後進，如恐不及，賞識之下，率為聞人。曾鞏、王安石、蘇洵、洵子軾轍布衣屏處，未為人知，修即於其聲譽，謂必顯於世」《宋史歐陽修傳》歐陽子繼韓柳之後，異軍崛起，藉權勢之便，稱三蘇之文，建立唐宋八大家的文學地位（註七），歷久不衰，明清以後，士子讀書，奉為範本，歐陽子居功厥偉，孰能非之？

二、宋初的古文運動

宋初的古文運動，就文與道的分際闡述，柳開穆修諸人的古文運動，就是道學運動。因為他們的論文主張，也是後來古文家及道學家的張本，表面上是古文運動，骨子裏卻是道地的道學風氣的先聲。因此，宋初名家論文，是文與道合而為一的運動。

柳開〈上學士第三書〉：

> 文章為道之筌也，筌可妄作乎？筌之不良獲斯失矣。女惡容之厚於德，不惡德之厚於容也；文惡辭之華於理，不惡理之華於辭也。

文章以「道」爲依歸，爲文章不可忘筌；爲文章德優於容；爲文章理勝於辭。反之，若是爲文章而「忘筌」、「容優」、「辭勝」則不足以爲。因此，「文者道之用也，道者教之本也。」文以致用的主張，旗幟鮮明；但是若無道，則不足爲用，不足爲教。如此，宋初，文以載道說，形成道學家的文論，文章必因道而成，重在道；而又以文貫道，成爲古文家的文論，道必藉文而顯，重在文。南宋集理學大成的朱熹說：

「文從道中流出，豈有文能貫道之理。文是文，道是道，文如吃飯時下飯耳，若以文貫道，卻是把本爲末。」

朱子是爲道學張本，高唱重道而輕文，視道爲終身學問。而古文家於道只作爲一時努力的工夫，充道而爲文，道乃是個人修養的工夫。

歐陽修是北宋古文家代表，提出革新復古的新主張，上承王禹稱，下開三蘇，貴爲北宋一代文宗，最爲尊崇。

王禹稱，宋鉅野（山東鉅野縣南）人。字元之，號雷夏先生。生於後周廣順三年（九五三）卒於咸平四年（一〇〇一），年四十八。九歲能文，詞學敏贍。太宗時，舉進士，官右拾遺，遇事敢言，以直躬行道爲己任，累遷翰林學士，知制誥，爲文著書多涉規諷，故屢見擯斥。著有《小畜集》。

王禹稱師韓吏部的爲文，貴在平易，不貴奇奧。〈答張扶書〉：

夫傳道而明心也，古聖人不得已而爲之也。且人能一乎心，至乎道，修身則無咎，事君則有立。及其無位也，懼乎心之所有，不得明乎外，道之所畜不得傳乎後，于是乎有言焉；又懼乎言之易混也，于是乎有文焉。信哉不得已而爲之也。既不得已而爲之，又欲乎句之難道邪？又欲義之難曉邪？必不然矣。

爲文是不得已的事，因憂懼言論的泯滅，藉文字以爲長存，是以書寫文字力求「道」的易知，「義」的易曉，不貴艱澀苦言，才是爲文的目的。又說：「欲生之文句易道，義易曉，遂引六經韓文以爲證。」因此六經之文，語艱義奧的十二三，易道而易曉的十七八，艱奧的不是故意寫作，是當代的語詞，王禹稱的尊崇韓愈的爲文，在於平易易曉的文章，歐陽修遠承韓愈，近從王禹稱亦如是哉！

三、歐陽修的論道詮文

歐陽修對於文與道是兼容並蓄，不分軒輊；於文則取諸韓而近於李翺，於道則取諸李翺而進於韓愈。〈六一題跋十一〉：「年十有七，試於州，爲有司所黜；因取所藏韓氏之文，復閱之，則喟然而歎曰：『學者當至於是而止爾。』……韓文遂行於世，至今蓋三十餘年矣。學者非韓不學也，可謂盛矣。」稱韓文「深言雄博，學者當至於是而止爾」？並未論及「道」的層面。又〈讀李翺文〉：

最後讀〈幽懷賦〉，然後置書而歎，歎已復讀不自休；恨翺不生於今，不得與之交，又恨予不得生翺生，與翺上下其論也。況迺翺一時人有道而能文者，莫若韓愈。愈嘗有賦矣，不過羨二鳥之光榮，歎一飽之無時爾。推是心使光榮而飽，則不復云矣。若翺則不然。

韓愈，字退之，唐河南河陽人（河南省孟縣南）人；昌黎爲韓氏郡望，故愈撰文每自稱昌黎韓愈。生於代宗大曆三年（七六八），卒於穆宗長慶四年（八二四），享年五十七。蘇軾〈潮州韓文公廟碑〉稱讚「文起八代之衰，道濟天下之溺」，明茅坤選錄《唐宋八大家文鈔》，以愈爲首。門人李漢輯有《昌黎先生集》行世。

《昌黎先生集卷一》〈感二鳥賦〉是叙述唐德宗貞元十一年五月二日東歸河陽省墓。途中遇河陽太守提鳥籠西進長安，籠中有白鳥、白鸜鵒二（俗稱八哥），進獻天子。昌黎先生感慨萬千，求仕無成，不如無知的小鳥，因「羽毛之異」，反而得到「採擢薦進，光耀如此」，從七歲開始，孜孜不倦，迄今二十八歲，四試禮部，三售吏部，結果是無人推薦，不遂「匡君之心」，大有人不如鳥，不知虛飾自己的落寞與無奈。

李翺，唐趙郡（河北鳳儀縣）人。字習之，貞元進士。元和初爲國子博士。性峭鯁，仕不顯。從韓愈習文章，辭致渾厚，見推當時，故諡號文。著有《李文公集》。

李翺〈答獨孤舍人書〉：「僕嘗怪董生大賢，而著〈仕不遇賦〉。惜其自待不厚。凡人之蓄道德才智於身，以待時用。蓋將以代天理物，非爲衣服飲食之鮮肥而爲也。……僕意間自待其厚，此身窮達，豈關僕之貴賤耶？雖終身如此，固無恨也。」是以李翺則不然，因厚待自己，捨衣食的鮮肥，蓄才德於自身，恬然自適，隨遇而安，固無恨也。由此觀之，仕不仕，遇不遇的卓識，猶勝韓愈一籌。難怪溫雅儒文的歐陽修願與之交，與之論，有司馬遷願爲晏平仲執鞭的浩歎。

歐陽修的論道，頗與道學家相近。〈答吳充秀才書〉：

「夫學者未始不爲道，而至者鮮，非道之於人遠也，學者有所溺焉爾。蓋文之爲言，難工而可喜，易悅而自足。世之學者，往往溺之；一有工焉，則曰吾學足也。」

爲道不難，致道爲難，因爲學者往往沈溺於「易悅自足」，是以不至也。接著又說：

「聖人之文，雖不可及，然大抵道勝者文不難而自至也，故孟子皇皇不暇著書，荀卿蓋亦晚而有作。若子雲、仲淹，方勉焉以模言語，此道未足而彊言者也。後之惑者，徒見前世之文傳，以爲學者文而已，故用力愈勤而愈不至。此足下所謂終日不出於軒序，不能縱橫高下皆如意者，道未足也。若道之充焉，雖行乎天地，入乎淵泉，無不之也。」《歐陽文忠公全集四十七》

「大抵道勝者文不難自至」，與道學家所謂「有德者必有言」，如出一轍。至於作家的「文章麗」「言語工」，與「草木榮華之飄風，鳥獸好音之過耳」相同，歐陽修以爲「勤一世以盡心於文字間者，皆可悲」，爲文章若缺少道的支柱，就是玩物喪志的行爲，因此，學者必須講求「充於中者足，而後發乎外者大以光」，做到「剛健篤實，輝光日新」，源源不絕的動力，來自內心的驅策，所以「君子多識前言往行，以蓄其德」，才是爲文的根源。若是但求巧詞以爲華，張言以爲大。強爲則用力艱，用力艱則有限，有限則易竭。〈答祖擇之書〉：

「學者當師經，師經必先求其意，意得則心定，心定則道純，道純則充於中者，中充實則發爲文者輝光。」《歐陽文忠公全集六十八》

歐陽修論充實者，究其要旨，是文人的修養，也是文人習文必須種下的基礎工夫。由於充實，俾使作家不只是言之有物，且具備卓識遠見。歐公取道如此，是藉道以加重其文，不是重道而廢文。若是「言之無文，行之不遠」，是以君子之學，但求言以載事，文以飾言。事信言文，才能傳諸久遠，藏諸名山。如詩、書、易、春秋等，都是善記事而尤文者，其傳尤遠。至於荀卿、孟軻之徒，亦善爲言，其道有不至者，是以有傳有不傳，有因時尚喜好而興廢，繫於充實與否爲要件。

歐公是古文學家，不只是重道而已，更不許廢文，甚至擴大討論層面，「偶儷之文，苟合於理，未必爲非，故不是此而非彼也」〈論尹師魯墓誌〉，由此更可以確定：高道德能文章，是古文學家歐曾一派論文的中心主張。

四、蘇轍與歐陽修論道對話

蘇軾在〈虔州崇慶禪院新經藏記〉承襲莊子對「道」的見解，咸認爲道的特性有二：一是道無大小的分別，二是道無所不在。蘇軾說：

> 論道之大小，雖至於大菩薩，其視如來，猶若天淵然。及其無所得故而得，則承蜩意鉤履豨畫墁，未有不與如來同者也。……以是爲技，則技凝神，以是爲道，則道凝聖。故古之人與人皆學，而獲至於是，其必有道矣。

蘇氏的道既是無所不在，不離於物，每下愈況，如此，遂與韓歐之道截然不同。在〈韓愈論〉中，對於韓愈的「道」，以爲狹隘而有嚴厲的批判。他說：

聖人之道，有趨其名而好之者，有安其實而樂之者。……韓愈之於聖人之道，蓋亦知好其名矣，而未能樂其實，何者？其爲論甚高，其待孔子，孟軻甚尊，而拒揚墨，佛老甚嚴，此其用力亦不可不至矣。然其論至於理而不知。

韓愈，知好其名，而未能樂其實。〈原道〉：

博愛之謂仁，行而宜之之謂義。由是而之焉之謂道，足乎己無待於外之謂德。仁與義爲定名，道與德爲虛位。

韓愈陳義甚高，不易實踐，且排斥老子，以爲「見者小」，摒絕佛學，揚棄楊墨，以爲是異端邪說，荒誕不經。故蘇軾的批判，並不誣人。

蘇軾在〈日喻〉文中，論及道莫之求而自致：

蘇子曰：道可致而不可求，何謂致？孫武曰：善戰者致人，不致於人。子夏曰：百工居肆，以成其事，君子學以致其道。莫之求而自致，斯以爲致也歟！

蘇軾論道是經過學習與休養以後，自然獲得的。如果沒有誠心，無論如何努力，也無法勉強求得。舉孫武善戰者爲例，善戰者使敵人的行動完全落入自己的預期中，不善作戰者，反而處處被敵人所操縱。又如百工在工場中勤奮工作，累積時日，器物始能完成；同理，君子潛心向學，久而久之，自然獲得對道的理解。道的到來，不須刻意追求，自然到來，這才眞正獲得了道。因此，凡不學而務求道，皆北方人之學沒者也。當然不得致道。至於當代科舉考試的弊端，在於「雜學而不知道」，或「求道而不學道」，皆求道的錯誤。

歐陽修在〈答吳充秀才書〉：

文中力主「充道以行文，不因道而廢文」，是道學家論文與道的主張。又〈送徐無黨南歸序〉：「予竊悲其人，文章麗矣，言語工矣，無異於草木榮華之飄風，鳥獸好音之過耳也。」草木榮華易於凋謝飄零，鳥獸好音過耳即逝，是以「勤一世以盡心於文字間者，皆可悲也。」若無道以支撐，則文章具有優美的敷辭，聲韻的講求，終究不得久傳。爲使文章得以久傳，所以歐陽修在〈答祖擇之書〉，提出因應之道。他說：「學者當師經，師經必先求其意，意得則心定，心定則道純，道純則充於中者實，中充實則發爲文者輝光。」充實者，是學者必須苦心學習的苦工夫，就是使文章言之有物，且不隨俗浮沈，而持有卓識見解，是義法並茂的古文學家。因此，君子的學習，言以載事，文以飾言，事信言文，乃能表現於後世，歐陽修劍及履及，毫不含糊。蘇軾在《六一居士集》，推崇歐陽修直達孔門，並非溢美之辭：「愈之後三百有餘年，而後得歐陽子，其學推韓愈、孟子以達孔氏，著禮樂仁義之實以合於大道。」朱熹曾評歐陽修：「而後歐陽修出。其文之妙，蓋已不愧於韓氏。」朱熹此論在於推崇韓愈，就道統觀點論之，歐陽修是緊隨韓愈之後；就文統觀點論之，則歐陽修眼界寬闊，勝於韓愈的崇儒，有創新、有立意，對於韓愈的「原道」，頗有微詞。〈本論〉

宋朝理學家對於「道」的執著，無以復加，且爲文均有害於「道」。程頤云：有人問：作文害道否？曰：害也。凡爲文不專意則不工，若專意則志局於此，又安能與天地同其大也？書云：『玩物喪志』，爲文亦玩物也。是爲「倒學」。

蘇軾在〈謝歐陽內翰啓〉曾大力抨擊時人學習古文的弊病。他說：「罷去浮巧輕媚叢錯彩綉之文，將以追兩漢之餘，而斷三代之故。……用意過當，求深者或至於迂，務奇者怪僻而不可讀。餘風未殄，新弊復作，鑱鏤之金石以傳久遠，小者轉相摹寫，號稱古文。」

北宋初年，在駢儷文的洪流裏，遂形成一股反動勢力，矯枉過正，遂有奇險苦澀的文風出現，號稱古文，蘇軾認爲又是作文的新弊端，「夫子之道不幸而有老聃、楊朱、……韓非之徒，各持其私說以攻乎其外，天下方將惑之而無所適從。奈何其弟子門人又內自相攻而不決。千載之後，學者益衆，而吾夫子之道益晦而不明者，由此之故也。」〈子思論〉由於各家各持己是，非其所非，異端紛擾，莫衷一是，於是夫子之道，隱晦不明。其實，「夫子之道可由而不可言，可知而不可識，此其不爭爲區區之論，不聞是非之端，是以獨得而不廢，以與天下後世，爲仁義禮樂之主。」〈子思論〉

蘇轍〈上兩制諸公書〉，與兄軾的論見相同，他說：「至於後世不明其意，患乎異說之多，而學者難明也。於是舉聖人之微言而折之以一人之私意。而傳疏之學，橫放於天下，由是學者愈怠，而聖人之說益以不明。」由於後代學者的縱觀博覽，而辨其是非，論其可否，推其精麤，因此，講之益深，而守之益密。蘇轍自述悟道的經過，在晚年讀《孟子》後，偏觀百家而不亂，而自附於孟子，然後泛觀天下異說，三代以來興亡治亂之際，廓然大公，孟子之不可誣也。

蘇軾兄弟對於「道」的認知，以爲後代的衆說紛紜，頗有責備的口胳，但是蘇洵則從正面肯定「道」的存在必然性，必要性。他在〈史論上〉論道的：內涵，三蘇完全一致。他說：

「夫《易》、《禮》、《樂》、《詩》、《書》，言聖人之道與法詳矣。然弗驗之行事，仲尼懼後世以是爲聖人之私言，故因赴告策書以修《春秋》，旌善而懲惡，此經之道也。」

《朱子語類》有攻擊蘇氏論文與道的關係：

道者文之根本，文者道之枝葉，惟其根本乎道，所以發之於文皆道也。三代聖賢文章，皆從此心寫出，文便是道。今東坡之言曰，吾所謂文必與道俱，則是文自文道自道。待作文時，旋去討箇道來入放裏面。此是他大病處，只是他每常文字華妙，包籠將去，到此不覺漏逗說出他根本病痛所以然處。緣他都是因作文卻漸漸說上道理來，不是先理會得道理了方作文，所以大本都差。

朱熹此段文字，根本不曾道及蘇氏癢處。他仍然強調「文以載道」，「文從道中流出，豈有文反能貫道之理」，其實，朱氏與蘇氏論「道」的內涵，渾然不合，當然是見仁見智的區別，朱氏的指責，並不恰當。

蘇轍在〈詩病五事〉文中，對於孟郊的貧窮，不曾付予同情，反而對孟郊稱讚的人，都斥爲不知「道」。可以斷定蘇轍必能有用於世，方可謂「知道」。歐蘇等雖是尊韓重道，但三蘇卻從生活現實中著眼，視野遼闊，但求文學做爲經世致用，而不是狹隘爲倫理道德服務而已。要求充實文學內涵，而不是取消藝術技巧，蘇轍是有著鮮明的表現。

第三節　蘇轍的論文思想

一、所學所行，皆本乎家傳

蘇洵父序，對於老泉的幼年教育，不教不學，縱而不問，一味自由放任，不曾嚴厲管教，人問其故，笑而不答。洵父心中有數，或許是「不屑教誨謂之教誨」的教育方法。因爲蘇洵爲人聰明，辯智過人，從容待其自省而後有爲，知子莫若父。當蘇洵伯父蘇渙進士及第時，蘇洵已十六歲，頗受誘發進身功名仕途的念頭，遂於天聖五年（一〇二七）十八歲參加進士考試，卻不幸落第。

當代四川眉山三大家族是程、石、蘇，彼此不僅是鄉親又是姻親，至爲親近。蘇洵在〈送石昌言使北引〉曾記載其受昌言影響至深。因昌言舉進士時，洵約五歲，昌言曾給洵棗栗吃，彼此親近。而後昌言名聲日隆，蘇洵漸長，欲程氏慨然一肩挑負，稍知讀書，學句談，屬對聲律，但未成而廢。由此得知，蘇洵在十九歲到二十七歲這段日子裏，遊蕩不學。時家道中落，生養之累，程氏慨然，一肩挑負。至二十七歲，閉戶苦讀年餘，再舉進士不第，遂絕意仕進。在〈廣士〉有言：

人固有才智奇絕，而不能爲章句、名數、聲律之學者，又有不幸而不爲者。苟一之以進士，制策，易使奇才絕智有時而窮也。

蘇洵對章句聲律之學既不能爲而不爲者，因此，屢試不中。慶曆六年（一〇四六）三十八歲時，再舉茂材又不中，遂斷然以爲「此不足爲學也！」而後知取士之難，絕意於功名，而自托於學術。〈上歐陽內翰第一書〉：

時復內顧，自思其才，則又似乎不遂止於是而已者。由是，盡焚曩時所爲文數百篇，取論語、孟子、韓子及其他聖人賢人之文而兀然端坐，終日以讀之者七八年。……讀之益精而其胸中豁然以明，若人之言固當然者。然猶未敢出其言也。時既久，已而再三讀之，渾渾乎覺其來之易也。

蘇洵盡焚曩時作文數百篇，殆指應科舉而作，而後棄章句、名數、聲律之學，默然專注，冥冥悟悟，累積七八年後，胸中豁然開朗，再經時日，再三熟讀，爲文汩汩然而出，源源不絕了。〈上田樞密書〉：「方其致思於心也，若或起之，得之心而書之紙也，若或相之。」儲材豐富，致思用心，以筆書紙，必得左右逢源的滋味。

蘇洵〈上張侍郎方平〉第一書：

洵有二子軾、轍，齠齔授經，不知他習。進趨跪拜，儀狀甚野，而獨於文字中有可觀者。始學聲律，既成以爲不是盡力於其間。讀孟、韓文，一見以爲可作。引筆書紙，日數千言，坌然溢出，若有所相。

軾、轍兄弟從小讀經，別無他習。「幼學無師，先君是從遊戲圖書，寤寐其中」，生活儀節雖不是中規中矩，但在寫作文章頗有可觀者。以父親蘇洵爲師，在蘇軾十來歲時，父洵曾令軾作〈夏侯太初論〉，文中有「人能碎千金之璧，不能無失聲於破釜；能搏猛虎，不能無變色於蜂蠆」的警句，洵非常欣賞，深愛此論。根據蘇籀《欒城遺言》記載：「東坡幼年作〈卻鼠刀銘〉，公（蘇轍）作〈缸硯賦〉，曾祖（蘇洵）稱之，命佳紙修寫，釘於所居壁上。」另外蘇軾在少年時代作品有《春秋論》，而蘇轍有《論語解》、《孟子解》等書。蘇洵〈上歐陽內翰第一書〉說到「孟子之文，語約而意盡，不爲巉刻斬絕之言，而其鋒不可犯。」軾轍兄弟受到父洵影響深遠，顯而易見。蘇轍〈亡兄子瞻端明墓誌銘〉：

公（軾）之于文法之于天，少與轍皆師先君，初好賈誼陸贄書，論古今治亂，不爲空言。既而談《莊子》，謂然歎息曰：吾昔有見于中口未能言，今見《莊子》得吾心矣。乃出《中庸》論其微妙，皆古人所未喻。嘗謂轍曰：吾視今世學者，獨子可與我上下耳。既而謫居于黃，杜門深居，馳騁翰墨，其文一變。如川之方至，而轍瞠然不能及也矣。

這段文章有四大要點：㈠是說明軾轍兄弟以父洵爲師。㈡是軾讀《莊子》得吾心。㈢是軾在貶黃州前，爲文多莊子哲思，貶黃州後，爲文多釋氏眞言。㈣是軾貶黃州前，兄弟爲敵手，此後，蘇轍自以爲望塵莫及了。因軾熟讀釋氏書，深悟實相參之，孔老博辨無礙，浩然不見其涯了。

蘇轍又記載著：先君晚歲讀《易》，玩其爻象，得其剛柔遠近喜怒逆順之情，以觀其辭，皆迎刃而解，作《易傳》未完，疾革，命公（軾）述其志，公泣受命，卒以成書。

蘇軾繼父洵完成遺作，書成《易傳》。其後復作《論語說》，時發孔子之秘。最後居南海，作《書傳》，推明上古之絕學，多先儒所未達。至于遇事所爲詩、騷、銘、記、書檄、論譔，率皆過人，蓋因軾幼而好學，老而不倦的勤讀，又有天資聰慧爲之相助使然耳。蘇軾〈記歐陽公論文〉記載：

> 頃歲，孫莘老識歐陽文忠公，嘗乘間以文字問之，云：無他術，唯勤讀書而多爲之自工。世人患作文字少，又懶讀書，每一篇出，即求過人。如此，少有至者，疵病不必待人指摘，多作自能見之。此公以其嘗試者告人，故尤有味。

蘇軾以勤讀多作示人，乃得自親身試驗，然世人多不察，少讀多作，難期有功；多讀多作自能顯現績效，吾人宜以此爲鑑。

蘇轍幼承庭訓，論事立言，淵源於老蘇，英挺之氣，亦有乃父之風，惟氣象不逮其父之雄奇。且兄弟友愛甚篤，文思頗受乃兄的影響，嘗云：「子瞻讀書有與人言，有不與人言，不與人言者，與轍言之，而謂轍知之。」可見手足情深，相互教益的深厚。而〈蘇文定公諡論〉，記載著父子相互教益，乃本於家傳。「惟公（轍）挺生西蜀，毓秀山川，天材最高，資稟實厚，而又有父文安先生爲之師，有兄文忠公爲之師友。蓋其所學所行，皆本乎家傳，而文章事業，卓乎可敬而仰也。」

蘇轍生性喜愛自然樸拙，有〈葺書齋〉詩：

> 我生山溪間，弱冠衡茅住。生來乏華屋，所至輒成趣。

生在眉山，四川一隅，住無華屋，遊山戲水，自然成趣。但是勤讀苦學，亦不多讓父兄，在〈張恕寺丞益齋〉詩曾提到：「我家亦多書，早歲嘗竊叩。晨耕掛牛角，夜燭借鄰牖。」早年嗜書如命，晨昏強學，不以爲苦。爲使自己用志不紛，於是「經年謝賓客」，忘記飲食，至於「飢坐失昏晝」。而後鋪紙直抒，「落筆逢左右」，快樂的情境是「樂如聽鈞天，醉劇飲醇酎」，欲達到如癡如狂的神思馳騁，就得如「春耕不厭深」，才能「秋穫常自受」，金玉或爲災，詩書難有相負的時候。所以，蘇轍一再強調，「人生不讀書，空洞一無有。」心靈的枯竭，是最大的缺憾。（註八）

蘇轍年少時讀書，意氣風發，而以功名自期。〈四十一歲莫日歌〉：

小兒不知老人意，賀我明年四十二。人生三十百事衰，四十已過良可知。
少年讀書不曉事，坐談王霸了無疑。脂車秣馬試長道，一日百里先自期

四十二歲，蘇轍已有歲不我與的感慨，愈發可見蘇轍的寸陰是惜，勤勉好學了。

總之，蘇氏父子的苦學，在唐宋八大家中，佔有三席之位，可謂擅有宋之文風，立不朽之盛事。父子三人，以一介平民，卒能卓然大家，規模宏偉，時人翕然而從，因而鼓舞文風，名賢輩出，影響後世至深且鉅。

二、意立而理明，不必覓事應付

前文敘述三蘇父子學習歷程，曾有「所學所行，皆本乎家傳」的敘述，而他們在論文的態度和見解，也都是有共同性，共通性的基調，也各有其特長和成就，蘇洵在史論，蘇轍在策論，蘇軾是全才，各

類文體均有佳作。然而，三蘇的論文，雖取孟韓及其他聖人賢人的文章，但重視文章好其修辭而已。茲將三蘇論文特色，敘述於後：

寫作文章，首在審題，貴在意立。若審題不周，必泛濫無歸，東拼西湊，不知所云。而意立是全文的線眼，譬諸連山千里，必有立峯；匯水百川，必有正派。由此著想，則陳義能見其大而不至常落邊際，而其餘所兼及者，不過枝葉鱗爪，而一篇作文著力緊要處，就在意立爲其關鍵。有意而有言，意盡而言止，是天下的至言。

劉勰《文心雕龍附會》有言：

何謂附會？謂總文理，統首尾，定與奪，合涯際，彌綸一篇，使雜而不越者也，若築室之須基構，縫衣之待縫緝矣。

附會，就是蘇洵所謂的意立，是一篇文章的「基構」，以此綴思鋪敘，以「神志爲神明，事義爲骨髓，辭采爲肌膚，宮商爲聲氣。」意立是文章的總綱領，意立既定，而後「驅萬塗於同歸，斟百慮於一致，使眾理雖繁，而無倒置之乖，群言雖多，而無棼絲之亂；扶陽而出條，順陰而藏跡，首尾周密，表裏一體」，此是附會的作文技巧。

蘇洵〈與孫叔靜帖〉，拈出意立理明是作文的第一要務。

久承借新文及累爲訪臨，甚荷勤眷。文字已爲細觀，甚善甚善。必欲求所未致，如〈中正論〉引舜爲證，此是時文之病。凡論但意立而理明，不必覓事應付。

蘇洵在文中強調寫作文章以意立爲首要關鍵，意立而後理明，若是意不立，則搪塞應付，是時文的弊病。這封信作於嘉祐、治平年間，時蘇洵於京師編修《太常因革禮》，孫叔靜是當時從蘇洵問學的學生。

蘇軾在〈呈諸試官〉也有相同的識見：以爲「文辭雖少作，勉強非天稟」，寫作文章不是勉強擠出來的，有感而發，有事則敘，因勢利導，因此，蘇軾批評時人寫作的應付態度，東拼西湊，無病呻吟，索然無味。「緬懷嘉祐初，文格變已甚。千金碎金璧，百納收寸錦。調和椒桂釅（音一ㄢˋ），咀嚼沙礫磣。」所以蘇軾主張爲文之要，縱然天下之事散在經、子、史中，但不可徒使，必得一物以攝之，然後爲己用。所謂「一物者」，就是「意立」。

蘇軾在哲宗元符年間，遠謫儋州，爲葛立方講作文方法，軾說：「在商店裏商品無所不有，只有一樣東西可以換取─錢。」軾以商品比喻作文，而以「錢比喻意立，意不立，不可明事，不可作文。」

蘇轍〈答徐州教授李昭玘書〉體認讀書得到旨趣的歡樂情形：

> 出入學中逾年，稍知旨趣所詣，蓋耽悅至道，忽忘世味，每有超然絕俗之意。……遽以知道許之，夫古云所謂知道者，富貴不能淫，貧賤不能憂，夫豈如轍困躓而謀安者耶！

「旨趣」即意立，亦即文章線眼，悟得旨趣，是謂知「道」，此「道」字非聖人之道，乃文章之道，讀書的至道，超然絕俗，自得忘我，醉於文章之道中，左右逢源，享受滋味，豈有「富貴不能淫，貧賤不能憂」的世俗包袱，庸人自擾的無趣呢？蘇轍在元豐八年（一〇八五）八月四十七歲時，被命爲秘書省校書郎，有〈初聞得校書郎示同官〉詩：

讀書猶記少年狂，萬卷縱橫曬腹囊。奔走半生頭欲白，今年始得校書郎！

早年蘇轍意氣風發，欲齊王霸爲職志，整日淹沒在左圖右史之中，勤勉課讀，以父兄爲師，豪氣干雲。但是年盡半百，才得校書郎，感慨來得太晚，有歲不我與的感觸，中舉雖是容易，宦途卻是十分坎坷。

李昭祀，宋濟南人，字成季。少與晁補之齊名，進士。官提點京東路刑獄。後坐元符黨奪官。徽宗時，爲起居舍人。後閒居十五年，自號樂靜先生。著有《樂靜集》，《宋史》有傳。

作文之要，辭句未成，而線眼已立，既立以後，始終前後，百變而不離其宗。如蘇洵的〈六國〉，線眼是「賂」，蘇軾六國論在於「養士」，而蘇轍〈六國論〉是「天下之勢」，蘇轍在應制考試時，皆作〈刑賞忠厚之至論〉，蘇軾著意於「道」，而蘇轍著意於「義」，都是命題相同，而立意各自不同，各自以馳騁之才，驅遣文字，抒發立論，都是上品。至於蘇軾名篇〈前後赤壁賦〉，線眼在「風月水」，而蘇轍的〈上韓太尉書〉在「氣」字。

清朝李光地在《李榕村全集》提醒讀者讀書要點，在於「讀書只贊其文學好，何益？須將作者之意發明出來，及考訂其本之同異，文義之是否，字字不放過，方算得看過這部書。」

發明作者之意，即發明文章線眼，發明文章線眼，才認識作者寫作動機與目的，進而透視全文，了解全貌，與作者交心。

李光地，清安溪人，字晉卿，號厚庵。康熙進士，耿精忠叛，在籍遁隱深山，密向清廷陳攻剿之策，事平，累擢兵部右侍郎，直隸巡撫，終文淵閣大學士，諡文貞。光地學宗程、朱，誠明並進，爲清初理學名儒，著有《榕村全集》等書。

總之，劉勰的「附會」，蘇洵的「意立」，蘇軾的「一物」，蘇轍的「旨趣」，詞雖不同，都是指陳「文章線眼」，是爲文護前最緊要的關鍵。〈附會、贊曰〉：

篇統間關，情數稠疊。原始要終，疎條布葉，道味相附，懸緒自接，如樂之和，心聲克協。

因爲「線眼」一言可盡，但敷文鋪叙，波瀾起伏，因獨樹不能成林，獨緒不能成帛，獨木不能成屋，獨腋不能成裘，五色比而後成章，五聲和而後成樂，五味調而後成和，文必相宣，而後斐然成章。

三、才適邦家用，罾非章句儒

西漢賦家，擒文鋪采，藻飾無徵，如司馬長卿賦〈上林〉，揚子雲賦〈甘泉〉，班孟堅賦〈兩都〉等，是謂無物而姑爲夸誕以欺世人，是不符實用的辭賦。逮唐朝中葉，社會詩人興起，提倡「文章合爲時而作，詩歌合爲事而著」的功用，「但歌生民病，願得天子知」的實用詩文。元白的提倡，摒棄空疏迂闊而不切實用的風花雪月文學，不用考據瑣細堰垛的文字。三蘇對文學主張，既重實用，又講辭章。因爲父子三人「皆有志于當世」，因此，對文章的社會實用是相當重視的。蘇軾在〈謝歐陽內翰啓〉認爲「自昔五代之餘，文教衰落，風俗靡靡。」於是宋仁宗下詔申戒浮靡，提倡古風，「招來敦厚樸直之士，罷去浮巧輕媚叢艷彩綉之文」於是歐陽修承詔執掌文柄，奇僻險怪，聲律章句的文章，盡爲摒棄，實用樸拙之文，皆爲登錄。蘇洵〈太玄論上〉：

> 言無有善惡也。苟有得乎吾心而言也，則其辭不索而獲。夫子之于《易》，吾見其思而得之者也；于《春秋》，吾見其感焉而得之者也；于《論語》，吾見其觸而得之者也。思焉而得，故其言深；感焉而得，故其言切；觸焉而得，故其言易。

言無善惡，是語言在品質上不分好壞，好壞的分別，在於「得乎吾心否？」「得乎吾心爲」好，「不得乎吾心」則壞，「得乎吾心」是文自胸臆自然流出，不假聲律，卻能有「思」、「感」、「觸」的文思，發之筆端有「深」、「切」、「易」的實用，若揚雄《太玄》，是「不得乎其心而爲言，不得乎其言而爲書」，蘇洵的指謫批評是否過當，自有評價，但爲文若不誠則無物，無物要來何用？「說者之多，行者之寡」，言行一致，才是蘇洵的文學實用的主張。蘇軾也提出寫實的功能，寫物的特色：「葉之未落，其葉沃若，他木殆亦不可以當此。」林逋〈梅花〉詩云：「疏影橫斜水清淺，暗香浮動月黃昏，決非〈桃木〉詩也。」皮日休〈白蓮〉詩云：「無情有恨無人見，月曉風清欲隨時，決非〈紅蓮〉詩。」

蘇洵與楊節推書，特別強調文章要符合客觀實際，欲寫埋銘，卻不曾「耳目相接」，與死者平生素不相識，若依「行狀」而書埋銘，必是虛浮不實之事，蘇洵認爲「不得吾心」，不講眞話，而以難爲婉拒。洵曰：

節推足下，往者見托以先丈之埋銘，示之以程生之行狀。洵于子之先君，耳目未嘗相接，未嘗輒交談笑之歡。夫古之人所爲志夫其人者，知其平生而閔其不幸以死，悲其後世之無聞，此銘之所爲作也。然而不幸而不知其爲人，而有人焉告之以其可銘之實，則亦不得不銘。此則銘亦可信行狀而作者也。今余不幸而不獲知子之先君，所恃以作銘者正在其行狀耳。而狀又不可信。嗟天難哉！

節推，官名，即節度使下所設的推官，掌勘問刑獄。楊節推，即楊美球，曾任安靖軍從事。蘇洵除在文學思想上堅持與事實相合的直接證驗，同時也提供了撰寫墓志銘的很好規範，值得後人省思。

蘇軾在〈答喬舍人啓〉明確提出文章以體用爲本的思想，軾說：

聞人才以智術爲後，而以識度爲先；文章以華彩爲末，而以體用爲本。……道之將廢也，取其後而棄其先。……故議論慷慨，則東漢多徇義之夫；學術誇浮，則兩晉無可用之士。

「先器識後文藝」，是有志之士的素養，而爲文則以「體用爲本，華彩爲末」，是以東漢兩晉的文風迥然有別，東漢樸拙合於世用，兩晉浮誇，不合於世用。

三蘇對於唐德宗賢相陸贄，最爲敬慕，因陸贄（宣公）奏議，「論深切於事情，言不離於道德」，奏議剴切而中理，合乎實用的觀念，況且「智爲子房而文則過，辯爲賈誼而術不疏，上以格君心之非，下以通天下之志，三代已還一人而已。」在蘇軾〈乞校正陸贄奏議上進箚子〉結語：「爲贄之論，開卷了然，聚古今之精英，實治亂之龜鑑。」

蘇軾敬慕陸宣公，推崇備至，是蘇軾心目中的偶像，除了精神上的感召之外，在於〈陸宣公奏議〉的行文切中時弊，〈答虔倅俞括奉議書〉：「區區之忠，自謂庶幾於孟軻之敬王，且欲推此學於天下。」因此，使家藏此方，人挾此藥，以待世之病者，是爲仁人君子的至情。尤於儒者之病，多空言少實用，賈誼陸贄之學，幾乎不傳。

蘇轍又說：「初好賈誼、陸贄書，論古今治亂，不爲空言。」〈亡兄子瞻端明墓志銘〉認爲「陸贄之文，遣言措意，切近的當，有執事之實。」而在〈歷代論〉中有〈陸贄論〉，劈頭說道：「昔吾先君博觀古今議論，而以陸贄爲賢。吾幼而讀其書，其賢比賈誼而詳練過之。」因蘇洵、蘇軾對於陸贄論文多所好評，蘇轍遂不再論其爲文，但論其事功，是以略而不叙。但由此得知：三蘇對於陸宣公贄的敬仰，是爲不刊之論。

蘇軾〈謝梅龍圖啓〉曾對「時文」的浮剽有著強烈的批評，自言「長於草野，不學時文」是以抒論作文的風格是「詞語甚樸，無所藻飾」，以爲可以矯正「時文」的弊端。蘇軾的作文與歐陽修的「事信言文」的要件完全吻合，「事信」者，文章內容具有眞實性；「言文」者，文章語言具有藝術性。

梅龍圖即梅摯，字公儀，成都新繁人，時爲龍圖閣學士。

蘇轍在〈題東坡遺墨卷後〉詩中，自我肯定，「少年喜爲文，兄弟俱有名」，在科舉考試後，雀屏高中，名滿京師。但是蘇轍亦謙讓自己，以爲世人有正確的品評：「知我不如兄」。兄軾是轍的師友，有騏驥附尾的事實。然而「凜然成一家」，亦不容兄軾專美於前，父子兄弟在唐宋八大家中，各有一席之地。令人感歎的是兄軾自儋耳北返，病歿常熟，「斯文久衰弊」，涇渭的清濁不再分辨，然而清者自清，濁者自濁，三蘇文藝思想「以西漢爲宗師」是一致的主張。蘇轍〈送家安國赴成都教授〉：「文律還應似兩京」，在復古的文風盛行之中，不只是以唐代爲規模，更以恢復兩漢文風爲標的。

蘇轍於熙寧十年（一〇七七）時三十九歲，送蘇軾往徐州，秋七月，「河決於澶淵，東流入鉅野，北溢於濟，南溢於泗，八月戊戌，水及彭城下，余兄子瞻適爲彭城守。」〈黃樓賦〉。黃庭堅〈題蘇子由黃樓賦草〉：「銘欲頓挫崛奇，賦欲弘麗，故子瞻作諸物銘，光怪百出。子由作賦，紆徐而盡變。」後來蘇籀在《欒城遺言》明白指出：公曰：「〈余黃樓賦〉學西都也。」其後晚年不作此工夫之文。而劉貢父贊美此賦勝過子瞻。

三蘇遠襲漢朝遺風，是師賈誼、司馬遷、班固。〈蘇轍歷代論陸贄〉：「昔先君博觀古今議論，而以陸贄爲賢。吾幼而讀其書，其賢比漢賈誼，而詳練過之。」又說：「〈蘇軾〉少與轍皆師先君，初好賈誼、陸贄者，論古今治亂，不爲空言」（東坡先生墓志銘），可見三蘇推崇賈誼與陸贄是一致的，「不爲空言」。

賈誼，洛陽人。年十八能誦詩屬文，稱於郡中，河南守吳公聞其秀材，召置門下。文帝初立，誼年少通諸家之書，召爲博士，是時賈生年二十餘歲最少，每詔令下，諸老先生未能言，賈生盡爲之對，人人各如其意，以賈生爲能。一歲之中，超遷至太中大夫。後因讒言不用賈生，以爲長沙王太傅。又爲梁懷太傅，懷王墮馬死，賈生自傷爲傅無狀，哭泣歲餘亦死。年三十三。

蘇軾〈賈誼論〉起筆說：「非才之難，所以自用者實難。惜乎賈生王者之佐，而不能自用其才。」因此，不是漢文帝不用賈誼，是賈誼不能被漢文帝所用。蘇軾提出深交大臣，使天子不疑，大臣不忌，而後可以爲所欲爲。用與不用，必須默默以待其變，而不自殘，對賈誼的總評是：才大量小，才有餘而識不足。說賈誼的不當，以此爲鏡，蘇軾屢遭遷徙，貶謫儋州，歷盡九死一生，但當他回首向來蕭瑟處，卻無風雨也無晴的胸次曠達，了無掛礙。病歿常熟，蓋天意了。

蘇洵在〈史論中〉提出修史的四種方法，史書以「達意」爲首要條件，達意就是文章的眞實性，與史實相符合，而後才能富有教化作用，所以歷史，是民族的精神，人群的參考，時代的盛衰，世俗的文野，施政的得失，物質的盈虛，都是史書中的實錄。蘇洵說：

> 遷，固史難以事詞甚，然亦兼道與法而有之，故時得仲尼遺意焉。吾今擇其書有不可以文曉而可以意達者四，其一曰隱而章，其二曰直而寬，其三曰簡而明，其四曰微而切。

蘇洵認爲歷史是事實，文章繁簡，可以偏頗，使文采鮮明，而不失創新，謂之有史才、有史識，有史學，而稱許司馬遷文辭淳健簡直，足稱一家。至於指責班固是因襲司馬遷論點超過一半，是不可取。著《後漢書》的范曄，其缺失在於「多失其人」，不僅違背史實，也缺乏史識。著《三國志》的陳壽，帝魏而臣吳蜀，有失客觀的史實。

蘇轍〈上韓太尉書〉：

> 太史公行天下，周覽四海名山大川，與燕趙間豪俊交游，故其文疏蕩，頗有奇氣。

蘇轍推崇司馬遷史記有奇氣，奇氣者，蘇洵上田樞密書中有言：「遷固之雄剛」，正是奇氣最好的註腳。

蘇轍於元祐五年（一〇九〇）作〈滕達道龍圖挽詞二首〉：

才適邦家用，學非章句儒。遭逢初莫測，流落一長吁。

大節輕多難，深言究遠圖。收功太原守，談笑視羌胡。

蘇轍雖是挽滕達到，讚美滕達道爲國建立功業，寫作詩文不作章句儒，即講求世用的文學主張。在〈上曾參政書〉中有言：「轍也，復不自度量而言當世之事，亦不敢爲莽魯不詳之說，其言語文章，雖無以過人，而其所論說，乃有矯拂切直之過。」蘇轍提出「言當世之事」，「論說有矯拂切直之過」，即爲文切中時弊，重於實用，不作「莽魯不詳之說」，不寫空談疏略之作。在送柳子玉詩中，對當代作文有嚴厲的批評，有不以爲然的諷刺：

柳侯白首郎，風格終近古。舊游日零落，新輩誰與伍？

人情逐時好，變化無定主。試看近時人，相敬蹈規矩。

行身劘孔孟，稱道皆舜禹。但求免譏評，豈顧愁肺腑？

坐令不羈士，舉足遭網罟。……

歎息子美賢，相與實舊故。至今存篇章，醉墨龍蛇舞。……

惜哉時論隘，安置失處所。

詩中稱讚柳子玉詩文有古人風範，世人已鮮有醇厚作品，「逐時好」應是時人的作品，也是人之常情，貪圖近利，但作表面功夫，雖然「行身劇孔孟，稱道皆舜禹」，只是避免譏評，寫作詩文盡是不從「肺腑出」，其詩文豈能感人？若是詩文從「肺腑出」，眞情自然流露，惟恐文字獄的結網全開，難逃其罪。因此，杜甫的寫實史詩，至今令人感懷不已。所以，在〈和頓主簿起見贈二首〉，更是明確的指出，「古文」的不切實用，積極欲補救空疏的詩文：

聲病消磨只古文，諸儒經術鬥紛紜。不如舊學都無用，猶把新書強欲分。
老病心情愁見敵，少年詞氣動千雲。搜賢報國君何敢？欲補空疏但有勁。

蘇轍在子瞻和陶淵明詩集引，曾提到「轍少而無師，師子瞻。既冠而學成，先君命轍師焉」，蘇轍的家學淵源，俯拾即是。既而「子瞻稱轍詩有古人之意」，然轍自以為不若。但是自東坡斥居黃州以後，其學自進，沛然如川之方至，其詩比杜子美，李太白為有餘。遂用轍比淵明，轍雖勉力追從，卻瞠乎其後，惟一二和淵明而已。時宋徽宗紹聖四年轍貶海康，自以平生所好，「以圖史為園囿，文章為鼓吹。」而為詩喜歡「精深華妙，不見老人衰憊之氣。」

轍喜好淵明之詩，其實淵明作詩不多，但詩的特色是：「質而實綺，癯而實腴」，是詩人中最高評價。況且不只喜好淵明詩而已，更敬仰淵明的為人，因淵明臨終疏告儼（長子）等：「吾少而窮苦，每以家貧，東西游走，性剛才拙，與物多忤，自量為己，必貼俗患，黽勉辭世。使汝等幼而饑寒。」淵明此語是實錄。既是實錄，就是為文與事實相符而合於世用，因此，蘇轍謙虛的自謂晚節能學習淵明的萬分之一，作文爲人都作如是想。蘇軾題陶淵明詩：「陶靖節云：平疇交遠風，良苗亦懷新。非古之耦耕植杖者，不能道此語，非余之世農、亦不能識此語之妙也。」寫作詩文、品味詩文，須藉助舊有經驗，人生歷練，自然體認深刻，入木三分。

總之，爲文貴實用，眞實，是三蘇的家傳文學主張，若是夸誕以欺世，是不求核實的過失。〈文心雕龍夸飾〉：「夸過其理，則名實兩乖，若夸而有節，飾而不誣」才是爲文淵懿之美了。

四、心之所嗜，不能自已

蘇轍自元符三年（一一〇一）以六十二歲高齡，貶官循州，徙永州、岳州，尋即還居潁昌，過著閒居自適的生活。〈歷代論〉是晚年隱居潁昌的作品，以評論歷代人物爲主要內容。而〈歷代引〉除敘述三蘇父子家學相傳外，並記載晚年隱居潁昌的生活及心境。

> 元符庚辰（三年），蒙恩歸自嶺南（岳州），卜居潁昌，身世相忘，俯仰六年，洗然無所用心，復自放圖史之間，偶有所感，時復論著。然已老矣，目眩于覩書，手戰于執筆，心煩于慮事，其于平昔之文益以疏矣。然心之所嗜，不能自已，輒存之于紙。

蘇轍初還隱居潁昌，朝廷仍然繼續推行王安石新政，黨爭並未停息，人命危淺，過著躬耕的生活，所以有「雪覆西山三頃麥，一犂春雨祝天工。麥秋幸與人同飽，昔日黃門今老農」的生活寫實。但是整日置圖史之間，必有所感，時復論著，誠然文學家的筆端觸處生春，汩汩然而來，是「心之所嗜，不能自已」的形諸文字，書於紙上。自然行文，不受拘泥。

蘇軾在〈南行前集敘〉，也有同樣爲文的看法，與弟轍不謀而合：「夫昔之爲文者，非能爲之爲工，乃不能不爲之爲工也。」不是爲文而文，是因自然而不得爲文，如草木之有花實，充滿勃鬱而自現於外，雖欲不現，不可得也。況且誠於中而形於外，觸動心弦，文思泉湧，自胸中傾瀉而出，是「詩中肺腑出，出則愁肺腑」，感人至深，不是勉強的作文。

蘇洵在〈太玄論〉，強調寫物要事眞，寫意要情眞。「方其爲書也，猶其爲言也；方其爲言也，猶其爲心也。書有以加呼其言，言有以加乎其心，聖人以爲自欺。」「加乎其言」者，就是誇飾藻麗，「加乎其心者」，就是言不由衷，誇飾藻麗，言不由衷！鋪采摛文，鮮少眞情，不忍卒讀。正如蘇軾反對「言有浮於其意，而意有不盡其言」（策略第一），寓理相同。由此推論，東晉名士，亦在蘇軾摒斥之列，認爲「道喪士失己，出語輒不情，江左風流人，醉中亦求名。」醉中亦求名，不醉更求名，爲求名而寫作，必是「不情」之作。「不情」之作，必失其眞，又舉「孔子不取微子高，孟子不取於陵仲子，厭惡他們的不情。反之，若「陶淵明欲仕則仕，不以求仕爲嫌，欲隱則隱，不以去之爲高；饑則扣門而乞食，飽則雞黍以延客」〈書李簡夫詩集後〉，古今皆讚美，以爲賢人，是陶淵明的「眞情」可貴，詩文感動人心。

是以寫作，蘇軾提出「言發於心，而衝於口，吐之則逆人，茹之則逆予，以爲寧逆人也，故卒吐之。」〈思堂記〉吐之逆人，是因說眞話，寫眞情，不作假、不虛僞的不被人接受，只是蘇軾寫作詩文發自內心，不假麗辭的自怨自艾了。

寫作是件平生最快意的事，在《春渚記聞卷六》，蘇軾對劉景文說：「某平生無快意事，惟作文章，意之所到，則筆力曲折，無不盡意，自謂世間樂事無逾此者。」體味其中至樂的滋味，適意無異逍遙遊，爲得到適意，但求辭達，爲求辭達，其寫作原則是：「大略如行雲流水，初無定質。但當行於所當行，止於不可不止。文理自然，姿態橫生。」〈答謝民師書〉

又曰：辭達而已矣。夫言止於達意，即疑若不文，是大不然。求物之妙，如繫風捕影，能使是物了然於心者，蓋千萬人而不一遇也；而況能使了然於口與手乎！是之謂辭達。辭至於能達，則文不可勝用矣。

辭達，有三個條件：㈠是了然於心㈡是了然於口㈢是了然於手。寫作時構思爲先，是了然於心，就是心到，其次是口述，就是「口到」，心口合一，用手譜諸文字，就是「手到」。蘇軾在〈仲兄字文甫說〉「論及寫作及於自然，以風水比喻，十分得當，然而此二物（風水）者豈有求乎文哉？無意乎相求，不期而相遭，而文生焉。」是以爲文，非水之文，非風之文，風與水不能爲文，但不能不爲文，是「物之相使而文出乎其間」，所以是天下的至文。至於溫玉及刻鏤組繡，非不文，是爲人工之文，不是自然的文。自然的文，只有風與水而已。

至於詩文的品嚐，蘇軾〈書黃子思詩集後〉：「蕭散簡遠，妙在筆畫之外。」正如司空圖詩品說：「梅止于酸，鹽止于鹹，飲食不可無鹽梅，而其美味在鹹酸之外。」，意境的領悟，是有賴自己的學養與歷練，如人飲水，冷暖自知，旁人是不能替代的。

「詩窮而後工」的思想，是天經地義的事，唐朝韓愈在〈荊潭唱和詩序〉：「歡愉之辭難工，而窮苦之辭易好。」歐陽修進而分析窮苦辭好的原因是：因「內有憂思感憤之鬱積，其興于怨刺以道羈臣寡婦之歎，而寫人情之難言。」羈臣寡婦的怨憤塡滿胸中，不得不激發而出，書於詩文，以洩積怨，自我療傷。

詩窮而後工，蘇軾持肯定和認同的態度，在〈僧惠勤初罷僧職〉：

新詩如洗出，不受外垢蒙。清風入齒牙，出語爲松風。……

非詩能窮人，窮者詩乃工，此語信不妄，吾聞諸醉翁。

詩的前四句，讚美惠勤詩風格高氣清，不受現時環境的拘限特立不群。後四句強調不是因寫詩而使人窮，若是寫詩使人窮，全天下人都是求富不求窮，就無人寫詩了。蘇軾在〈邵茂誠詩集序〉有很好的解說，「至於文人，其窮也固宜，勞心以耗神，盛氣以忤物，未老而衰病，無惡而得罪，鮮不以文者。天人之相値既難，而人之自賊如此，雖欲不困，得乎！」

文人之所以窮，其來有自：勞心耗神，盛氣忤物。既專心致力於寫作，則無暇逢迎以屈膝，如此，文人的傲氣外現，不苟同於世俗，是以「雖欲不困」，其勢無由。故歸諸天命，以自我慰藉。歸諸於天命，是無可奈何的事。其實寫邵茂誠的貧窮、短命、無子、不遇等哀之，亦以此自哀。

邵茂誠，諱迎，與蘇軾於嘉祐二年（一〇五七）同登進士，十五年後熙寧五年（一〇七二）於吳興孫莘老做客相見。爲人篤學強記，恭儉孝友；而貫穿法律，敏于吏事。病歿於熙寧六年（一〇七三）。蘇軾稱「其文清和妙麗，如晉宋間人。而詩尤可愛，咀嚼有味，雜以江左，唐人之風。……以錄其文，哀而不怨。」

「詩窮而後工」，也是「心之所嚐，不能自已」的具體體現，蓄積於內，吐之於外，是合乎人的常情。蘇軾對於不合人情者，輒加痛惡。《宋史紀事本末卷四五》，記載著「程頤在經筵，多用古禮，蘇軾謂其不近人情，每加玩侮。」蘇軾的性情，是求創新求變化，固守窠舊，當然不以爲是。而蘇軾在〈王定國詩集敘〉：「古今詩人衆矣，而杜子美爲首，豈非以其流落饑寒終不用，而一飯未曾忘君歟？」杜甫是忠貞的愛國詩人，當之無愧。

蘇轍在〈上兩制書〉中論及聖賢的經學微言大義，後世解說紛紜，見仁見智，識大識小，各憑才力而求其本義。欲使經學大義明白，昭告世人，蘇轍提出建言是：

今夫使天下之人，因說者之異同，得以縱觀博覽而辨其是非，論其可否，推其精粗，而後至于微密之際，則講之當益深，守之當益固。孟子曰：君子深造之以道，欲其自得之也。自得之則居之安，居之安則資之深，資之深則取之左右逢源，故君子欲其自得之也。

在經義乖僻離析，是非不明之際。必須做到辨是非、論可否、推精粗、而後講益深，守益固。如此，在臨稿執筆的時候，才能自得，居安，資深，而後左右逢源，得寫作的快樂，左旋右抽，無不適意，至此境界，已達到「心之所嗜，不能自已」的情境了。蘇轍詩〈南窗〉意境簡遠，有味外之味。

京師三日雪，雪盡泥方深。閉門謝往還，不聞車馬音。
西齋書帙亂，南窗初日升。輾轉守牀榻，欲起復不能。
閉戶失瓊玉，滿階松竹陰。客從遠方來，疑我何勞心。
疏拙自當爾，有酒聊共斟。

蘇軾以爲「人間當有數百本，蓋閑淡簡遠，得味外之味。」《洪邁容齋隨筆卷一五》：「誰說子由不如兄軾哉？」

詩文欲求感人肺腑，必求眞實。蘇軾〈答劉沔書〉有云：

然世之蓄軾詩文者多矣，率眞僞相半，多爲俗子所致，讀之使人不平。然亦不足怪，識眞者少，蓋從古所病。

以此觀點評論，以爲梁蕭統集《文選》，世以爲工，以軾觀之，拙於文而陋於識，莫統若也。蕭統文選選文標準：「事出於沈思，義歸乎翰藻」雖是世稱中國第一部文學總集，蘇軾因其「失眞」而不以爲然。所以〈與魯直書〉又說：「凡人文字，常務使平和；至足之餘，溢爲奇怪，蓋出於不得已爾。」勉強作文，「公（張嘉文）文自己得之於心，應之於手矣。譬之百貨，自有定價，豈小子區區所能定價哉？」〈答張嘉文五〉是以但求「博觀而約取，如富人之築大第，儲其材用，既足而後成之，然後爲得也。」（同前文七）

蘇軾提出呼籲不作俗人之學。〈送人序〉：「士之不能自成，其患在於俗學。俗學之患，枉人之材，窒人之耳目，誦其師傳造字之語，從俗之文，才數萬言，其爲士之業盡此矣。」爲了避免俗人之學，詩文習作欲得意表之外，因此，作者需要及時捕捉靈感，以防止靈感稍縱即逝。蘇軾〈臘日遊孤山訪惠勤惠思二僧〉：「滋遊淡薄歡有餘，到家恍如夢蘧蘧。作詩火急追亡逋，清景一失後難摹。」詩文寫作捉住一絲靈感，如同追捕亡命之徒，情境一失，則難以捉住。只要有寫作經驗的人，都會有相同的感受。

蘇轍有篇〈詩病五事〉的論詩專文，從詩的思想內容及藝術形式，強烈批評五個詩人各有缺失：其一是李白，華而不實，好事喜名，不知義理之所在。宋人普徧尊杜抑李，但蘇轍批評是過分不實，未能觀照全局，但就局部而論，有失公允。所以錢振鍠《詩話卷上》斥蘇轍爲「狂悖庸妄」，謹愼如蘇轍，猶有失論，吾人批評詩文，豈可不更加審愼？二是白居易「拙于紀事」，蘇轍批評「事不接，文不屬，如連山斷嶺，雖相去絕遠，而氣象聯絡，觀者知其脈理之爲一。」詩歌的寫作，意境的捕捉，跳躍抒發，以爲與文章不同，以激發讀者想像空間而已。三是批評韓愈詠征伐之事，形容盛極，李斯頌秦尚且不忍言，而韓愈自謂無愧于雅頌，何其陋也。若從反戰思想的立場，批評韓愈，則無可厚非。若就文章描敘而言，則未必不可。四是批評孟郊「陋于聞道」，孟郊詩：「食薺腸亦苦，強歌聲無歡。出門如有礙，誰謂天地寬？」詩旨道出貧苦的窘境，難以自拔，現實的苦境，直抒而出，得不得道，非詩人所關注的事。五是批評王介甫以詩害政。「欲破富民以濟貧民，不知其不可也。」蘇轍的批評已涉及對新法的不滿而發，並非詩文的指摘。

綜觀〈詩病五事〉，蘇轍的批評有過當之處，但就詩歌理論而言，有異於宋人詩話的叙論藝術技巧，且偏重詩歌思想內容加以揭發，亦有些許別闢蹊徑的見解了。

蘇轍曾經讚歎兄軾詩有味外之味，是捉住靈感的一時即興佳作。〈次韻子瞻病中大雪卷一〉：「吾兄筆鋒雄，詩後不可和。雪中思清絕，韻惡愈難奈。……言隨飛灰落，意與長風簸。」「雪中思清絕」就是靈感的捕捉，快筆急書，得自然之文，文意均臻奇妙。

蘇轍晚年隱居潁昌，譜寫詩境在於空明，已得佛家高妙。〈讀舊詩〉：

早歲吟哦已有詩，年來七十才全衰。開編一笑恍如夢，閉目徐思定是誰？

敵手一時無復在，賞音他日更難期。老人不用多言語，一點空明萬法師。

時爲徽宗大觀二年（一一〇八）敵手者乃指蘇軾、黃庭堅、秦觀、陳師道等已去世，賞音不再，而有知音難覓的無奈。蘇軾〈送參寥詩〉：「欲令詩語妙，無厭空且靜。靜欲了解動，空故納萬境。」空明的詩境與佛家的意境相契合，是爲菩提絕境。

五、文不可學而能，氣可以養而致

蘇轍〈上韓太尉書〉是在仁宗嘉祐二年（一〇五七），時值進士及第，「轍之來也，於山見終南、嵩華之高，於水見黃河之大且深，於人見歐陽公，而猶以爲未見太尉也，故願得觀賢人之光輝，聞一言以自壯，然後可以盡天下之大觀而無憾者矣。」書中有求賢若渴的強烈慾望，且於書中提出文氣說。

養氣之說，或許是子由承襲孟子而發揚光大的表現。

孟子〈公孫丑上〉記載孟子談氣的情況，孟子提出告子的說話

告子曾說：我對一個人的談話，聽不入耳，就不問他存心的好壞，一概不從；我對一個人的存心看不中意，就不問他的口氣好壞，一概不理。（註九）接著孟子提出對告子不動心的批評，孟子說：「不得於心，勿求於氣，可；不得於言，勿求於心，不可。」因爲「夫志，氣之帥也；氣，體之充也。夫志至焉，氣次焉，故曰：持其志，無暴其氣。」

氣的意義，有廣狹之分：廣義的氣，是氣之體；是人類一切善惡行爲的原動力。如「氣之帥」、「氣，體之充也」、「氣次焉」、「無暴其氣」等皆是廣義的氣。至於狹義的氣，是氣的用，是促成人類某種特殊行爲的動力。如「浩然之氣」、「勇氣」、「意氣」等皆是狹義的氣。更具體淺顯的說，辭氣、口氣也是。〈論語泰伯〉：「出辭氣，斯遠鄙倍（背）矣。」說話言辭語氣得體，就可避免別人的鄙陋不合理的回話。

劉勰《文心雕龍養氣》有言：「昔王充著述，制養氣之篇，驗己而作，豈虛造哉？」王充在後漢章帝章和二年（八八）罷州家居，當時已年近七十，於是作養性十六篇，內容多屬養氣自守，愛精自保的道理和方法，所以劉彥和稱它是驗己而作。（註一〇）

曾鞏的文風，接近歐陽修，本著歐陽修論文以爲充於中者實，則發爲文者輝光的理念，拈出氣。〈讀賈誼傳〉：

蓋自喜其資之者深，而得之者多也。既而遇事而發，足以自壯其氣，覺其辭源源來而不雜，馴吾粗以迎其眞，植吾本以質其華，其高足以凌青雲，抗太虛而不入於詭誕，其不足以盡山川草木之理，形狀變化之情，而不入於卑汙。及其事多，而愛深慮遠之激托有觸於吾心，而干於吾氣，故其言多而出於無聊，讀之有憂愁不忍之態，然其氣要爲無傷也。

由此觀之，養氣之說自孟子以來，學者名士多所關心注意，只是養氣的修習，不如蘇轍的具體說明。因此，蘇轍的養氣之說提出，從小鑽研孟子，或許是啓動靈感的原動力吧！至若曹丕典論論文以爲「雖在父兄不能以移子弟」的說法，蘇轍提出強而有力的「氣可以養而致」。曹丕典論論文：「文以氣爲主，氣之清濁有體，不可力強而致……雖在父兄不能以移子弟。」曹丕拈出的「氣」，乃指作家先天的才氣的寫作風格而言。蘇轍上樞密韓太尉書：「以爲文者氣之所形。然文不可以學而能，氣可以養而致。」蘇轍的「氣」，乃指後天作家後天寫作之風格，文章的氣勢，其內涵並不相屬，可以相互承接。

蘇轍提出養氣的例證，〈上樞密韓太尉書〉：

孟子曰：「我善養吾浩然之氣」，今觀其文章，寬厚弘博，充乎天地之間，稱其氣之小大。太史公行天下，周覽四海名山大川，與燕趙間豪俊交游，故其文疎蕩，頗有奇氣。此二子者，豈嘗執筆學爲如此之文哉！具氣充乎其中，而溢乎其貌，動乎其言，而見乎其文而不自知也。

蘇轍養氣的二種途徑：一是內在的修養，就是培養浩然之氣，以孟子爲代表人物。一是外在的閱歷，就是周覽四海名山大川，以培養視界遠大胸次坦蕩，且與豪俊交遊，以增長見識，以司馬遷爲代表人物。細讀前文，蘇轍偏重於司馬遷的外在閱歷。雖然韓愈〈答李翊書〉中提出「氣盛則言之長短與聲之高下皆宜」的養氣與爲文的相互關係，但如何養氣則付之闕如，韓愈說：「氣不可以不養也。行之乎仁義之途，遊之乎詩書之源，無迷其途，無絕其源，終吾身而已。」就孟子養氣集義寫作文章，不如蘇轍的「盡天下之大觀」的培養浩然之氣，具體易行。這是蘇轍在文藝思想上的一大貢獻。

元人郝經〈內遊〉以道學家的觀點，反駁蘇轍：「欲學遷之遊而求助於外者，曷亦內遊乎？身不離於衽席之上，而遊於六合之外，生乎千古之下，而遊乎千古之上，豈區區於足跡之餘，觀賞之末者所能乎？」見解與蘇轍完全相左。

郝經，元順天人。字伯常，金亡徙順天，家貧，晝則負薪米爲養，暮則讀書。世祖詔見，諮以經國安民之道，條上數十事，世祖大悅，後爲翰林侍讀學士。爲人尙氣節，爲學務有用。著有《續後漢書》等。卒諡文忠。

近人郭紹虞〈中國文學批評史〉則認爲「子瞻才高，能由文以致道，更能因道以成文。……子由上不能如子瞻之入化境，而下又不敢有作文之意，於是不得不求之於氣。」郭氏評蘇轍的文氣說，論及兄弟才氣，揚軾抑轍，顯而易見。若就文氣的觀點，蘇轍亦有一席之地。況且，蘇軾在文氣上的著墨敘述，兄弟有諸多相同之處。蘇軾詩：

「昌身如飽腹，飽盡食還饑；昌詩如膏面，爲人作容姿；不如昌其氣，鬱鬱志不衰。……養之塞天地，孟軻不吾欺。」詩中的「昌其氣」，就是培養浩然之氣，而持其氣以常則不衰，其養氣的根源來自孟子，沛然浩大，充滿在天地之間，源不枯竭。

第四節　蘇轍的藝術論畫思想

從中國美術發展史觀察，中國繪畫有段很長的時間，是跟隨著寫實性而追求理想性的實現。例如在六朝與唐代盛行的神仙山水畫，就完全表現追求理想性的繪畫；其中以中唐水墨畫所啓發寫意性爲基礎的「胸中山水」，最具代表。從此以後，中國繪畫只有在寫實性理想性寫意性獲得調和時，才能產生藝術內容被大家所肯定的作品，北宋的山水畫就是實例，而宋代花鳥畫也不曾超出這個範疇。因此，北宋所以被認定爲宋元繪畫史，甚至是中國繪畫史的最高峯，不僅是寫實、理想、寫意的表現獲得完全調和，而在繪畫技術方法，也是有著顯著進步的時代。

一、我非畫中師偶亦識畫旨

三蘇對於畫頗爲喜好，蘇轍《欒城後集汝州龍興寺吳畫殿記》敘述「予先君宮師平生好畫，家居甚貧，而購畫常若不及。」先君宮師指蘇洵，宮師，太子太師，元祐中以蘇轍爲執政大臣，贈太子太師。蘇洵愛畫，弟子門人，爭致其畫，以得蘇洵歡顏，故雖爲布衣，而致畫者衆。《東坡志林》：「

方先君與某篤好詩畫，每有斬獲，眞以爲樂。」

蘇轍又說：「予兄子瞻少而知畫不學，而得用筆之理。轍少聞其餘，雖不能深造之，亦庶幾焉。」可見兄弟對畫著墨不多，但得「用筆之理」，對畫品評卻有別出心裁的卓見。所以蘇轍自我肯定說：「我非畫中師，偶亦識畫旨」。

汝州，今河南臨汝。吳畫殿指吳道子畫的汝州龍興寺華嚴小殿。紹聖元年（一〇九四）蘇轍貶官汝州，與通判李純繹遊龍興寺，見華嚴小殿破漏不堪，東西夾壁上吳道子畫已被風雨侵蝕，囑寺僧惠眞修葺，爲之作記。

二、朝與竹乎為遊，暮與竹乎為朋

蘇轍〈墨竹賦〉是篇敘述親家文同（與可）畫竹的經驗歷程。文學創作與作畫過程頗爲類似，都是經過作者對事物的仔細觀察耳濡目染朝夕共處的熟稔，了然於胸，於是文思泉湧，意興蓊勃，有觸於中而情見乎詞，形諸筆端，左右逢源，汩汩然而不休了。與可的答話，是畫家親身體驗創作歷程的心聲。他說：「夫子之所好者道也，放乎竹矣！予隱乎崇山之陽，廬乎修竹之林，視竹漠然，無概乎予心。朝與竹乎爲遊，暮與竹乎爲朋，飲食乎竹間，偃息乎竹陰，觀竹之變多矣。」住家在竹林裏，遊焉、朋焉、食焉、息焉，與竹林是生命共同體，竹林的變化，始見而悅之，如今是悅而不自知，與竹林合爲一體，不分彼此。因此，「忽乎忘筆之在乎與紙，勃然而興，而修竹森然，雖天造之無朕，亦何以異于茲焉。」與可畫竹時，已是竹滿於眼，已是忘記自我的存在，身與竹化，凝神致志，心無旁騖，如蘇軾〈書晁補之所藏與可畫竹三首〉的情境一致：

與可畫竹時，見竹不見人。豈獨不見人，嗒（ㄊㄚˋ）然遺其身。
其身與竹化，無窮出清新。莊周世無有，雖知此疑（凝）神。

蘇轍在〈墨竹賦〉結論時，將與可的畫竹，和庖丁解牛、輪扁斫輪，相提並論，以爲與可是有道的人。蘇軾則不以爲然，質問「子由未嘗畫也，故得其意而已。若予者，豈獨得其意，并得其法。」〈文與可畫篔簹偃竹記〉，蘇轍但就與可畫竹的意境描敘，蘇軾以爲宜就畫竹技巧議論，欣賞的角度不同罷了，並無是非的存疑。

蘇軾〈文與可畫篔簹谷偃竹記〉對於文與可的畫竹，歷程經過觀察沈思而書寫其畫竹：「今畫者乃節節而爲之，葉葉而累之，豈復有竹乎？」不經積學，不足以作畫，「故墨竹必先得成竹於胸中，執筆孰視，乃見其所欲者，急起從之，振筆直遂，以追其所見，如兔起鶻落，少縱則逝矣。」若是心識其所以然者，而不能然者，內外不一，心手不相應，是不學的過失。

《文心雕龍神思》提到「神居胸臆，而志氣統其關鍵；物沿耳目，而辭令管其樞機。」寫作需要靈感，藉諸才氣以抒佈，而外物掠過耳目，需要華美文辭來表現。作畫何嘗不是如此？蘇軾在郭正祥家醉，畫竹石壁上，自己畫竹的感覺是：「空腸得酒芒角出，肝肺槎枒生竹石。森然欲作不可回，吐嚮君家雪色壁。」當靈感浮現的時候，是神與物遊，創作的意念如狂潮洶湧而至，創作的衝動，一觸即發，而有著「作詩火急追亡逋，清景一失後難摹。」由於擔心靈感稍縱即逝，所以「求物之妙，如繫風捕影，能使是物了然於心者，蓋千萬人而不一遇也，而況能使了然於口與手乎？」〈答謝民師書〉

蘇軾〈書蒲永昇書後〉敘述：唐僖宗廣明年間，有處士孫位創新意，隨物賦形，盡水之變，號稱神逸。其後蜀人黃筌、孫知微皆得其筆法。但是孫知微欲于大慈寺壽寧院壁，作湖灘水石四堵，營度經歲，終不肯下筆。一日倉皇入寺，索筆墨甚急，奮袂如風，須臾而成，作輸瀉跳蹙之勢，洶洶欲崩屋也。

由此得之，靈感的把握，是文藝創作的泉源，是可遇不可求，來去飄緲，唯智者能掌控，能運用自如。而「積學以儲寶」的生活經驗，是爲靈感揮灑的原動力。蘇轍〈書郭熙橫卷〉有「十年江海興不淺，滿船風雨通宵行」，因爲郭熙曾外放江南十年，耳目相接，都是名山勝水，古樹擁雲，漁舟唱晚，所以「歸來朝中亦何有？」答案是「日高困睡心有適，夢中時作東南征」，郭熙於是將江南十年生涯的生活歷練，在入畫時模山範水，一一表現無遺。因而得到「袖中短軸才半幅，慘淡百里山川橫」的稱譽。

蘇軾在〈次韻水官詩〉亦有如是的看法，詩云：「高山豈學畫，用筆乃其天。譬如善游人，一一能操船。」詩中「善游人」是「積學」，「是生活」體驗，「能操船」則是依生活體驗，化爲文藝創作的靈感，也是文藝創作的基礎。

郭熙，字敦夫，河南溫縣人，與蘇轍同時的著名畫家。工畫山水寒林，並創影壁之法，論者謂獨步一時。著有《林泉高致》，爲山水畫論傑作。

三、心知後馬有爭意，兩耳微起如立錐（寫實性）

蘇洵〈書李伯時山莊圖後〉，提到李伯時作出莊圖，與現實生活並無二致，是寫實性的佳作。「龍眠居士作山莊圖，使後來入山者信腳而行，自得道路，如見所夢，如悟前世。見山中泉石草木，不問而知其名；遇山中漁樵隱逸，不名而識其人。」文中「信腳而行，自得道路」、「泉石草木，不問而知名」、「漁樵隱逸，不名而識人」，說明李伯時的作畫，與實物完全相同，應物象形，也是形似的畫家。

李伯時的作畫，是天機的契合，是道勝於藝的表現。如「碎中不以鼻飲，夢中不以趾捉」，因其與萬物交，其智與百工通，乃是有道有藝的畫家。

李伯時，名公麟，一字叔時，號龍眠居士，宋舒城（安徽省）人。與蘇軾、蘇轍、黃庭堅、米芾等人深交往來，以白描畫法冠絕一時，善畫人物、鞍馬，筆法精妙，氣韻高遠現存「五馬圖卷」唯一眞跡，使畫中的馬能浮起有立體的感覺，惜此畫於第二次世界大戰後下落不明。

其次再論畫水，波濤起伏以爲善者，而畫出窪窿，使人用手捫水，可謂畫水的極致。蘇軾〈書蒲永昇畫後〉：「古今畫水，多作平遠細皺，其善者不過能爲波頭起伏，使人至以手捫之，謂有窪窿，以爲至妙矣。」宋朝畫家模山範水，透過仔細觀察，得山水於胸中，而後傾瀉於筆端，雖然有神氣、骨法、運筆、傳神、置陳（佈局）、模寫等六種畫法（註一一）但名家各自擅場，不分軒輊。

蘇軾又記載蒲永昇畫壽寧院水，作二十四幅，每夏日掛之高堂素壁，即陰風襲人，毛髮爲立。可見蒲永昇畫水，畫得活水，使人面臨其畫，如置身在激流瀑布中，不寒而慄。

蘇轍在〈韓幹三馬〉詩中敘述老馬、中馬、後馬的姿態，各自不同的表態，如在眼前。而「御者」、「僕夫」、「圉人」三人亦各有所思，動作不一，在畫面上呈現人馬構圖和諧，表情活現，確是形似的上品。

老馬側立鬃尾重，御者高拱持青絲。心知後馬有爭意，兩耳微起如立錐。
中馬直視翹右腳，眼光已動心先馳。僕夫旋作奔佚想，右手正控黃金羈。
雄姿駿發最後馬，回身奮鬣眞權奇。圉人頓轡屹山立，未聽決驟爭雄雌。
物生先後亦偶耳，有心何者能忘之？

韓幹，唐京兆藍田（陝西西安）人。家貧，曾當酒館小二，曾向王維學畫十多年，成爲中國繪畫史上的佳話。韓幹擅長人物肖像與鞍馬圖，當時宮中玄宗御馬名駒，及諸王侯所養的駿馬，都是韓幹繪畫的素材。因而成爲獨步古今的畫馬名家。他向玄宗說：「陛下廄中之名馬即爲臣之業師。」由此可見其畫風是屬於寫實主義。因爲宮中御馬都是飼養肥大，所以杜甫不客氣的批評韓幹「畫肉不畫骨，忍使驊騮氣凋喪。」〈贈曹將軍霸丹青引〉蘇軾〈書韓幹牧馬圖〉，亦有微詞，蘇軾說：「廄馬多肉尻脽圓，肉中畫骨誇尤難。金羈玉勒繡羅鞍，鞭箠刻烙傷天全。」就事實而論，杜甫、蘇軾的批評是慧眼獨具，與事實相符。

蘇轍又有〈題王生（不詳其人）畫三蠶蜻蜓二首〉，畫中饑蠶的宛轉，食蠶的聲如雨，老蠶的矯首神思，神態畢現，唯妙唯肖。

「饑蠶未得食，宛轉不自持。食蠶聲如雨，但食無復知。老蠶不復食，矯首有所思。」又畫蜻蜓的饑餓中燒、飽食困竹的情況，十分動人：

「蜻蜓飛環環，向空無所著。忽然逢飛蚊，驗爾饑火作。一飽困竹梢，凝然反冥冥。」

蘇軾〈書吳道子畫後〉贊美「道子畫人物如以燈取影，遂來順往，旁見側出，橫斜平直，各相乘除，得自然之數，不差毫末。」吳道子的畫人物不僅是栩栩如生，筆順活潑有致，尤其是「得自然之數，不差毫末」，畫得與眞人完全一樣，世稱畫聖，不是浪得虛名。吳道子，唐代陽翟（河南禹縣）人，擅長佛道人物，畫筆洗煉遒勁，雄峻生動，以長安景雲寺的地獄圖壁畫最爲動人，時號「畫聖」。

蘇軾對於形似的繪畫，並不以爲然，而有「論畫以形似，見與兒童鄰。」因此稱羨吳道子的畫，「出新意於法度之中，寄妙理於豪放之外。」所以就吳道子的畫和王維的墨水畫比較，揚王抑吳，對王維極爲推崇，蘇軾說：「吾觀畫品中，莫如二子（王維、吳道子）等。……吳生雖妙絕，猶以畫工論。摩詰得之於象外，有如僊翮謝籠樊。吾觀二子皆神駿，又於維歛衽無間言。」〈王維、吳道子畫〉因爲「何處訪吳畫？普門與開元。」而「開元有東塔，摩詰留手痕。」吳道子雄放的畫風，雖然「下手風雨快」，但「筆所未到氣已吞」，有力無氣，是不索然不取。而王維本詩老，其畫竹兩叢，「亦若其詩清且敦。」蘇軾稱王維「味摩詰之詩，詩中有畫。觀摩詰之畫，畫中有詩」，不是無的放矢。

蘇轍對於刑似繪畫，在〈畫歎并序〉文中，亦有品評：

「武宗元比都學吳道子畫佛菩薩、鬼神。燕肅龍圖學王摩詰畫山川水石，皆得其彷彿，潁川僧舍往往見之，而里人不甚貴重，獨重趙董二生，二生雖工而俗不識古名畫遺意。」作〈畫歎〉：

武燕未遠嗟誰識？趙董紛紛枉得名。已矣孫陳舊人物，至今但數漢公卿。

武宗元與燕肅二人，一學吳道子，一學王維，都是學到形似的寫實性，一般里人卻尊崇趙公祐與董源二人。蘇轍因習俗「不識名畫遺意」，而作〈畫歎〉。

武宗元，宋河南人。初名宗道，字總之。官虞曹外郎，工畫。

燕肅，宋益都人，家曹州，字穆之。父峻，慷慨任俠。肅舉進士，累官禮部侍郎致仕。性精巧，工畫。

趙公祐，唐長安人。寶曆年間，寓居蜀，子趙奇，孫子趙德齊，父子孫三代，都是蜀地潛心從事寺院壁畫創作的巨匠。以大聖慈寺爲中心，畫了將近一世紀的壁畫。李德裕鎮蜀，以賓禮遇之。工畫人物，尤善佛像鬼神。

董源，南唐鍾陵人。字叔達，又字北苑。官後苑副使。工畫山水，以奇峭雄秀之美，寫煙谿雲壑之圖，與釋巨然並稱「董巨」。其畫適於遠眺，近視不成物形。其後米芾將董源派發揚光大，影響後代深遠。

孫位，唐人。居會稽山，號會稽山人。工書畫，以曾遇異人，遂改名爲遇。工於松石的隱逸畫家。陳皓，善畫釋像。師事吳道子，與范瓊、彭堅同爲當代名家，范瓊最年青最傑出，然陳、彭不分高下，乃以天王像作畫，同時作一堵，仍不分劣，於益州大聖慈寺等留有筆跡。

四、畫馬不獨畫馬皮，畫出三馬腹中車（寫意性）

我國繪畫史上，由於水墨畫的刺激，從唐末歷經五代一直到宋初，除了傳統的職業畫匠以外，一般畫家不再以熟悉畫技爲滿足，更積極的追求精神內容的充實；增廣見聞是必要條件，以建立自己藝術的品牌。所以這些藝術名家，不再重視把自然原封不動的搬到畫布上，而要求把自然美化、理想化予以重現，甚至追求影射心中的理想美，這就是寫意性的畫風，也是「神似」的表現。神似，是指對客觀事物內在規律的異乎尋常透徹的瞭解，也就是掌握客觀事物的本質特徵。而且神似要借助於一定的有形的物質的眞實的東西，才能體現出來，即以形寫神。

蘇轍在元祐八年中，存詩二百九十首，題畫詩有四十六首，這是當代風氣中較爲不尋常的表現，因爲當時作畫被認定是「閒業」，「丹青偶爲戲」〈蘇軾次韻水官詩〉一般文人並不願意涉及談畫論著。而在韓幹三馬有「畫師韓幹豈知道，畫馬不獨畫馬皮。畫出三馬腹中事，似欲譏世人莫知。」蘇轍的讚美，得來了李伯時的反駁：「伯時一見笑不語，告我韓幹非畫師。」蘇軾也不同意蘇轍的評價，〈次韻子由書李伯時所藏韓幹馬〉：「幹惟畫肉不畫骨，而況失實空留皮。煩君（轍）巧說腹中事，妙語欲遣黃泉知。君不見韓生自言無所學，廄馬萬匹皆吾師。」品畫鑑賞，好惡各自不同，難有是非高下的辨識，子瞻子由的識見不同，或許如同濠梁之辯而已。

蘇轍對於寫意性的畫，情有獨鍾，另有〈秦虢夫人走馬圖二絕〉：「秦虢風流本一家，豐枝濃艷映雙花。欲分妍醜都無處，夾道遊人空歎嗟。」詩中只有「豐枝濃艷」四字爲寫實，其他如「風流」、「映雙花」、「都無處」、「空歎嗟」等詞，形容楊貴妃姊妹秦虢夫人的美艷，令人嘖嘖稱羨，都是寫意性的描敘。其他虛寫的詩句。如「勇怯不必同，要以各善耳。」「優柔自好勇自強，各自勝絕無彼此。」對於吳道子的雄偉豪放的地獄圖，王維的閒靜淡遠的輞川圖，各領風騷，吳、王二人可以齒列，愛屋及烏，期盼「古壁能堅完，塵土雖積，光艷長不毀。」蘇轍的赤子之情，令人感動！至於韓幹三馬的結論是「物生先後亦偶耳，有心何者能忘之？」忘記先後，不貴先後，就是忘記比較，有了比較，煩惱接踵而至。而〈蜻蜓〉的結論是「若無饑渴患，何貴一簞樂？」如同老子以爲「吾之大患，在於吾之有身」，詩旨遙深，託意起興，詩畫皆是比興的佳作！

蘇軾對於寫實（形似）的畫，一直是鄙視而不苟同，因此，畫聖吳道子的地獄圖，雖是畫得陰森駭人，使人毛骨悚然，但仍然抵不過王維的閒靜淡遠。而有「賦詩必此詩，定非知詩人。」寫實叙事的詩，蘇軾認爲不是詩人應有的作品，他肯定的是「詩畫本一律，天工與清新。」在天機契合之下，如庖丁解牛的合於腠理，進而有出人意表的創新，才是好詩好畫。所以稱讚王維的畫是「出新意於法度之中（創新），寄妙理於豪放之外（自然），所謂游刃有餘地，運斤成風，蓋古今一人（王維）而已。」〈書吳道子畫後〉是以「丹青弄筆聊爾耳，意在萬里誰知之？」強調作畫貴在寫意。如顧愷之的「額上加三毛，覺精彩殊勝。」又孫叔敖抵掌談笑，使人謂死者復生。就作畫與作文而言，是相互一致的，「文以達吾心，畫以達吾意而已。由於朱象先能文而不求舉，善畫而不求售，不求於世，則王公大人，以何道使之？」〈書朱象先畫後〉蘇軾心中也有些許的感慨，自己是有求於世的人。

蘇軾〈憩寂圖〉：

> 東坡雖是湖州派，竹石風流各一時。萬世畫師今姓李（伯時），不妨遠作輞川詩（王維）

元祐元年（一〇八六）正月十二日，蘇軾、李伯時爲柳仲遠作松石圖。柳仲遠取杜甫「松根胡僧憩寂寞」之句爲題，復請李伯時再作此圖。文同與蘇軾都善畫竹石名世，文同曾知湖州，未到任而病逝，世人仍稱他爲「文湖州」，其畫風被稱爲「湖州竹派」。蘇軾與文同畫風雖近，但自稱各具風流，不盡相同。而對李伯時模仿王維，有微諷李伯時，當然作畫必須貴於創作的思想，表現得一清二楚。

蘇軾論畫提供了作畫的常形與常理兩大原則，在〈淨因院畫記〉：「論畫，以爲人禽宮室器用皆有常形；至於山石竹木，水波煙雲，雖無常形，而有常理。」作畫時，「常形之失，人皆知之；常理之不當，雖曉畫者有不知。」「常形」在品畫者的眼中，是具體寫實的畫像，察覺錯失容易。而「常理」因無定形，需要具備物理現象學識，察覺錯失自然不易。蘇軾更深入的指出，欺世盜名者，必憑藉於無常形；因常形之失，止於所失，而不病其全。若是常理之不當，則全廢了。是故無常之形，其理不可不謹愼以守了。

社會上的畫匠，也許都能曲盡其形，其理若非高人逸才不能做到。以文同的作畫竹石枯木，是得其理的人。「如是而生，如是而死，如是而攣拳瘠蹙，如是而條達遂茂，根莖節葉，牙角脈縷，千變萬化，未始相襲；而各當其處，合乎天造，厭（饜）于人意。」所以稱爲「達士」的作品。「合乎天造」是合乎常理的尺度，而「饜于人意」是常形的架構，「常理」、「常形」不失，是爲作畫極品。

常理之失，失在觀物不審，不審不問，而以想當然的誤判作畫，自然失去常理。蘇軾〈書黃筌畫雀〉：黃筌畫飛鳥，頸腳皆展。有人指出：飛鳥縮頸則展腳，縮腳則展頸，但不曾「頸腳兩展」的。確實如此。這是觀物不審的誤判，所以「好問則裕」。向誰請教？〈書戴嵩畫牛〉有類似常理之失，蜀中杜處士喜好書畫，其中以「戴嵩畫牛」一幅，最爲珍愛，「錦囊玉軸，常以自隨。」一日曬畫，有一牧童見之，拊掌大笑。指出畫牛常理的不當，牧童說：「此畫鬥牛也，牛鬥力在角，尾搐入兩股間，今乃掉尾而鬥，謬矣。」因此，向誰請問，蘇軾的答案是：「耕當問奴，織當問婢。」各行各業都有竅門，如畫牛，問牧童就是了。人間「處處有餘師」，師者，不問其年老年少，貴賤貧富，道之所存，師之所存了。

黃筌，字要叔，成都人，五代後蜀畫家，與江南徐熙並稱「黃徐」。

蘇軾於熙寧六年六月（一〇七三）書〈跋蒲傳正燕公山水〉曾就作畫題材，提出作畫準則：以人物爲神，花竹禽鳥爲妙，宮室器用爲巧，山水爲勝。可作爲前述「常形之失」，常理之失的統整。而山水以清雄奇富變態無窮最爲艱難。而稱「燕公之筆，渾然天成，燦然日新。」超越畫工的匠氣，而入詩人清麗的意境了。

蒲傳正，名宗孟，閬州新井人。擁護呂惠卿的手實法，殘酷鎮壓梁山泊盜。蘇軾曾以慈、儉相戒。

燕公，即燕文貴，北宋吳興人，善畫人物山水，自成一家，以「溪山樓圖卷」最爲著稱。

蘇轍〈汝州龍興寺修吳畫殿記〉敘述詳盡標準有四：即能、妙、神、逸。依次漸進，能不及妙，妙不及神，神不及逸。舉證說明：

神者，方圓不以規矩，雄傑偉麗，見者皆知愛之。范瓊、趙公祐二人屬之。

逸者，縱橫放肆，出于法度之外，循法者不逮其精，有從心不逾矩之妙，孫位（遇）一人而已。

當蘇轍東遊陝西岐山縣下，始見吳道子畫，盛稱吳畫係畫中極品，謂吳道子畫比范瓊爲奇，比孫遇爲正，號稱「畫聖」，是宋朝畫壇宗師。

第五節　蘇轍文章特色

三蘇在文藝思想的理念，諸多相輔相成，而由父蘇洵的體大思精，開啓門戶；兄軾以其天縱英才，瀟灑風流，上承父洵的家學，下啓弟轍的聰穎，是三蘇中最爲耀眼的大文學；但是小蘇（轍）在父洵的調教之下，在亦師亦兄的蘇軾薰陶之中，雖然才智不如兄軾的發揮得淋漓盡致，揮灑的風風光光，但是在仕宦官位及晚年的急流勇退，在潁昌頤養天年，都勝過兄軾。而且在散文詩歌亦各有所長，名詩佳作不如兄軾多爲人知，他的不爲人知內歛的性格，依然有很高的成就，居唐宋八大家之一，洵非偶然，既不是攀緣文兄，也不是浪得虛名。〈題東坡遺墨卷後〉自述：「少年喜爲文，兄弟俱有名。世人不妄言，知我不如兄。篇章散人間，隨地皆瓊英。凜然成一家，豈與餘人爭？」蘇轍謙讓自歎不如蘇軾，而「兄弟俱有名」、「凜然成一家」，也是不可多讓，自我肯定。而蘇軾〈答張文潛書〉就讚美子由，「子由之文實勝僕，而世俗不知，乃以爲不如。其爲人深不願人知之，其文如其爲人，故汪洋澹泊，有一唱三歎之聲，而其秀傑之氣，終不可掩。」軾轍說得都是實話，並非如世俗故作姿態，矯俗干名。蘇軾〈答毛滂書〉說得中肯，「世間惟名實不可欺。文章如金玉，各有定價。」並非世人口舌所能貴賤的。茲將蘇轍文章特色，摘其要點，敘述於後：

一、語言平淡，不事艷麗

蘇轍的散文作品，語言平淡，不事艷麗，是其作品特色，鍊字鍊句，但求合理辭達而已。宋孝宗曾經對蘇轍曾孫蘇詡說：「子由之文，平淡而深造於理。」蘇轍於元豐三年（一〇八〇）自南謫監筠州鹽酒稅，歲十二日修東軒，初八作記。當他上任以後，筋力疲廢，日以繼夜，昏然就睡，終究不能安於東軒。於是對顏子的簞食瓢飲居陋巷而不改其樂，得到顏子之樂，是甘心貧賤，不求斗升之祿，良有以害於學。於是蘇轍得到一個出人意表的結論，用平淡的語詞，平鋪直述。他說：

嗟夫！士方其未聞大道，沉酣勢利，以玉帛子女自厚，自以爲樂矣。及其循理以求道，落其華

> 而收其實，從容自得，不知乎天地之爲大與死生之爲變，而況其下者乎？故其樂也，足以易窮餓而不怨，雖南面之王，不能加之，蓋非有德不能任也。

此段文章，不涉鋪張，抑謫居的悲傷，化悲傷而進德修業，也是一個內省的自我療傷。所以〈明道雜志〉張耒說：「某平生見人多矣，惟見蘇循州不曾忙……雖事變紛紜至前，而舉止安徐，若素有處置。」這是「定靜安慮得」的具體表現。

哲宗元祐元年（一〇八六）蘇轍除右司諫，九月司馬光卒，有〈司馬溫公挽詞〉〈代三省祭司馬丞相文〉，祭文的要件是揚善隱惡，因有讚頌過譽之慮，所以蘇洵拒寫虛無不實的墓志銘，然蘇轍祭司馬丞相文，就司馬光三世之臣，對自己的愛護，對全民的愛護，平實叙述，並無藻飾駢儷的歌功頌德，試舉一段品味：

> 公病于家，臥不時起。明日當齋，公訃暮聞。天以雨泣，都人酸辛。禮成不賀，人識君意。龍衮蟬冠，遂以往禭。公之初來，民執弓矛。逮公永歸，既耕且耰。公雖云亡，其志則存。國有成法，朝有正人。持而守之，有進毋隕。匪以報公，維以報君。

此段安慰的祭文，雖然以四言爲句，但求簡潔，只表現司馬光的政績，改善人民的生活，「匪以報公，維以報君」，以實現司馬光的公忠體國心志，令人感動。朱熹對三蘇的思想理念曾大發抨擊，卻對此篇祭文，備加肯定。朱熹說：「祭溫公文止有子由好。有好題目乃有好文章，此作鋪述實事，不事文飾，讀之猶令人感泣。」

其他如〈民賦序〉，唐荊川評曰：「平正通達，不求爲奇而勢如長江大河，是少蘇之所長也。」語言平淡，不事豔麗，確是蘇轍文章的特色，是大家有目共睹的。至於蘇轍的詩歌亦如是，晚年閑居潁昌，教讀諸子弟，有〈示諸孫〉詩：

少年眞力學，玄月閉書帷。老去渾無賴，心空自不知。
交遊誰識面，文字略存詩。笑向諸孫說，疏慵非汝師。

方東樹《昭昧詹言》：「子由詩用意用筆老重，不事馳騁，非人浮情粗氣，苟爲驚俗，而意不可尋了，語句或失之平淺者可比。此所以爲坡弟，能自立一家。」若以前人做爲驗證，方東樹以爲「大約以韓公爲宗，而造句不及其奇崛。使才用筆奇縱不及坡及太白、杜韓。以此求之，可知家數大小優劣。」又說：「韻不及歐，快不及王，勁不及黃，奇肆不及子瞻，而妥貼大雅，亦可謂工矣。」蘇轍之所以爲蘇轍，自成一家，如戴復古《論詩十絕》：「意匠如神變化生，筆端有力任縱橫。須教自我胸中出，切忌隨人腳後行。」

二、一波三折，託意遙深

蘇軾稱美弟轍文章有一唱三歎之妙，是名實相符，並無過當。而文中常有立意在彼而說詞在此的論述，就以〈上樞密韓太尉書〉爲例，韓琦，字稚圭，北宋北陽（河南安陽）人，曾任樞密使，兼資文武，「入則周公、召公，出則方叔、召虎」，時望最高，「才略冠天下」。蘇轍心儀已久，欲求召見。但是以降心辱志，卑辭厚諛的文章寫法，是蘇轍所不爲。所以首段以養氣爲寫作文章的關鍵，論及養氣的根源，而以孟子的善養浩然之氣，得寬厚宏博，而司馬遷的遊名山大川，與豪俊交遊，疏蕩而有奇氣。其次抒論自己的懷抱，以司馬遷的遊歷爲自我壯大，力求上進。其三論及韓琦的德望，功業彪炳，仰慕不已。結論是以弱冠之年，「益治其文，且學爲政」，終於道說此篇文章的眞正渴求。全文氣勢旺盛，踔厲駿發，自始及終，未嘗稍減。凜然之氣充乎字裏行間，讀來激人心魄，蕩人心懷。劉海峰曾說：「子由之文，其正意不肯一口道破，紆徐百折而後出之。」本來是篇干謁求見的文章，卻提出養氣的文章關鍵，形成蘇轍的論文思想最有貢獻，又能突破前人窠臼而有創新的文學觀念，確是天下奇文。朱熹批評：「東坡文字較明白，子由文字不甚分曉。」《語錄》，而劉熙載亦稱：「大蘇文一瀉千里，小蘇文一波三折。子由稱歐陽公『雍傭俯仰，不動聲色，而義理自勝』，認爲子由有得於歐公。」《藝概、文概》

郭綸，是欒城集卷一第一首，屬五言古詩，是蘇轍隨同父兄第二次進京南行於嘉州遇勇士郭綸的作品。敘述郭綸本河西弓箭手，屢戰有功，不賞。自黎州都監官滿，貧不能歸；權嘉州監稅。劉熙載《藝概》評蘇轍郭綸詩：

不識而爲之歛容，一折；由一夫不足道到擔憂群雄寒心，又一折；以此非介子推反證郭綸記功正當，再一折；用人當用長，郭綸雖非介子推式的賢人，卻是未嘗敗的猛將，是用之可前鋒的，不應讓其憔悴落巴賓（嘉州監稅），又是一折。僅這後八句涵蘊，就非常豐富，曲折地表達了他對郭綸的同情，對朝廷賞罰不公的不滿，眞可謂鍛意深，下句熟。

詩意隨著詩句層層轉折，託意遙深，正說反諷，皆意有所指，仔細品嚐，滋味塡胸，令人回味無窮。

三、抑揚頓挫，體氣高妙

蘇轍作論，常常出入意表，器識寬宏，眼界寬大，不落俗套，而自創機杼，如〈三國論〉，述及劉備抑揚頓挫，而行文如長江大河，不可平治，體氣高妙，直逼老蘇。

「世之言者曰：孫不如曹，而劉不如孫」一抑。「劉備唯智短而勇不足，故有所不若于二人者，而不知因其所不足以求勝，則亦惑矣」，二抑。「蓋劉備之才，近似于高祖」，一揚。「而不知所以用之之術」，再抑。「昔高祖之所以自用其才者，其道有三焉耳；……此三事者，（據勢勝之地，收出奇之將、折項籍猖狂之勢）三國之君，其才皆無有能行之者，獨有一劉備近之而未至」，抑孫曹，揚劉備。「棄天下而入巴蜀，則非地也；用諸葛孔明治國之才……則非將也；不忍忿忿之心，而自將以攻人，則是氣不足尙也」，四抑。「方其奔走于二袁之間，困于呂布而狼狽于荊州，百敗而其志不折，不可謂無高祖之風矣」，四揚。此論抑揚交錯，字裏行間，一氣呵成，馳騁澎湃，不可拘制。方望溪評爲諸論中尙爲拔出者。蘇軾在熙寧八年（一〇七五）知密州（山東諸城）時建超然台，由蘇轍命名，軾有〈書子由超然台賦後〉謂子由「冲和澹泊，體氣高妙」是文章特徵。

蘇轍在陳州學官，而蘇軾任杭州太守，時有和詩往返。在次韻兄軾的江浙山水詩章，蘇轍未能親臨其地，但憑想像以抒發議議。有詩〈次韻子瞻遊徑山〉，認爲秦蜀山川不如吳山，吳山不如西湖的美，而天台雁蕩的景色最秀麗，詩歌中有抑揚頓挫，讀其詩如置身於西湖的湖光山色，瀲灩多姿，由秦川到杭州，由杭州到徑山，由徑山到天台雁蕩，銜接緊密，筆隨山轉，環環相扣，如江河瀉地，蕩氣迴腸。詩說：

> 去年渡江愛吳山，忽忘蜀道輕秦川。錢塘後到山最勝，下枕湖水相縈旋。
> 坐疑吳會無復有，扁舟屢出凌濤淵。今秋復入徑山寺，勢壓眾嶺皆摧巔。……
> 或言此處猶未好，海上人少無煩煎。天台雁蕩最深秀，水驚不瘦尤清便。
> 青山獨往無不可，論說好醜徒紛然。終當眞去無遠近，藤鞋竹杖聊窮年。

結論時已另闢一片天空，有老莊的冥思，有禪家的滋味。仁者樂山，智者樂水，好山好水，總得親臨其境，與自然合一，好醜，遠近都不重要，「藤鞋竹杖聊窮年」，充滿了無窮的生命源泉。

四、論事精確，識見獨到

寫作論事貴精確，若一味誇誕，不根無由，嬉戲浮文，要來何用？昔左太沖序〈三都賦〉，司馬長卿賦〈上林〉，楊子雲賦〈甘泉〉，班孟堅賦〈西都〉，張平子賦〈西京〉等，皆兩漢名家，篇幅長，敷辭麗，然不求核實，形成漢賦鋪張擒采的特質，於賦尚可，若於論事，則有欺世人之病。又如賈生〈過秦論〉，言始皇呑二周而亡諸侯，按秦昭襄十四年滅西周，其後七年，莊襄王滅東周，又四年始皇始即位，是二周之亡，非始皇事，是謬誤舉證，是作家下筆之時，不可不愼，所以劉彥和認爲有很好的識見，誇張而有節制，文飾而不虛妄，就是文質兼備的貴文了。觀蘇轍策論，多爲精確論事，〈臣事上第一道〉，論用重臣。「其（重臣）在朝廷之中，天子爲之踧然而有所畏，士大夫不敢安肆怠惰于其側。爵祿慶賞，已得以議其可否？則不求以爲己之私惠；刀鋸斧鉞，己得以參其輕重，而不求以爲己之私勢。要以使天子有所不可必爲，而郡下有所震懼，而已不與其利。」重臣是不待天下歸于己有，所以天下不可一日而無，所以結論是「凡爲天下，宜有以養其重臣之威，使天下百官有所畏忌，而緩急之間，能所有堅忍持重而不可奪者。」方望溪以爲是「一篇之旨」。又說：「所論極當，而得其人甚難，其材賢非間氣不能生，其器識非學道不能成，豈易言哉？」而呂公著《欒城遺言》：「只謂蘇子由儒學，不知吏事精詳如此！」子由的論說、進論，精確核事，識見獨到，篇篇精采。如〈唐論〉收筆時提出「天論天下，論其勝敗之形，以定其法制之得失，則不若窮其所由勝敗之處。」「勝敗之形」，乃一般人的見解，以爲前事不忘，後世之師；而「勝敗之處」，是勝敗關鍵，是蘇轍深思熟慮的心得，出人意表。

又如論樂，大家耳熟能詳的黃州快哉亭記：「士生于世，使其中（衷）不自得，將何往而非病？使其中坦然，不以物傷性，將何適而非快？」以「自得」爲樂。而在〈武昌九曲亭記〉：「蓋天下之樂無窮，而以適意爲悅。……惟其無愧于中，無責于外，而姑寓焉」以「無愧」爲樂，得孟子俯仰無愧的遺意。又〈遺老齋記〉：「予聞之樂莫善于如意，憂莫慘于不如意。今予退居一室之間，杜門卻掃，不與物接。心之所可，未嘗不行；心所不可，未嘗不止。行止未嘗少不如意，則予平生之樂，未有善于今日者也。」而晚年蟄居潁昌，是「樂」的生活享受，是「自得」而無不「適意」，豈庸人所能及哉！

蘇轍文章既是論事精確，識見獨到，而在下筆鋪陳之際，善用設喻，使行文活潑，富有變化，藉此使持論容易獲得明白，事理易曉，聊舉數例，以供參照。

〈君術第四道〉，劈頭即用設喻：「臣聞古者君臣之間，相信如父子，相愛如兄弟。」君臣的關係，如父子，如兄弟，朝廷之中，和諧融洽，才能有「知無不言，言無不盡」的忠貞人臣。如孟子所說：「君之視臣如手足，則臣視君如腹心；君之視臣如犬馬，則臣視君如國人；君之視臣如土芥，則臣視君如寇讎」（離婁下）

〈君術第五道〉：「夫天下之人，弛而縱之，拱手而視其所爲則其勢無所不至。其狀如長江大河，日夜渾渾，趨于下而不能止。」以天下之人，弛而縱之，則其勢如長江大河，怒奔急下，莫可阻遏，提出治國如治水的識見，確是獨到。又如〈臣事上第三道〉以「天下譬如大器」，又〈臣事下、第五道〉以「吏之生于南者，必置之北；生于東者，必投之西……譬如僑居于他鄉，其心常屑屑（下小雨貌）而不舒，數日求去，不肯處長久之計。」批評北宋用人政策的缺失，是一針見血的卓見。

五、彩色絢爛，如龍蛇捉不住

蘇轍的散文，給人的印象大多是造語平淡，不事麗詞的印象，這是散文家在人生歷煉足夠火候以後，才能得到此等意境。當年輕氣盛時，誰不愛彩色絢爛、氣象峥嶸的文章呢？蘇轍也不例外，試看他二十三歲時，在京侍父所寫的〈上兩制諸公書〉：

今夫班輸、共工，旦而操斧斤以游其叢林，取其大者以爲楹，小者爲桷，圓者以爲輪，挺者以爲軸，長者擾雲霓，短者蔽牛馬，大者擁丘陵，小者伏蓁莽……而獵夫漁師，結網聚餌，左強弓，右毒矢，陸攻則斃象犀，水伐則執鮫鮀，熊羆虎豹之皮毛，鼉龜犀兕之骨革，上盡飛鳥，下及走獸昆蟲之類，紛紛籍籍，折翅捩足，鱗鬣委頓，縱橫滿前，肉登鼎俎，膏潤砧几，皮革齒骨，披裂四出，被于器用。

此段文章頗漢魏六朝駢文的特色，色彩艷麗，對偶工整，句式整齊，聲韻鏗鏘。明茅坤曾經評蘇轍在應舉時文字，此文如天馬行空，而識見亦深刻〈卷六評商論〉又說：「行文如神龍於天之上，風雨上下，不可捉摸，不可測試，不可窮詰。」〈卷七評老子論〉其實蘇轍以後仍有類似作品，只是少數而已，如〈黃樓賦〉就是例證。《欒城遺言》記載著：「余黃樓賦學兩都也，晚年不作此工夫。」蘇軾〈與李公擇書〉：「子由近作棲賢堂記，讀之慘懍，覺崩崖飛瀑逼人寒慄。」又在〈跋子由棲賢堂記〉：「子由作棲賢堂記，讀之便如堂中，見水石陰森，草木膠葛。僕當爲書之刻石堂上，自欲與廬山結緣，他日入山，不爲生客也。」試看〈棲賢堂記〉首段：

「元豐三年（一〇八〇），余得罪遷高安。夏六月，過廬山，知其勝而不敢留。留二日，涉其山之陽，入棲賢谷。谷中多大石，岌崇相倚。水行石間，其聲如雷霆，如千乘車行者，震掉不能自持，雖三峽之險不過也。故其橋曰三峽。渡橋而東，依山循水，水平如白練。橫觸巨石，滙爲大車輪，流轉洶湧，窮水之變。院據其上流，右倚石壁，左俯流水，石壁之趾，僧堂在焉。狂峰怪石，翔舞于檐上。杉松竹箭，橫生倒植，蔥茜相糾。每大風雨至，堂中之人，疑將壓焉。」清王士禎《帶經堂詩話》：評「潁濱（棲賢堂記）造詣奇特，雖唐作者如劉夢得、柳子厚妙於語言，亦不能過之。……子遊廬山至此，然後知其形容之妙，如丹青圖畫，後人不能及也。」

於此可見蘇轍文章的另類風格，平淡乃絢爛的極致，不經絢爛，那來平淡？趙令疇《侯鯖錄》：「凡文字少小時，雖令氣象峥嶸，彩色絢爛；漸老漸熟，乃造平淡。其實不是平淡，絢爛之極也。汝見爺（蘇轍）伯（蘇軾）而今平淡，一向只學此樣，何不取舊時應舉時文字看，高下抑揚，如龍蛇捉不住，當且學此。」此段文字記載著作家的心路歷程，彌足珍貴。清張潮〈幽夢影〉談讀書的心境，「少年讀書，如隙中窺月；中年讀書，如庭中望月；老年讀書，如台上玩月，皆以閱歷之淺深，爲所得之淺深耳。」

六、泉亦奇，詩亦奇，何異王右丞

蘇轍存詩一千七百餘首，也是作詩名家。其詩風亦如其散文，平淡造語，不事麗辭。〈棲雲室〉詩：

石室空無主，浮雲自來去。人間春雨足，歸意帶風雷。

這首最短的五絕，只有二十字，意境超塵脫俗，不食人間煙火。首句的「空」字，將石室的寂靜世界，與王維的「空山不見人」〈鹿柴〉，是相同的幽寂。而第二句的「自」，點出了閒適，不受拘泥，如同王維的「行到水窮處，坐看雲起時」〈終南別業〉浮雲的來去自如，行無所事，是一片化機。浮雲就是我心，我心就是自然，我與自然融爲一體。一、二兩句一靜一動，相映成趣。「人間」的內涵應與蘇軾「何似在人間」的人間相同，意指在野。末句的「風雷」，是易經的益卦䷩震下巽上，「利有攸往，利涉大川。」回老家是大利多的意思，有不如歸去的強烈意願。王維〈重酬范郎中〉：「楊子解嘲徒自遣，馮唐已老復何論？」其實王維才四十出頭，正是壯年有爲的時候，但不願加入以李林甫爲首的集團，只好棄官離朝。

楊升庵《升庵詩話卷一，十四》談〈棲雲室〉盛讚：「奇景奇句，可誦可想。泉亦奇，詩亦奇，何異王右丞！」又說：「宋詩信不及唐，然其中豈無可匹敵者？在選者眼力耳。」蘇子由〈中秋夕〉云：「巧轉上人衣，徐行度樓角。河漢冷無雲，冥冥獨飛鵲。」〈旅行〉云：「猿狖號古木，魚龍泣夜潭。行人已天北，思婦隔江南。」

中秋夕抒寫月亮巧步輕挪，先「上人衣」，再上「樓角」，而浩渺的中秋夜空。只有孤獨的鵲鳥在寂寥中默默的飛著，鵲鳥就是蘇轍的化身。「冷」與「獨」二字，饒富禪趣，王維〈過盧員外宅看飯僧共題詩〉有「寒空法雲地，秋色淨居天。」其意境類同。至於〈旅行〉，是首抒情五絕，看山，情滿於山；視水，水滿於水，南北隔離，相思情深，但情是恬淡的，超然的，有種特殊的理趣。所以楊慎推崇蘇轍「有王維輞川遺意，誰謂宋無詩？」〈同上卷四〉

蘇轍與兄軾的詩風不同，名氣不如蘇軾響亮，其實最能代表蘇轍的詩風，是在於寫景、詠物、詠史、題畫以及抒發個人閑適生活的小詩。〈南窗〉詩，最被後人稱許：

京城三日雪，雪盡泥方深。閉門訪往還，不聞車馬音。
西齋書快亂，南窗白方深。輾轉守牀榻，欲起復不能。
閉戶失瓊玉，滿階松竹陰。故人遠方來，疑我多苦心。
疏拙自當爾，有酒聊共斟。

這是蘇轍在應試制策提出六論以後，當道大臣譁然，以爲蘇轍大逆不道，直指仁宗皇帝的施政不當。仁宗皇帝以其直言忠諫，予以錄取。其時留京侍父所作的詩。詩眼是「苦」字，壯志難伸，咄咄失意，只有「疏拙」自守，「有酒聊共斟」，以自我慰藉。清人葉喬然〈龍性堂詩話續集〉評爲「清逸閑適，淡致如許……此詩當於陶柳門外另一席。」此詩直逼陶柳，無不遜色。東坡以爲人間應錄數百本，廣爲流傳。

方東澍評蘇轍詩風「氣格雅適」，列舉如後：

〈次韻子瞻望湖樓上〉敘述乘船遊湖的悠閑：

欲看西湖兩岸上，臥乘湖上木蘭船。湖山已自隨船改，更值陰晴欲雨天。

〈過登封閻氏園〉

秋暑尚煩襟，林泉淨客心。菊殘知節過，荷盡覺池深。

疏柳搖山色，青苔遍竹陰。猶嫌進官道，轣轣聽車音。

此詩描敘閻氏園秋後的園景，詩中鍊字，生動貼切，如「淨」、「知」、「覺」、「搖」等，讀之令人心馳神往，景物歷歷在目。

〈次韻子瞻題長安王氏宅中隱堂〉

秦中勝岷蜀，故國不須歸。甲第春風滿，巴山晝夢非。

竹深啼鳥亂，花落晚蜂飛。我欲西還去，敲門愼勿違。

詩中「竹深啼鳥亂，花落晚蜂飛」，一「亂」一「飛」，最爲動人。

〈送陽安期都官出城馬上〉

城中二月不知春，唯有東風滿面塵。歸意已隨行客去，流年驚見柳條新。

簿書塡委休何日？學問榛蕪愧古人。一頃稻田三畝竹，故園何負不收身？

此詩描敘送客心情，「歸意已隨客去」，一語道盡送客的內心感受。

〈九日三首〉其一

早歲寡歡意，衰年仍病纏。客居逢九日，斗酒破千錢。

萸菊驚秋晚，兒孫慰目前。登高懶不出，多酌任頹然。

此詩描敘蘇轍獲赦北返以後的生活片斷，字裏行間，不著愁情，而愁情自著。

〈次韻子瞻和淵明飲酒二十首〉其一

我性本疏懶，父母強教之。逡巡就科選，逮此年少時。

幽憂二十年，懶性祇如茲。偶然踐黃閣，俯仰空自疑。

乞身未敢言，常愧外物持。

此詩蘇轍自述其天性疏懶，年少中第，謙稱是偶然的機運。

蘇轍詩中佳句俯拾即是，聊舉些許，以供品嚐。

人生出處因難料，流萍著水初無根。（〈和子瞻雪浪齋〉）

至今養心送四體，瘦不爲病肥非妍。（〈維摩像〉）

寵辱何須身自試，窮愁不待酒驅除。（〈李行中見寄〉）

扁舟落中流，浩如一葉飄。（〈入峽〉）

飢鳥巧會行人意，來去紛紛噪客船。（〈巫山廟鳥〉）

唯有巫山最穠秀，依然不負遠來心。（〈江上看山〉）

戴復古有《論詩十絕》：「謝安未厭頻撫妓，汲黯猶須臥理民」〈快哉亭詩〉。「虛窗每怯高風度，碧瓦頻驚急雨懸」〈中秋新堂看月戲作〉。

「意匠如神變化生，筆端有力任縱橫。須教自我胸中出，切忌隨人腳後行。」蘇轍的詩風確實有王維輞川遺意，但其創新創意，不隨腳後行，自有獨特的詩作，另有一片天空。

七、蘇轍文藝思想述評

北宋的三蘇—蘇洵（老蘇）蘇軾（大蘇）蘇轍（小蘇）父子三人，在中國文藝思想史上，確實有著：不可磨滅的地位。上承先秦、漢、唐以來的文藝思想，發揚光大而豐富內容，創新思想。下啓南宋、明清文藝思想。學者名家緊隨其後，波瀾壯闊，不曾停息。尤其是三蘇文章更是後人勤讀習作的資材。「蘇文生，吃菜羹，蘇文熟，吃羊肉」的諺語，源源流長，到現代依然適用。三蘇遠則以西漢古樸的文風爲依，以賈誼、司馬遷爲典範。近取唐宋各家爲師承—陸贄、韓愈、歐陽修，不只是在文章創作的努力方向，僅取造語平易，言爲世用的文章；而在精神感召之下，心胸坦蕩，堅強不屈。楊升菴：「評三蘇者，以奇崛評文安，以雄視評文忠，以疏宕評文定。又謂子得之父，弟受之兄，而不知三賢之文，其致一也。」三蘇文章的創作，本乎儒學，切合世用，不事雕琢，不書空言。但是寫作文章技巧，卻高超美妙，難望其項背。楊升菴稱：「奇正相生，冥明互藏，虛實代投，疾徐錯行，歧合迭乘，順逆旋宮，方圓遞旋，有無相君，倘亦五行之無常勝邪？四時之無常位邪？而其變又如神無迹而水無創邪？」這些抽象虛寫的品評，並不具體；是否溢美或得理，自有論斷。孫月峯的說法，較為貼切：「有文於此，能全持其雄博高逸之氣，紆回峭拔之情，以出入於仁義道德禮樂刑政之中，取不窮而用不敝，體屢遷而物多姿者，其惟三蘇乎！」（註一二）

眉山三蘇，在歐陽公首先推薦昭告士林，在京師一日而父子名重朝野，在北宋文壇掀起一股眉山三蘇風潮，〈宋史蘇洵傳〉：「通六經百家之說，下筆頃刻數千言，至和、嘉祐間歐陽修上其所著二十二篇，既出，士大夫爭傳一時，學者競效蘇氏為文章。」明朝茅坤又在其侄茅一桂〈校刊老泉文集序〉說明蘇洵的學識淵源及其文章風格，有更具體的說明：「蘇文公崛起蜀徼，其學本申韓，而行文出於荀卿、孟軻及戰國策諸家，不敢謂得古六藝之遺。然其鑱畫之議，幽情之思，博大之識，奇崛之氣，非近代儒生所及。要之，韓歐而下與諸名家相為表裏，及其二子繼響，嘉祐之文，西漢同風矣。」

三蘇由於個性的不同，名列於唐宋八大家，文章如金玉，各有定價，蘇洵擅長議論，精通治術，長於兵學，喜言權術，張方平《樂全集卷三九》稱蘇洵「左丘明《國語》，司馬遷善敘事，賈誼之明王道，君兼之矣。」著有《易傳》、《洪範圖論一卷》、《蘇評孟子二卷》、《嘉祐謚法三卷》、《皇祐謚錄二十卷》、《太常因革禮一百卷》、《蘇氏族譜一卷》、《權書一卷》、《嘉祐文集及別集》等，其文渾而有勁，結構嚴謹，有法度、有氣勢，為應制文的典範。

蘇軾是一位通才名家，是北宋文壇中最為光芒萬丈的文學家，以文為詩，繼韓昌黎之後，別開生面，才思橫溢，觸處生春。詞的意境擴大，豐富內容，天生健筆一枝，爽如哀梨，快如并剪，成為豪放詞名家。而文章的創作，切合世用，要求「形似」固好，「神似」更妙，左抽右旋，無不如意。有必達之隱，無難顯之情。沈德潛《說詩晬語卷下》：「蘇子瞻胸有烘爐，金、銀、鉛、錫皆歸溶鑄。其筆之超曠，等於天馬脫羈，飛仙遊戲，窮極變幻，而適如意中所欲出。韓文公後，又開闢一境界。」作畫貴「寫意」，作到莊周「凝神」的境界，書法貴自然，樸拙天真。其實蘇軾的文藝思想，機括來自禪悟，如初食橄欖，眞味愈久愈在，是中國文學史上十項全能的巨人，屹立不搖，永不磨滅。著有《經進東坡文集事略》、《蘇文忠公全集》、《東坡志林》等書。蘇軾有氣節，善議論，雄視百代，冠冕當時，馳騁賈、馬，頡頏韓、柳。而後蘇門四學士、六君子乃至明清，迄於今日，人人同欽，個個膜拜，最具有影響力的文學家。

蘇轍，自稱不如兄軾，但蘇軾稱弟轍作詩有古人之風，自以爲不若。古人之風乃指陶潛、王維的詩風。而在文藝思想上提出「養氣」的觀點，打破曹丕「雖在父兄，不能以移子弟」的迷思，從閱歷、交往豪傑，以培養「文氣」，亦是別開生面的創新，過人才氣的表現。因此，在散文及詩作，是其偏才的創作，不事雕琢，汪洋澹泊，一唱三歎皆爲其詩文的最高評價。注《全宋詞》：蘇轍存詞四首。《曾棗莊蘇轍評傳，頁一二四》）兄弟泛舟清河古汴，轍寫〈水調歌頭〉：「離別一何久？七度過中秋。去年東武今夕，明月不勝愁。豈意彭城下，同泛清河古汴，船上載涼州。鼓吹弄清賞，鴻燕起汀州。坐中客，翠羽帔，紫綺裘。素娥無賴西去，曾不爲人留。今夜清樽對客，明夜孤帆水驛，依舊照離憂。但恐同王粲相對永登樓。」平生不喜塡詞，而對於作畫的理念，與乃兄軾雷同，求其「形似」，再求「神似」，因其個性內歛，資稟渾厚。陳後山〈次韻黃樓詩〉：「一代蘇長公，四海名未已。少公作長句，班馬安得擬？」著有《詩集傳》、《論語拾遺》、《龍川略志、別志》、《欒城集、後集》等書。〈王鞏蘇黃門挽詞〉：「弟兄仁義達，千古各垂名。」朱右編《八先生文集》，唐順之《文編》、茅坤《唐宋八大家文鈔》、儲欣《唐宋十大家全集錄》等，三蘇文章皆名列其中。

秦祖〈答傅彬老簡〉：

閣下又謂三蘇之中，所謂學者登州（蘇軾）爲最優，於此猶非也。老蘇先生，吾不及識其人。今中書（蘇軾）補闕（蘇轍），則僕嘗身事之矣。中書之道，如日月星辰，經緯大地，有生之類，皆仰其高明。補闕則不然，其道如元氣，行於泥淪之中，萬物由之而不自知也。故中書自謂吾不及子由，僕竊以爲知音。」

第六節　蘇文對後代文藝思想的影響

一、北宋蘇門六君子

北宋晚期的文壇，在中國文學史上留名，佔有一席之地的名家，都是依附三蘇門下，尤其是蘇軾的提拔後進，不遺餘力，彷彿當年歐陽修拔擢蘇軾兄弟一樣。自稱蘇門「四學士」的黃庭堅、秦觀、張耒和晁補之。若再加陳師道、李薦則號稱「六君子」。陳亮曾輯《蘇門六君子文粹》七十卷，見於現存崇禎六年（一六三三）《四庫全書總目卷一百八十七〈蘇門六君子文粹》。錢謙益序云：

胡仲修得宋人所輯《蘇門六君子文粹》以歸，刻之武林，而余爲之序曰：六君子者，張耒文潛、秦觀少游、陳師道履常、晁補之無咎、黃庭堅魯直、李廌方叔也。史稱黃、張、晁、秦俱遊於蘇門，天下稱爲四學士，而此益於陳、李，蓋履常元祐初以文忠荐起官，晚欲參諸弟子間，方叔少而求知，事師之勤渠，生死不間，其繫於蘇門宜也。

這六人在哲宗、徽宗時期，活躍於當代，雖然文藝思想不是對三蘇照單全收，亦步亦趨。各有自己的寫作風格，各有自己的文藝主張，但都是承襲三蘇的巨大影響，使北宋文學產生不同的風貌，豐富文學內容，注入文學新生命，新活力，使中國文學的生命，松柏長青，綿延流長。

㈠張耒（一〇五二—一一一二）字文潛，號柯山，楚州淮陰（江蘇省淮陰）人。因曾得到蘇軾的提拔，遂得與軾遊，軾亦深知之，盛讚其文汪洋沖淡，有一唱三歎之聲。元祐年間，曾任秘書省正字，官至龍圖學士。後遭新黨排擠，貶官宜州、黃州。徽宗時，得蘇軾訃音，舉哀悼念，爲新黨所忌，再貶房州別駕。晚年定居陳州，人稱宛丘先生。著有《宛邱集》《柯山集》，《柯山詞》等。

張耒師承蘇軾，論文崇尚自然。在〈賀方回東府序〉提出文章出於自然，文章是抒寫情性的表現。他說：「文章之於人，有滿心而發，肆口而成，不待思而工，不待雕琢而麗者，皆天理之自然，而情性之至道也。」與蘇軾的爲文看法，完全一致，爲文者「非能爲之爲工，乃不能不爲之爲工。」而「滿心而發，肆口而成」，其目的在於「辭達」而已。

張耒的詩風，崇尚白居易和張籍的社會派詩家，以「但歌生民病，願得天子知」的呼籲，與三蘇的「言爲當世之用」，重視文章的實用性是相同的。

㈡秦觀（一〇四九—一一〇〇）字太虛，後改字少游。別號淮海居士，揚州高郵（江蘇省揚州）人。在兄弟中排行第七，所以世人稱他爲「秦七」。

秦觀在熙寧七年（一〇七四）時二十六歲，蘇軾由杭州通判移知密州途中，曾將其詩詞數百篇呈送蘇軾，軾讀後大爲讚賞，從此訂爲神交。熙寧十年（一〇七七）蘇軾移知徐州，秦觀專程拜訪，此後以詩酬贈，交往甚密。次年，秦觀寫〈黃樓賦〉，蘇軾稱爲「屈、宋才」，接著又結識了蘇轍、黃庭堅、張耒、晁補之等人。李廌《師友談記》有東坡言：「少游文章如美玉無瑕，琢磨之功未有出其右者。」明人張綖在《淮海集序》中說：「與賈誼、陸贄爭長。」可見其文風與三蘇極爲相似。

秦觀多次應試不第，迨元豐八年（一〇八五）三十七歲才考取進士。初仕定海主簿，元祐三年（一〇八八）在蘇軾和范純仁先後舉荐，應制科試，中式後曾任秘書省正字兼國史院編修。紹聖元年（一〇九四）新黨章惇、蔡京等掌得朝廷大政，秦觀被目爲蘇軾舊黨，貶謫南方（雷州），將他除名，永不收敘。哲宗駕崩，元祐黨人得到大赦內遷，蘇軾、秦觀均在其中，但秦觀路過藤州，醉臥光化亭上而辭世。

秦觀雖爲蘇門四學士之一，但其詞風與蘇軾截然不同，蘇軾是北宋豪放詞家的創造者，而秦觀《淮海詞》是婉約淒美，馮煦《宋六十一家詞選、例言》贊歎秦觀詞風「怨悱不亂、悄乎得小雅之遺」，緊追李後主（煜）之後，而與晏小山（幾道）同步。

㈢黃庭堅（一〇四五—一一〇五）字魯直，洪州分寧（江西修水縣）人。號山谷道人，又號培翁。生長在文學豐厚的世家，從小勤勉課讀，多才多藝，詩、文、詞、賦樣樣皆通，書法與蘇軾、米芾、蔡襄並稱宋代四大書家。

黃庭堅在治平四年（一〇六七）二十三歲時考取進士，少年得志。元豐元年（一〇七八）致書徐州太守蘇軾，表示仰慕之意，並呈詩二首。蘇軾覆信，稱贊其詩說「古風二首，托物引類，眞得古詩人之風。」從此深交，終身不渝。始終追隨蘇軾，常相唱和，成爲蘇門四學士之一。徽宗時，蔡京當權，大伐舊黨，流放宜州（廣西宜山縣）編管，崇年四年死於貶所。

黃庭堅的文藝思想淵源，以儒家爲骨，集釋、道於一身，與蘇軾相近。但文學雖主創作，則與蘇軾有南轅北轍的詩風，如脫胎換骨，改竄陳句；好用拗律，押險韻；好用奇字僻典等，與三蘇的文藝思想主張平易自然，大異其趣。

㈣晁補之（一〇五三—一一一〇）字無咎，自號歸來子，濟州鉅野人。熙寧二年（一〇六九）十七歲時，在杭州謁見蘇軾，呈作文〈七禺〉，蘇軾盛讚「其文博辯雋偉，絕人遠甚，必顯於世，由是知名。」《宋史本傳》，紹聖年間，被列入元祐黨籍，屢遭貶謫。著有《濟北晁先生雞肋集七十卷》，《晁無咎詞》又名《晁氏琴趣外篇》六卷。《四庫全書總目卷一百五十四雞肋集》提要說：「今觀其集，古文波瀾壯濶，與蘇氏父子相馳驟，諸體詩俱風高騫，一往俊邁，並駕於張（耒）、秦（觀）之間，亦未知孰爲先後。」由此得知，晁無咎與三蘇的詩文風格，是相互接近的。

㈤陳師道（一〇五三—一一〇二）字履常，號後山居士，彭城（江蘇徐州市）人。自少篤學能文，十六歲拜曾鞏爲師。元祐二年（一〇八七）三十五歲時，由於蘇軾、孫覺的舉荐，得任徐州教授，從此遊於蘇軾門下，與黃庭堅等交往，後與黃庭堅成爲江西詩派重要人物。崇寧元年（一一〇二）四十九歲時，在京郊參加祭典，天候嚴寒，拒絕穿著租用衣服，人感受風寒而病歿。著有《後山居士文集》、《後山詞》。

陳師道詩學杜甫，卻主張從黃庭堅詩道入手。〈答秦觀書〉：有「及一見黃豫章，盡焚其編而學焉。」又說：「僕之詩，豫章之詩也。」可見陳師道學黃庭堅詩風，且得其精髓。劉克莊《江西詩派、後山》也提到：「文師南豐，詩師豫章，二師皆極天下之本色，故後山詩文高妙一世。」至於黃庭堅稱「閉門覓句陳無己」，是敘述陳無己每登臨得句，即急歸，臥一榻，以被蒙首，謂之「吟榻」。家人知道，連貓犬都逐去，嬰兒稚子，也抱持寄在鄰家。徐徐起身，就筆硯，即詩已成。

㈥李廌（一〇五九—一一〇九）字方叔，華州（陝西華縣）人，自號太華逸民。父惇與蘇軾同年。然廌六歲而孤，能自奮力，後以學問稱鄉里。於黃州謁見蘇軾，贄文求知，蘇軾稱「其筆墨瀾翻，有飛沙走石之勢。」素貧寒，而屢試不第。著《師友談記》一卷，記載個人與蘇軾、秦觀、張耒等人交往時所聞所見的嘉言懿行。另有《濟南集》，現存八卷。《四庫全書總目卷一百五十四》評論：「廌才氣橫溢，其文章條暢曲折，辯而中理，大略與蘇軾相近。」

二、南宋的陸游與楊萬里

三蘇的文學在北宋掀起了狂風巨浪，在他們父子先後辭世以後，三蘇的文學仍然如日中天，如長江大河，波濤滾滾，繼續向前奔馳。雖然王安石譏為「縱橫之學」，朱熹更強烈抨擊，評為「雜學」，但陸務觀《老學庵筆記卷八》記載三蘇文學歷久不衰的情形，他說：「建炎以來，尙蘇氏文章，學者翕然從之，而蜀士獨盛。……語曰：蘇文熟，吃羊肉。蘇文生，吃菜羹。」可見三蘇文章已是士子的學文典範，「蘇文熟」則為文韻味雋永，功名得意，有「羊肉」可食。若「蘇文生」，則文蕪雜平淺，功名失意，只有嚐「菜羹」，索然無味了。因此，南宋孝宗時，追贈三蘇謚號「文安、文忠、文定」，肯定三蘇的文學地位。

㈠陸游（一一二五—一二一〇）字務觀，號放翁，越州山陰（浙江紹興）人。祖父陸佃是王安石的學生，支持新政，父親陸宰是一位學者和藏書家。自從年幼受到家庭愛國教育的薰陶，深植其衷，終生不廢。在〈示兒〉詩中有「死去原知萬事空，但悲不見九州同！王師北定中原日，家祭無忘告乃翁」，道盡其愛國詩人的心聲。從小以讀書為樂，讀淵明詩集，旦暮不釋，廢寢忘食。范成大鎭蜀，陸游常為座上賓客，主賓酬唱，歡樂之餘，陸游不拘禮法，被譏為頹放，遂自號「放翁」。

陸游文學創作是多產作家，現存《劍南詩稿八十五卷》，詩九千三百多首，《放翁詞一卷》，一百三十多首，文學史上少出其右者，概括可分三期。早年以藻繪為工，頗重技巧；中年開拓意境，博大宏肆；晚年退隱居家，力求平淡。周必大跋子由〈由劉貢父省上示作坐客詩〉說明陸游對蘇轍的推崇備至，他說：「吾友陸務觀，當今詩人之冠冕，勸予哦蘇黃門詩。退取《欒城集》觀，殊未識其旨趣。……郊居無事，天寒踞爐如餓鴟。劉友子澄忽自來中寄此卷相示，快讀數過，溫雅高妙，如佳人獨立，姿態易見。然後知務觀於此道眞先覺也。」

周必大，廬陵人，字子充，一字洪道。紹興進士，宋高宗譽爲「掌制手」，著《二老堂詩話》。

陸游作文，效法蘇軾，崇尙自然，有〈文章〉詩：「文章本天成，妙手偶得之。」與蘇軾以作文爲世間樂事，而胸有洪爐，金、銀、鉛、錫，皆歸熔鑄。綜觀陸游與蘇軾在性情極爲相似，放翁與東坡居士的「滿肚子不合時宜」，都是思想契合的最好說明。所以，陸游是南宋繼承三蘇文學的大文學家，性情使然。

㈡楊萬里（一一二七—一二〇六）字廷秀，吉州吉水（江西省吉安）人。紹興二十四年（一一五四）進士。任永州零陵丞時，謁見名將張浚。張浚以正心誠意之學勉勵他，因取其書房名爲「誠齋」，並以自號，著有《誠齋集》。

楊萬里的學詩歷程，在〈荊溪集序〉中說：「予之詩始學江西諸君子，既又學後山五字律，既又學半山老人七字絕句。晚乃學絕句於唐人，學之愈力，作之愈寡。」於是跳脫了江西詩社的匡架，開創另一途徑，在〈跋徐恭中省干近詩〉中說：「傳派傳宗我替羞，作家各自一風流。黃、陳籬下休安柳，陶、謝行前更出頭。」自述作家宜各有特色，步前人腳跟應感羞恥。因此，跳脫黃庭堅、陳師道的藩籬，就陶淵明、謝靈運更有佳作。

楊萬里的詩作，題材取自實際生活，範圍擴大，不受拘限，自創「誠齋詩體」，其特點是抒寫民生疾苦，描敘自然景物，富有幽默感，語言平易，想像豐富。因此，「無事不可入詩」，與蘇軾風格極爲相似。

三、明代的三袁——袁宗道、袁宏道、袁中道

三袁的袁宗道、袁宏道、袁中道三兄弟，胡忠公安人，因此稱爲公安派。三袁中以袁宏道最有名。袁宏道，字中郎，號石公（一五六八—一六一〇），有《中郎全集》。《明史文苑傳》說：「先是王（世貞）、李（攀龍）之學盛行，袁氏兄弟獨心非之。宗道在館中，與同館黃輝力排其說，於唐好白樂天，於宋好蘇軾，名其齋日白蘇。至宏道益矯以清新輕俊，學者多舍王、李而從之，目爲公安體。」

公安體的文學理論的特色，包括：

(一)文學是進化的

歷代文學的變遷，各有其時代的特性，創作或是批評，都該明白其時代的特色，才能袪除「家有敝帚，享之千金」的偏頗的心態。而貴古賤今，一字一句都要擬古，這是戕害文學的生命，而喪失作者的個性。

因此，時有古今，文亦有古今。若襲古人語言之迹，而以爲古，是處嚴冬而襲夏葛的人，完全不

合時宜。如宋歐蘇輩出，大變晚唐積習，於物無所不收，於情無所不暢，於境無所不取。這種思想與三蘇的「長於草野，不學時文，不剽裂文句」完全相同。

㈡反對模擬

袁宏道《小修集序》：「秦、漢而學六經，豈復有秦、漢之文，盛唐而學漢、魏，豈復有盛唐之詩？惟夫代有升降，而法不相沿，各極其變，各窮其趣，所以可貴。」三蘇也有「非能爲之爲工，乃不能不爲之爲工」，所以寫作應是「大略如行雲流水，行於所常行，止於不可不止，文理自然，姿態橫生」才是。

㈢獨抒性靈，不拘格套

獨抒性靈就是文學要發抒個人的情感，言志而不載道；是表現個人的性情而不是無病呻吟。而不拘格套是發抒文學自由創作的精神，不拘泥於格律，以免傷害作者的個性表現。袁宏道〈叙咼氏家繩集〉：「蘇子瞻酷嗜陶令時，貴其淡而適者也。」三蘇主張「得心應手，自胸臆中流出」，「詩從肺腑出，出則感肺腑」是獨抒性靈，不拘格套的最好寫照。

㈣文學作品，必有內容

「公安體」主張文學作品須有內容，其內容不是聖人的人倫大道，是指有血肉，有情感，有思想的文章。以爲文質相互依從，且質勝於文的觀念。要做到「鉛黛所以飾容，而盼倩生於淑姿、文彩所以飾言，而辯麗本於情性。」《文心雕龍情采》三蘇主張不作俗人之學，批評《文選》的選文藻麗，又有「詩病五事」的指陳，與三袁的文學作品，必有內容是一致的。

四、清代的袁枚及尊宋詩派

㈠袁枚

結束明代浪漫文學思潮的是袁枚，字子才，號簡齋。（一七一六－一七九八），清浙江錢塘（杭州）人。二十四歲進士，歷任江寧等諸縣，勤政愛民，事無不舉。三十八歲即絕意仕進，休官養親，築隨園於江寧之小倉山，以著書吟詠自娛，時稱隨園先生。著有《小倉山房詩文集》

袁枚是明代公安袁宏道的繼承者，詩主性靈，喜山水，愛聲色。在〈答蕺園論詩書〉談到獨抒性靈的巧妙比喻，他說：「以千金之珠，易魚之一目，而魚不樂者，何也？目雖賤而眞，珠雖貴而僞也。」況且批評宋朝程朱理學家，以爲其道不是文王周公之道。這種勇於撻伐道統的文學家，終於不容於徵聖宗經明理載道的衛道者，所以，公安與袁枚的浪漫文學，遂告同歸於盡。

㈡尊宋詩家——宋犖、查愼行、厲鶚。

宋犖，字牧仲，號漫堂。（一六三四－一七一三）河南商邱人，有《西陂類稿》。《池北偶談》記其嘗蘇軾像，而己侍立其側，可見對於東坡的敬愛。作詩縱橫奔放，刻意生新。

查愼行，字初白（一六五〇－一七二七），浙江海寧人。著有《敬業堂集》。詩崇蘇陸，曾補注蘇詩五十二卷。《四庫提要》說：「觀愼行近體，實出劍南。依其淵源，大抵得於蘇軾爲多。」其詩得宋人之長而不染其弊，可見其在宋詩的地位。

厲鶚，字太鴻（一六九二—一七五三）浙江錢塘人。著有《樊榭山房集》。並著有《宋詩紀事》百卷，是研究宋詩知名的學者。才學極高，卻愛用冷字僻典，容於流於餖飣撏撦的毛病。偶有蒼涼清麗的作品，如〈晚過梁溪有後〉最後四句：

「三面看山暝色催，舊遊零落使人哀。依稀第二泉邊路，半在蒼煙落葉堆。」雖有東坡詩中的意境，但終究略遜一籌。

五、現代的蘇文

三蘇是北宋國文學史上的奇葩，距離現在已接近一千年了。他們永遠璀璨亮麗，「其人雖已死，典型在宿昔。風簷展書讀，古道照顏色。」今日的三蘇，仍然是光芒萬丈，立足文壇，只要有中國人的地方，就有蘇東坡，甚至是日本、韓國、美國、英國、法國、德國也都有其著作研究。蘇軾是古今中外最受肯定歡迎的大文學家。

試觀三蘇的〈六國論〉，識見特出。蘇洵的史論，蘇轍的散文及詩，如〈黃州快哉亭記〉，〈上樞密韓太尉書〉等，而才氣縱橫的蘇軾，無論是詩詞，散文均有傲人的成就，詞如中秋夜醉達旦、思念子由的〈水調歌頭〉，赤壁懷古的〈念奴嬌〉，謫居黃岡的〈定風波〉；詩如〈和子由澠池懷舊〉，〈題西林壁〉等，散文如前後〈赤壁賦〉、〈日喻〉、〈超然台記〉、〈潮州韓文公廟碑〉等，都是大家耳熟能詳，朗朗上口的文學作品。而三蘇的著作專書，論文撰寫，眞是汗牛充棟，堆積如山，品類繁多，難以列舉。喜愛三蘇的人，仍然是發狂發熱，提到三蘇，人人眼睛發亮，神氣飛揚；尤其是蘇東坡，在夢中都會發笑。

三蘇不只是在文學的傑出表現，更可貴的是他們的氣節凜然，有守有爲，進退合宜，頂天立地，坦蕩蕩的胸懷，令人敬仰。他們的忠君愛國，始終如一。父子三人，並列唐宋古文八大家，前無古人，後無來者，今日的三蘇，仍然神氣活現的活在我們的心中，仍然引導我們向前邁進，他們的精神，千千萬萬年之後，還是與人類同在，永遠長存！

【附註】

註　一　蘇轍在眉山老儒劉巨學堂與程建用等作六言詩聯句，程建用說：「庭松偃仰如醉」楊堯咨說：「夏雨淒涼似秋」蘇軾說：「有客高吟擁鼻」蘇轍說：「無人共吃饅頭」，衆人大樂歡笑。

註　二　〈通天篇〉：太陰之人，貪而不仁，下齊湛湛，好內而惡出，心和而不發，不務於時，動而後之。少陰之人，小貪而賊心，見人有亡，常若有得，好傷好害，見人有榮，乃反慍怒，心疾而無思。太陽之人，居處於於，好言大事，無能而虛說，志發於四野，舉措不顧是非，爲事如常自用，事雖敗，而常無悔。少陽之人，諟諦好自貴，有小小官，則高自宜，好爲外交而不內附。陰陽和平之人，居住安靜，無爲懼懼，無爲欣欣，婉然從物，或與不爭，與時變化，尊則謙謙，譚而不治，是謂自治。〈內經的哲學和中

醫學的方法，劉長林〉

註 三 歐公在翰苑時，嘗飯客。客去獨老蘇少留，謂公曰：適坐有囚首喪面者何人？公曰：介甫也。文行之士，子不聞之乎？洵曰：以某觀之，此人異時必亂天下，使其得志立朝，雖聰明之主，亦將爲欺惑，內翰何爲與游乎？

註 四 杜甫登岳陽樓：昔聞洞庭水，今上岳陽樓。吳楚東南坼（ㄔㄜˋ），乾坤日夜浮。親朋無一字，老病有孤舟。戎馬關山北，憑軒涕泗流。

註 五 姚姬傳復魯絜非書：宋朝歐陽曾公之文，其才偏於陰柔之美者也。

註 六 宋史歐陽修傳：嘉祐二年，〈禮部考試〉事畢，嚮來囂博者，伺修出，聚噪於馬首，街邏不能制。然場屋之習，從此逐變。

註 七 〈明史〉：坤善古文，最心忻唐順之。順子喜唐宋諸大家文，所著文編，唐宋人自韓柳歐三蘇曾王八家外，無所取，故坤選八大家文鈔。其書盛行海內，鄉里小生無不知茅鹿門者。

註 八 蘇轍〈讀書〉：習氣不易除，書魔間即至。圖書紛滿前，展卷輒忘睡。古今浩無垠，得失同一軌。前人已不悟，今人復如此。愍然嫠婦憂，嗟哉肉食鄙。掩卷勿垂陳，慟哭傷人氣。

註 九 告子曰：不得於言，勿求於心，不得於心，勿求於氣。

註一〇 論衡自紀篇：年漸七十，時可懸輿；仕路隔絕，志窮無如。事有否然，身有刑害。髮白齒落，日月逾邁，儔倫彌索，鮮作特賴，貧不供養，志不娛快，曆數冉冉，庚辛域際雖懼終徂，愚猶沛沛，乃作養性之書凡十六篇。

註一一 ㈠宋代畫家郭若虛，將「氣韻生動」解釋爲畫畫時的客觀人格和主觀的精神主義，也是作畫和品畫的最重要標準。

㈡骨法用筆：「骨法」就是「綱要」，結構上的輪廓，中國畫的生命所在。

㈢應物象形：就是寫實，寫形的「實狀」。

㈣隨類賦形：隨著物體而賦予色彩。

㈤經營位置：作畫的佈局，也就是結構或組織。

㈥傳移模寫：照著畫本畫畫。（摘錄馮作民編中國美術史頁五四）

註一二 見於明楊愼編袁宏評釋明天啓歲二年刊本。

參考書目

壹、有關三蘇參考書目

三蘇全集　眉州三蘇祠堂刊　中文出版社
嘉祐集十六卷附錄二卷　蘇洵　四庫全書
蘇詩補注　蘇軾　廣文書局
蘇文忠公詩編注集成　學生書局
蘇東坡全集　蘇軾　河洛圖書出版社
蘇東坡傳　林語堂　遠景出版社
蘇詞彙編　曾棗莊　文史哲出版社
蘇文忠公詩編注集成總案　曾棗莊　巴蜀書局
蘇東坡新傳（上下）　李一冰　聯經出版事業公司
蘇軾的道家與道教　鍾來因　學生書局

蘇軾詩研究　謝桃坊　巴蜀書局
欒城集　蘇轍　中華書局
蘇轍集　蘇轍　河洛圖書出版社
蘇轍評傳　曾棗莊　五南圖書出版公司
三蘇傳　曾棗莊　學海出版社
蘇文定公文集　蘇轍　宋孝宗時眉山刊大字本
合刻三先生潁濱文匯　明末茅坤等評本
潁濱文鈔　李贄選　明末宜和堂本
潁濱先生春秋集解　蘇轍　四庫全書
論語拾遺一卷　蘇轍　明萬曆刊兩蘇經解本
孟子解　蘇轍　四庫全書
古史　蘇轍　明南監刊本
龍川略志　蘇轍　四庫全書
道德經解　蘇轍　明萬曆兩蘇經解本
蘇洵言論及其文學之研究　謝武雄　文史哲出版社
三蘇及其散文之研究　陳雄勳　文史哲出版社

三蘇年譜彙刊　王水照　上海古籍出版社
三蘇年譜彙證　易蘇民　臺北大學文選社
三蘇文藝思想　曾棗莊　學海出版社
三蘇後代研究　舒大剛　巴蜀書社

貳、一般參考書目

宋人傳記資料索引補編　李國珍　四川大學
宋文記事　清　王文浩　四川大學
現存宋人著述總錄　劉琳　巴蜀書社
宋代蜀人著作存佚錄　許肇鼎　巴蜀書社
宋人軼事彙編　丁傳靖　商務印書館
韓昌黎全集　韓愈　新興書局
翰苑集注　陸贄　世界書局
歐陽文忠公集　歐陽修　四庫全書
臨川集　王安石　四庫全書
傳家集　司馬光　四庫全書

范文正公集　范仲淹　四庫全書
安陽集　韓琦　四庫全書
樂全集　張方平　四庫全書
捫蝨新話　陳善　商務印書館
困學紀聞　王應麟　商務印書館
侯鯖錄　趙令畤　四庫全書
曲洧舊聞　朱弁　商務印書館
春渚紀聞　何薳　商務印書館
梁谿漫志　費衮　商務印書館
聞見後錄　邵博　商務印書館
鶴林玉露　羅大經　商務印書館
石林燕語　葉夢得　四庫全書
苕溪漁隱叢話　胡仔　長安出版社
夢溪筆談　沈括　四庫全書
容齋隨筆　洪邁　四庫全書
文心雕龍　劉勰　四庫全書

文獻通考　馬端臨　四庫全書
新校本宋史並附編三重一　楊家駱　鼎文出版社
新校資治通鑑注　司馬光　世界書局
續資治通鑑長編　李燾　世界書局
歷代名人年譜　吳榮光　商務印書館
東都事略　王稱　國立中央圖書館善本叢刊
宋代政教史　劉伯驥　中華書局
北宋黨爭研究　羅家祥　文津出版社
宋代學術思想研究　金中樞　幼獅書店
宋代文化研究　第一、二、三、四、五、六輯　巴蜀書社
宋代科舉　賈志揚　東大圖書公司
宋代官學教育與科舉　李弘祺　聯經出版社
宋太祖的統治藝術　張金光　知青頻道
北宋危機管理　陳文德　遠流出版社
北宋中期儒學復興運動　劉復生　文津出版社
兩宋財稅史　汪聖鐸　中華書局

宋遼夏金史話　木鐸出版社
宋代商業史研究　斯波義信　莊景輝譯　稻禾出版社
中國經濟發展史導讀　吳永猛　中國文化大學出版部
宋代地域經濟　程民生　雲龍出版社
中國經濟史考證　日·加藤繁　華世出版社
中國經濟思想通史　趙靖主編　北京大學出版社
宋代文學與思想　臺灣大學中國文學研究所主編　學生書局
北宋古文運動發展史　祝尚書　巴蜀書社
兩宋文學史　程千帆、吳斯雷　麗文公司印行
文學心理學　錢谷融、魯樞元　新學識文教出版中心
文藝創造心理學　劉烜　吉林教育出版社
北宋的古文運動　柯寄澎　幼獅出版社
中國文學批評史　郭紹虞　唯一書業中心
中國美術史　馮作民　藝術圖書公司
禪宗的人生哲學　陳文新　揚智文化
中國古今地名大辭典　謝繁昌　商務印書館

歷代名人生卒年表　梁廷燦　商務印書館
歷代名人年里碑傳總表　姜亮夫　商務印書館

叁、論文期刊參考目錄

蘇軾蘇轍集古拾遺—永樂大典詩文集軼之三一　貴明　文學評論
蘇軾詩論　王士博　吉林大學社會科學報
試論蘇軾的山水詩　曹濟平　文藝論叢
試論蘇軾的嶺南詩　張德昌　洪柏昭　學術研究
蘇軾的文藝觀　劉乃星　文史哲
蘇軾同王安石的交往　劉乃星　東北師大學報
蘇軾與王安石的變法—兼及蘇軾的哲學思想　黃海澄、黃慶華　古典文學論叢
論蘇軾的文理自然、姿態橫生說　徐中玉　學術月刊
論蘇軾的政治態度　王伯英　學習與探索
增補三蘇年譜會證　王保珍　臺灣大學文史叢刊二十七輯
詩畫本一律，天工與清新—蘇軾藝術觀的再認識　孫克　美術研究
閃耀著哲理的論說文—蘇軾的日喻　徐中玉　名作欣賞

烏台詩案新勘　陶德恕　文學遺產增刊
東坡科舉考　近滕一成　史觀
蘇東坡的佛教因緣　斯朋錫　法音
文以載道　陳立夫　華岡文學報
氣以誠爲主　式微　古代文學理論研究
曹丕文氣說芻議　陳植鍔　文學遺產
曹丕文氣論新　陸驍光　華東師範大學學報
對曹丕文以氣爲主的兩點理解　褚玉龍　古代文學理論研究
書中有畫、畫中有詩的王維　馮立　人文雜誌
子瞻子由兄弟離別次第考　易蘇民　實踐家政學報
蘇轍及其欒城集　陳宗敏　古今文選　國語日報
沈靜簡潔的蘇轍　陳春城　歷代名作家傳
寧靜淡泊的蘇轍　王保珍　中國文學家傳
北宋前期官吏貪污之原因、手段以及政府對策　顧吉辰　甘肅社會學報
略論北宋的冗官與積弱積貧的關係　楊杲　學習與研究
北宋時期的科舉改革　穆朝慶　史學月刊

北宋古文學之新發展　倪志僩　東方雜誌
論宋代稅收中的違法處罰　張全明　江漢論壇
宋代內庫的財政管理述論　朱鳴　西北師大學報
論宋代榷酒制度中的買撲形式　李華端　西北師大學報
宋代的茶葉政策史實綜述　黎世英　農業考古
海上貿易與宋元泉州農業經濟特色　袁冰凌　中國社會經濟史研究
試論兩宋土地經濟中的幾個主流現象　趙儷生　文史哲出版社
宋代經濟的演變　馬德程譯　世界華學季刊
北宋剩員制管見——宋代兵制史研究の一環として一小岩井弘光
蘇軾詩に於ける桃花源と仇池　古井和美　文藝論叢
歐陽修の文學論における「理」，詩詩ち中心としひ
宋代官僚の寄居について　竺沙雅章　東洋史研究